edition suhrkamp 2011

D1727848

Aesthetica
Herausgegeben von Karl Heinz Bohrer

Harold Bloom versteht seine *Topographie des Fehllesens* als »antithetische Ergänzung« zu seiner früheren Studie über den Einfluß (*The Anxiety of Influence*), mit der er 1973 in die Kontroverse zwischen »Traditionalisten« und »Dekonstruktivisten« eingriff, und er versteht sie ausdrücklich als »Leitfaden für die *praktisch-kritische* Auseinandersetzung mit Gedichten«.

Bloom wird häufig in einem Atemzug mit den *Yale Critics* Paul de Man, Geoffrey Hartman und J. Hillis Miller genannt und mit den Dekonstruktivisten in Verbindung gebracht, doch er hat seine Auffassung vom Wesen der Beziehung zwischen Dichtern und ihren kanonisierten Vorläufern (die für ihn immer ein Kampf ist, ein Vatermord, durch den der »starke Dichter« sich selbst zeugt) sowohl gegen die Quellenforschung im traditionell positivistischen Sinn als auch gegen die Lektüren von Derrida und de Man gewonnen. Im ersten Teil der *Topographie* entfaltet Bloom die dialektische Begrifflichkeit, die seinen Lektüren verschiedener Gedichte von Milton, Wordsworth, Shelley etc. im zweiten Teil zugrunde liegt: eine Begrifflichkeit, die er gewinnt, indem er zentrale Begriffe der Lurianischen Kabbala, einer *Schöpfungsgeschichte* (und für ihn *das* Paradigma des modernen Revisionismus), mit Begriffen der traditionellen Rhetorik und seiner kritischen Freud-Lektüre (insbesondere Sigmund und Anna Freuds Darstellung der verschiedenen psychischen *Abwehrvorgänge*) zu einer Psychologie der Rhetorik verknüpft, in der das totgesagte »Dichtersubjekt« wiederaufersteht.

Harold Bloom
Eine Topographie des Fehllesens

Aus dem Englischen von
Isabella Mayr

Suhrkamp

Titel der Originalausgabe
A map of misreading

edition suhrkamp 2011
Erste Auflage 1997
© Oxford University Press, Oxford 1975
© der deutschen Ausgabe
Suhrkamp Verlag Frankfurt am Main 1997
Deutsche Erstausgabe
Alle Rechte vorbehalten, insbesondere das
des öffentlichen Vortrags
sowie der Übertragung durch Rundfunk und Fernsehen,
auch einzelner Teile.
Satz: Hümmer, Waldbüttelbrunn
Druck: Nomos Verlagsgesellschaft, Baden-Baden
Umschlag gestaltet nach einem Konzept
von Willy Fleckhaus: Rolf Staudt
Printed in Germany

1 2 3 4 5 6 – 02 01 00 99 98 97

Für Paul de Man

Wie Wein, wenn er halten soll, in einem irdenen Krug, so ist die Tora, enthalten in einer äußeren Hülle. Solche Hülle ist beschaffen aus vielen Geschichten; wir aber sind aufgefordert, die Hülle zu durchdringen.

Sohar III, 152 a

Viewing his Sixfold Emanation scatter'd thro' the
deep
In torment ...

Blake, *Milton* I, 2, 119-120

Inhalt

Einleitung:

Eine Meditation über das Fehllesen

Das vorliegende Buch versteht sich als Leitfaden für die praktisch-kritische Auseinandersetzung mit Dichtung, mit der Frage, wie Gedichte zu lesen seien; es beruht auf der Dichtungstheorie, die ich bereits in *The Anxiety of Influence* (1973; dt. *Einfluß-Angst. Eine Theorie der Dichtung*, 1995) dargelegt habe. Lesen, mein Titel weist schon darauf hin, ist ein später (oder, um mit Freud zu sprechen: nachträglicher) und so gut wie unmöglicher Akt, jede starke Lektüre notwendig ein *Fehllesen*. Je überdeterminierter die Sprache eines literarischen Texts, desto weniger determiniert ist tendenziell seine *Bedeutung*. Kritische Lektüre ist vielleicht nicht immer ein Akt des Urteilens, immer aber ein Akt der Entscheidung, und entschieden wird über Bedeutung.

Wie mein vorangegangenes Buch, beschäftigt sich *Eine Topographie des Fehllesens* mit dem Phänomen des Einflusses in der Dichtung, und ich meine damit auch weiterhin *nicht* die Weitergabe bestimmter Bilder und Ideen von früheren Dichtern an spätere. Einfluß, wie ich das Wort verstehe, bedeutet, daß es *keine Texte* gibt, nur *Beziehungen zwischen Texten*. Diese Beziehungen hängen von einem Akt der Kritik ab, einem Fehllesen oder Mißverstehen (*misprision*), vollzogen von einem Dichter an einem anderen; es unterscheidet sich dieser Akt nicht wesensmäßig von jenem unabdingbaren Akt der Kritik, dem jeder starke Leser jeden Text unterzieht, mit dem er sich auf eine Begegnung einläßt. Eine Einfluß-Relation leitet somit das Lesen ebenso wie das Schreiben, weshalb jede Lektüre zugleich ein Fehlschreiben ist und alles Schreiben ein Fehllesen. In dem Maße, wie die Schatten der Literaturgeschichte wachsen, wird Dichtung unweigerlich zu Dichtungskritik und alle Kritik zu Prosadichtung.

Der starke Leser, dessen Lektüren für andere wie für ihn selbst etwas bedeuten, steckt daher tief im Dilemma des Revisionisten, der hofft, seine eigene originäre Beziehung zur Wahrheit zu finden, sei es in Texten oder in der Wirklichkeit (die er ohnehin als Text behandelt), der aber auch wünscht, gültige Texte seinen eigenen Leiden zu öffnen, beziehungsweise dem, was er gern die Leiden der Geschichte nennt. Das vorliegende Buch, eine Studie über das schöpferische Fehllesen, über die Spätheit oder Nachträglichkeit poetischer Lektüre, versteht sich auch als Prolegomenon zu weiteren Studien über den Revisionismus und die Ambivalenzen der Kanonbildung, die er mit sich bringt.

Was ist Revisionimus? Wie die Ursprünge des Namens anzeigen, ein Wiederanvisieren (*re-aiming*), ein prüfendes Wiederhinsehen, das zu einer neuen Bewertung führt. Wagen wir folgende Formel: Der Revisionist will wieder*sehen*, um zu einer neuen Wert-Schätzung zu gelangen und schließlich »korrigierend« einzugreifen (*to aim »correctively«*). In der dialektischen Begrifflichkeit, die den Gedichtinterpretationen im vorliegenden Buch zugrunde liegt, ist das Wieder-Sehen eine *Limitation*, die Neubewertung eine *Substitution* und das Wiederanvisieren eine *Repräsentation*. Ich verschiebe diese Begriffe aus dem Kontext des späteren oder Lurianischen Kabbalismus, dem ich – als, wie ich meine, adäquatestem Grundmodell für den westlichen Revisionismus von der Renaissance bis zur Gegenwart – zu gegebener Zeit ein eigenes Buch widmen will.

Kabbala (»die Überlieferung«; »das Gegebene« oder »Empfangene«) ist eine besondere Tradition von Bildern, Parabeln und Quasi-Konzepten mit Bezug auf Gott. Gershom Scholem, der herausragendste Kabbalaforscher unseres Jahrhunderts, betrachtet sie als Erscheinungsform der »Mystik«, und zweifellos hat sie Eingang gefunden bei den Unzähligen, die außergewöhnliche Bewußtseinserfahrungen gemacht und sich dabei von ihr genährt haben. Doch Scholems Beschreibungen der Kabbala heben die *Deutungsarbeit* hervor, die sie leistet, ein revisionäres Ersetzen beziehungsweise »Zurechtrücken«, Wieder-an-seinen-Ort-Rücken des Schriftsinns durch Techniken des *Öffnens*. Alle kabbalistischen Texte sind Interpretationen, wenn auch noch so spekulative, und was sie interpretieren, ist ein zentraler Text, der fortwährende Autorität, Priorität und Kraft besitzt, den man in der Tat als *Text schlechthin* betrachten darf. Der *Sohar*, das einflußreichste der kabbalistischen Bücher, ist der eigentliche Vorläufer der nachaufklärerischen starken Lyrik, nicht in ihren grotesken Inhalten oder formlosen Formen, wohl aber, was ihre *Haltung zum Vorgängertext* anbelangt, ihr revisionäres Genie und ihre Meisterschaft im Umgang mit den perversen (»verkehrten« und verkehrenden) Zwängen des Mißverstehens. Die Psychologie der Nachträglichkeit, die Freud wohl teils entwickelt, teils aber verschleiert und ausweichend behandelt hat, ist die Erfindung der Kabbala, und die Kabbala bleibt auch die umfassendste einzelne Materialquelle, an der wir den revisionären Impuls studieren und Techniken für die Praxis einer antithetischen Literaturkritik erarbeiten können.

Isaak Luria, der Meister der theosophischen Spekulation im 16. Jahrhundert, hat eine regressive Theorie der Schöpfung formuliert, eine Revision der früheren kabbalistischen Emanationstheorie. Scholem hat die Lurianische Dialektik der Schöpfung vor allem in seinem Buch *Zur Kabbala und ihrer Symbolik* erhellend dargestellt – der Leser sei darauf, als Hintergrund für die theoretischen Teile meines Buches, ausdrücklich hingewiesen. Unerläßlich in Zusammenhang mit dem vorliegenden Buch sind jedoch lediglich einige Bemerkungen zum Lurianischen System.

Die Lurianische Schöpfungsgeschichte ist in meinen Augen das beste verfügbare Paradigma für eine Untersuchung der Art und Weise, wie Dichter gegeneinander Krieg führen im Kampf um die Ewigkeit, die der literarische Einfluß ist. Lurias Geschichte, gleichgültig in welcher Version, kennt drei Hauptstufen: *Zimzum, Schewirat ha-kelim, Tikkun*. *Zimzum* ist der Rückzug des Schöpfers, seine Kontraktion oder Selbstkonzentration, um eine Schöpfung zu ermöglichen, die nicht er selbst ist; *Schewirat ha-kelim* das Zerbrechen der Gefäße, eine Vision der Schöpfung als Katastrophe; *Tikkun* die Wiederherstellung, Restitution oder Restauration, der Beitrag des Menschen zum Werk Gottes. Etwas den ersten beiden Stufen annähernd Vergleichbares findet sich bei vielen Theoretikern der Dekonstruktion, von Nietzsche und Freud bis zu all unseren zeitgenössischen Interpreten, die aus dem Subjekt der Lektüre entweder das machen, was Nietzsche fröhlich allenfalls ein Stelldichein von Einzelwesen genannt hat und was ich ein *neues mythisches Wesen* nennen möchte – Paul de Man vor allem impliziert es ganz deutlich: der Leser als Übermensch, der *Über-Leser*. Dieser fiktive Leser vollendet gleichsam das Selbst in der Negation und transzendiert es doch zugleich mit überschäumender Kraft, wie Zarathustra es uns so widerspruchsvoll vorgeführt hat. Ein solcher Leser – zugleich blind und lichterfüllt, selbst-dekonstruiert und sich doch seiner Trennung von Text und Natur gleichermaßen schmerzlich bewußt – wird den revisionären Aufgaben der Kontraktion und Destruktion spielend gewachsen sein, sehr viel weniger hingegen der antithetischen Wiederherstellung, die in zunehmendem Maße Teil der Bürde und Funktion aller gültigen Dichtung wird, die wir hinterlassen haben oder vielleicht noch empfangen werden.

Am nächsten kommt der Lurianischen Kontraktion im ästhetischen Bereich die *Limitation*, in dem Sinne, daß gewisse Bilder eher die Bedeutungsmöglichkeiten eingrenzen, als daß sie Sinn wiederherstellten oder repräsentierten. Das »Zerbrechen der Gefäße« ist wie das ästhetische Zerbrechen und Ersetzen einer Form durch eine andere im imagistischen Sinne ein Prozeß der *Substitution*. *Tikkun*, die Lurianische Wiederherstellung, ist beinahe schon ein Synonym für die *Repräsentation* selbst.

Die ersten fünf Kapitel des vorliegenden Buches sind der Theorie und den Techniken des Mißverstehens oder starken Fehllesens gewidmet, die letzten sechs Kapitel einigen Interpretationsbeispielen – Lektüren verschiedener Gedichte von Milton, Wordsworth, Shelley, Keats, Tennyson, Browning, Whitman, Dickinson, Stevens, Warren, Ammons, Ashbery. Die erste Hälfte ist eine Reise zurück zu den literarischen Ursprüngen, wo wir die nötigen kartographischen Angaben für unsere Topographie des Fehllesens zu finden hoffen. Ausgehend vom engen Bündnis zwischen Ursprüngen und Endphasen der Dichtung, führt die Reise zurück zum Prozeß der literarischen Traditionsbildung, weiter zu den Quellen dieses Prozesses in einer *Urszene der Instruktion* (*Primal Scene of Instruction*) und schließlich zu einer Meditation über die Spätheit oder Nachträglichkeit. Diese Meditation kreist um den Einfluß als sechsfacher Abwehrtrope für den Akt des Lesens/Fehllesens. Die Beziehung zwischen Tropen, Abwehrvorgängen, Bildern und den verschiedenen Rationes der Revision wird anschließend in einem Kapitel ausgearbeitet, das die Landkarte des Mißverstehens, das Ziel unserer kritischen Suche, begleitet. Die ausführliche Lektüre eines einzelnen Gedichtes, Brownings *Childe Roland to the Dark Tower Came*, soll Gebrauch und Nutzen dieser Geländekarte ersichtlich machen. Die Karte dient uns schließlich, im letzten Teil des Buches, als Führer durch viele Versionen des Einflusses von Milton bis heute.

Dieser abschließende Teil beginnt mit einer Analyse der Miltonschen Anspielungsweise; im Mittelpunkt steht die Trope der Metalepsis oder *transumptio*, das klassische Äquivalent zu jener finalen revisionären Ratio, die Isaak Luria *Gilgul* nannte, die Reinkarnation eines Vorgängers, indem seine Nachfahren die rettenden Funken seines Wesens aus den Hüllen des Bösen oder den zerbrochenen Gefäßen der Katastrophe bergen und somit er-lösen. Darauf folgt ein Kapitel über Miltons Nachfahren von Wordsworth bis Tennyson, und der letzte Teil des Buches ist amerikanischen Lyrikern gewidmet, beginnend mit dem seherischen Prosaisten und poetischen Theoretiker Emerson, der im selben Verhältnis zu nachfolgenden amerikanischen Dichtern steht wie Milton zu den englischen Dichtern nach ihm.

Erster Teil

Vermessung des Territoriums

1. Dichterische Ursprünge und Endphasen

Starke Dichter gibt es nicht häufig; in unserem Jahrhundert zählen dazu unter den englisch Schreibenden nach meinem Urteil nur Hardy und Stevens. Großen Dichtern – selbst einem Yeats, Lawrence oder sogar Frost – fehlt es gelegentlich an kontinuierlicher Stärke, und die wichtigsten Neuerer – selbst Pound und Williams – kommen oft nicht einmal in die Nähe von Stärke. Browning, Whitman, Dickinson sind stark, ebenso die Dichter der Hochromantik; als Apotheose der Stärke darf man Milton betrachten. Dichterische Stärke kann nur aus einem schwer errungenen Triumph über die Größten unter den Toten und einem noch triumphaleren Sieg des Solipsismus erwachsen. Gewaltige Talente, die Begabung eines Coleridge oder das geringere, aber doch beachtliche Talent Eliots, kommen nicht zum Tragen, wo sie der Stärke ausweichen oder sie nie erreichen. Dichterische Stärke, so verstanden, geht aus einer besonderen Art von Katastrophe hervor – denn als solche muß dem gewöhnlichen Bewußtsein die gewaltige Inkarnation erscheinen, die einen Dichter wie den sehr alten Hardy oder den sehr alten Stevens hervorzubringen vermag. Das vorliegende Kapitel bewegt sich von der Urkatastrophe der dichterischen Inkarnation über eine Beschreibung des Verhältnisses zwischen dichterischer Stärke und dichterischem Einfluß auf die letzten Phasen von Hardy und Stevens zu.

Dieser Auseinandersetzung liegt die Dichtungstheorie zugrunde, die ich bereits in *The Anxiety of Influence* dargelegt habe; sie geht letztlich auf Vico und Emerson zurück. Diese Theorie, ein bewußter Versuch der Entidealisierung, begegnete bei ihrer Präsentation im Rahmen mehrerer Vorträge an verschiedenen Universitäten beträchtlichen Widerständen; ob sie richtig ist oder nicht, sagt jedoch möglicherweise nichts über ihren praktischen Nutzen für die Interpretation aus, der sich, wie ich meine, konkret zeigen läßt. Meiner Ansicht nach ist der Widerstand, den vor allem viele Lyriker der Theorie entgegenbrachten, sehr wahrscheinlich gerade ein Beweis für ihre Gültigkeit, denn zu Recht idealisieren Dichter ihre Tätigkeit; und alle Dichter, schwache wie starke, leugnen vereint jeden Anflug von Einfluß-Angst. Mehr denn je beharren zeitgenössische Dichter darauf, daß sie in ihren Werken die Wahrheit sagen – und mehr denn je erzählen sie fortwährend Lügen, vor allem über ihr Verhältnis zueinander und, besonders einstimmig, über das Verhältnis zu ihren Vorläufern. Zu den Aufgaben der Kritik, wie ich sie verstehe, gehört, es dem Dichter womöglich noch schwerer zu machen, gute Arbeit zu leisten, denn nur aus der Überwindung genuiner Schwierigkeiten können Gedichte entstehen, die einem so bewußt späten Zeitalter wie dem unseren wirklich angemessen sind. Nur eines können Kritiker *als Kritiker* den Dichtern geben: jene tödliche Ermutigung, die in der ständigen Erinnerung an das schwere Gewicht ihres Erbes besteht.

Katastrophe, wie Freud und Ferenczi den Begriff fassen, scheint mir das zentrale Element der dichterischen Inkarnation zu sein, jenes grauenerregenden Prozesses, durch den ein Mensch als Dichter wiedergeboren wird. Vielleicht sollte ich sagen: Katastrophe, wie Empedokles das Wort verstand, denn die dualistische Vision des Empedokles ist der notwendige Ausgangspunkt jeder gültigen Theorie der dichterischen Ursprünge; aber schließlich war Empedokles Freuds erklärter Vorläufer, so wie Schopenhauer ein ihm zeitlich näher stehender, aber weit weniger »erklärter« Vorläufer war. Die Dialektik der Urkräfte Liebe und Haß regiert die dichterische Inkarnation: »Bald verbindet sich alles zu Einem im Drange der Liebe, bald zerstreut's zu Einzelnem sich im Hasse des Streites.« Ursprüngliche Liebe zur Dichtung des Vorläufers verwandelt sich schnell genug in einen revisionären Widerstreit, ohne den es keine Individuation gibt. Der Streit, so

Empedokles, verursachte die Katastrophe im Anbeginn, indem er die Elemente trennte und das prometheische Feuer des Bewußtseins entfachte. Das Dichterische ist weder identisch mit einem bestimmten Bewußtseinsmodus noch mit einem bestimmten Trieb, dennoch ist seine Geburt in einem Individuum analog zur Empedokleischen Katastrophe des Bewußtseins und zur Freudschen Katastrophe triebhafter Genese. Empedokles wie Freud sind Theoretiker des *Einflusses*, jenes Gebens, das den Nehmenden auszehrt. Durch ein Austrocknen des Ozeanischen in uns bewegen wir uns vom Wasser aufs Festland zu, und durch unsere vorbewußte Erinnerung an eine urzeitliche Katastrophe lernen wir zu sublimieren. Daraus folgt, daß die Aktivitäten, denen wir den höchsten Rang einräumen, regressiv sind. Der große Ferenczi, fruchtbarer als Freud oder Empedokles, was die Imagination von Katastrophen anbelangt, beinahe so fruchtbar wie Blake, betrachtete alle sexuelle Liebe als Regression, als Drang zurück zum Ozean – ein recht erschreckender Gedanke; Dichtung, vielleicht anders als die geschlechtliche Liebe, ist mit Sicherheit regressiv, wie Peacock so charmant klarstellte. Ich will daher einige Mutmaßungen über die Katastrophe der dichterischen Inkarnation anstellen. Wie kommen wahre Dichter zur Welt? Oder besser, wie das Zeitalter der Empfindsamkeit die Frage gern stellte: Was ermöglicht die Inkarnation des Poetischen Charakters?

Austrocknung, kombiniert mit einem ungewöhnlich starken ozeanischen Empfinden, lautet die dualistische, aber keineswegs paradoxe Antwort. Wir können hier den poetischsten aller wahren starken Dichter, P. B. Shelley, zitieren, den zu verdammen nicht mehr so in Mode ist – eine willkommene Abwechslung zur Zeit meiner Jugend. Ich möchte im folgenden die Widmungsstrophen seines Gedichts *The Revolt of Islam* paraphrasieren; sie gehören für Whitman ebenso wie für Yeats zu den entscheidenden Ausgangspunkten und waren auch für jene ähnlich Shelley-besessenen Dichter Hardy (der

Shelley so viele seiner ekstatischen Durchbrüche verdankte) und Stevens, der ihm seine Fiktion der Gräser, des Windes und der meisten anderen Bewegungen des Geistes verdankte, von eminenter Bedeutung. Es gibt keine umfassendere Vision der dichterischen Inkarnation in englischer Sprache, weder bei Collins noch bei Coleridge, Blake oder Keats, nicht einmal in *Out of the Cradle Endlessly Rocking*, denn Shelley war zugleich großer Skeptiker, Intellektueller und einzigartiger Meister aller Impulse des Herzens, und er führte beide Kräfte der Auseinandersetzung mit den Ursprüngen des Dichterischen zu, angezogen vom dämonischen Bodensatz seines eigenen, unheilbaren und unfreiwilligen Dualismus. Stevens, mag man ihn noch so sehr lieben, läßt sich auf diesem unheimlichen, grauenerregenden Feld kaum mit Shelley vergleichen, denn ihm fehlten sowohl Shelleys intellektuelle Eindringlichkeit wie dessen erstaunliche *Schnelligkeit* der Auffassung, eine Schnelligkeit, die im dunklen Reich der Ursprünge alles entscheidet.

Zu einer bestimmten Stunde, so Shelley, wurde sein Geist jäh aus dem Schlaf gerissen; er fand sich weinend wieder, ohne zu wissen, warum, während er in der Morgendämmerung eines Maitages über glitzerndes Gras schritt. Doch unmittelbar auf diese Stunde folgte, wenngleich sich ihre Tränen alsbald in ein Gefühl der Macht und erhabenen Hoffnung wandelten, »Ein Gefühl der Einsamkeit, ein Durst, der mich quälte«. Um diese Austrocknung zu heilen, macht sich der junge Dichter auf die Suche im Reich der Erotik, glücklos, bis er seine wahre Epipsyche, Mary Wollstonecraft Godwin, findet und der Geist der Einsamkeit ihn verläßt. Er versucht, im Gefühl und im Ton einer »gelasseneren Stunde« zu enden, doch diese Hoffnung ist vergebens: »Ich schwinde dahin,/Und Liebe und Tod kämpfen weiter um ihre Beute.« Die Klimax der »Widmung« nimmt das Ende von *Andonais*, rund vier turbulente Jahre später, vorweg; in der Schlußvision strahlen Shelley und Mary

Leuchtfeuern gleich in die Sturmnacht der Welt,
Zwei stete Sterne, während Wolken ziehn,
Und sie dem Blick des Seemanns in der Not verhüll'n,
Die Jahr für Jahr im selben hellen Lichte brennen. [1]*

Die Inkarnation eines Dichters resultiert aus dem Einfluß eines Dichters, hier aus dem Einfluß Wordsworths, vor allem seiner Großen Ode, *Intimations of Immortality*. Kein Dichter, genauer: kein starker Dichter, kann seinen Vorläufer frei wählen, sowenig wie irgend jemand sich seinen Vater aussuchen kann. Die *Intimations*-Ode hat Shelley gewählt, wie Shelleys *To a Skylark* Hardy wählte, auf die Art, wie das Licht der Sterne fließt, wohin es fließt, ohne Zweck und Absicht. Ob wir von etwas gefunden werden können, was wir nicht auf irgendeine Weise schon selbst sind, wurde von Heraklit über Emerson bis Freud bezweifelt, aber der Dämon ist nicht unser Schicksal, bis wir uns diesem Schicksal ergeben, das darin besteht, daß er uns unter allen herausfindet. Dichterischer Einfluß, in seiner ersten Phase, läßt sich von der Liebe nicht unterscheiden, wenn er auch bald genug in einen revisionären Widerstreit übergeht. »Für den lebenden Organismus ist der Reizschutz eine beinahe wichtigere Aufgabe als die Reizaufnahme«: eine treffliche Mahnung in *Jenseits des Lustprinzips*, einem Werk, dessen eigentliches Thema der Einfluß ist. Dichter denken sich gern als Sterne, weil es ihr tiefster Wunsch ist, selbst ein Einfluß zu sein, statt beeinflußt zu werden; doch noch in den stärksten, denen sich dieser Wunsch erfüllt hat, lebt die Angst fort, durch Einflüsse geformt zu sein.

Shelley verstand, daß sich die *Intimations*-Ode und *deren* Vorläufer, *Lycidas*, die Divination zum eigentlichen Thema machten, denn Ziel aller Divination ist es, eine Macht zu erlangen, welche die eigene Person von jedem Einfluß befreit, vor allem aber vom Einfluß eines erwarteten Todes oder der Unentrinnbarkeit des Todes. Divination in diesem Sinne ist eine Besessenheit und zugleich ein Programm; sie schenkt Zeichen

* Die Originaltexte befinden sich im Anhang.

möglicher Unsterblichkeit – durch einen proleptischen Zauber, der jeder Gefahr zu trotzen verspricht, einschließlich der Natur selbst. Denken wir an Freuds dunkelste Formel, wonach der Tod »der Zweck des Lebens« wäre, eine Behauptung, die im Glauben gründet, daß das Unbelebte vor dem Belebten da war. Stellen wir dem den inhärenten Glauben aller starken Dichter gegenüber, daß das Lebendige immer schon Priorität hatte und Tod nur ein Versagen der Einbildungskraft sei. Sagen wir dann, daß im Prozeß seiner dichterischen Inkarnation der Ephebe oder neue Dichter kraft der Liebe den Zustrom einer antithetischen Kraft erfährt, antithetisch sowohl zur Entropie, die der Natur innewohnt, wie zur unannehmbaren Erhabenheit Anankes, der Göttin, die an der Spindel des freudschen »Triebs zurück zum Unbelebten« dreht. Alle poetischen Inkarnationsoden sind deshalb Oden an die Unsterblichkeit, und sie alle sind untrennbar mit einer eigenartigen Göttlichkeit verknüpft, die der Ephebe nicht sich selbst, aber dem Vorläufer zugesprochen hat. Indem er den Vorläufer zu einem Gott macht, hat sich der Ephebe schon einen Schritt von ihm wegbewegt, eine erste Revision begonnen, die den Irrtum dem Vater zuschreibt, eine plötzliche Neigung, ein plötzliches Abschwenken, weg vom Gefühl der Verpflichtung; denn selbst im Kontext der Inkarnation, der Wiederverkörperung als Dichter, leuchtet das Verpflichtetsein hell wie ein kleiner Tod, ahnungsvolle Ankündigung des größeren Falles ins Reich des Unbelebten.

Dichter inkarnieren meist in ozeanischen Gefilden, zumindest in der Vision, mögen sie sich noch so weit inland befinden, und wenn irgend etwas ihren Blick auf die unsterblichen Wasser blockiert, sind Surrogate der einen oder anderen Art schnell zur Hand. Dichter von außergewöhnlich komplexer sexueller Natur – Byron etwa, Beddoes, Darley, Whitman, Swinburne, Hart Crane, unter vielen anderen – bewegen sich selten weit fort von den ozeanischen Gefilden der Inkarnation. Dichter einer mehr primären Sexualität vermeiden diese offenkundige Besessenheit, folgen meist dem Wordsworthschen Muster, bei dem in jeder schöpferischen Krise das raunende Echo rauschender Wasser hörbar wird. Wir müssen uns hier auf den Kontext der Dichterinkarnation in seiner Ganzheit einlassen, dürfen nicht vergessen, daß jeder starke Dichter in der westlichen Tradition eine Art Jona oder abtrünniger Prophet ist.

Jona, »die Taube«, der Prophet, der keiner sein wollte, stieg hinunter in den untersten Raum des Schiffes, doch jedes solche Schiff »war bestimmt auseinanderzubrechen«. Als er vom Schiff hinunter ins Meer sank, »hörte das Meer auf zu toben«. »Ich stürzte mich kopfüber in die See«, sagt Keats, um dort das Wesen »der Lotung, des Treibsands und der Felsen« zu erfassen. Die See:

> [...] die mächtig schwellende
> füllt zweimal zehnmal tausend Höhlen, bis der Zauber
> der Hekate den angestammten Schattenklang zurückgibt. [2]

Jona, auf der Flucht, weil er nicht sehen wollte, wurde verschluckt von der Dunkelheit und in ihr eingeschlossen. Als der heiße Ostwind den geretteten Propheten nach oben wirbelte, sehnte er sich erneut zurück in die Dunkelheit; der Autor seines Buches läßt Gott das letzte Wort und sagt uns nicht, ob Jona zu seiner Berufung zurückkehrte: Jona, das Urbild des Dichters, dem es an Stärke mangelt und der zu den Wassern der Nacht zurückkehren will, zu den Tränenseen, dorthin, wo er begann, bevor die Katastrophe der Berufung ihn ereilte. Erst später, als er bis zum Hals im Wort steht, vermag der Dichter auf der Suche nach Stärke und Kraft mit Thoreau zu singen:

Jetzt erst schlägt die Stunde meiner wirklichen Geburt,
Erst jetzt der Anfang meines Lebens;
Blüte meiner Manneskraft,
Ist sie des Friedens Ende und der Anbeginn von Krieg und
                                                  Kampf. [3]

Das klingt zunächst gar nicht nach dem Beginn eines Kampfes, wie etwa hier bei Whitman:

Der gelbe Halbmond aufgedunsen, hängt schlaff herab, berührt
　　　　　　　beinahe das Gesicht der See,
Der Junge, ekstatisch, umspielt mit seinem nackten Fuß die
　　　　　　　Wellen, mit seinem Haar die Atmosphäre,
Die Liebe, im Herzen lange angestaut, jetzt frei, jetzt endlich
　　　　　　　bricht sie auf und tobt. [...] [4]

Das Haar des ekstatischen Jungen ist das Haar des jungen Apollon, und jeder Ephebe ein neuer Phoebus, der schaut, um zu benennen, wofür es keine Namen gibt, und der dies Unfaßbare auf so geheimnisvollen Wegen wiederfindet wie Ammons hier in einem längst verstorbenen, buckligen Spielkameraden der fernen Kindheit:

Ich bin Esra sagte ich
und der Wind peitschte meine Kehle
er wollte mir die Töne nehmen
ich horchte dem Wind nach
der über meinen Kopf fuhr und hinauf in die Nacht
ich wandte mich dem Meer zu
Ich bin Esra
doch von den Wellen kam kein Echo. [...] [5]

Dichtung und Ursprung: die Inkarnation des Poetischen Charakters vollzieht sich, wenn sie sich an Land abspielt, im Umfeld von Höhlen und Bächen, hallt wider vom Klang vermischter Metren, die Luft erfüllt von sanftem Gemurmel, von Verheißungen einer besseren Kindheit, in der man das Meer wieder hört. Wann genau das Versprechen verraten wurde, wird der Starke Dichter nie wissen, denn seine Stärke (als Dichter) besteht eben darin, solches Wissen niemals zuzulassen. Kein Starker Dichter kann sich dazu herablassen, ein guter Leser seiner eigenen Werke zu sein. Der Starke Dichter ist stark aufgrund und nach Maßgabe seiner *Geworfenheit*, und da er weiter hinaus geworfen wurde, ist sein Bewußtsein dieses Urverstoßes größer. Dieses Bewußtsein speist sein intensiveres Wissen um die Vorläufer, denn er weiß, *wie* geworfen wir sein können, weiß es, wie geringere Dichter es nicht wissen können.

Ozean, der Nachtstoff, die ursprüngliche Lilith oder »das Fest, das hungrig macht«, bemuttert, was ihr antithetisch ist, die Schaffenden, die (zu Recht) davor zurückschrecken, sie anzunehmen, und sich doch immer auf sie zubewegen. Außer der Bürde, daß er sich nicht selbst empfangen hat, trägt der starke Dichter noch eine, verborgenere: daß er sich nicht selbst *hervor*gebracht hat; daß er kein Gott ist, die eigenen Gefäße zu zerbrechen; daß er bis zum Hals im Wort steht, das nie ganz das eigene ist. Und so viele strecken großartig die Waffen, wie Swinburne:

> Ein Land, das durstiger ist als das Verderben,
> Eine See, die hungriger ist als der Tod;
> Haufen von Hügeln, die nie ein Baum bewuchs;
> Sandige Weiten, wo die Welle Atem schöpft;
> Aller Trost liegt hier für den Geist,
> Den es je gab, je geben mag
> Für die Seele des Sohnes als Erbe bereit,
> Meine Mutter, meine See. [6]

Selbst die Stärksten, die sich erst zuletzt ergeben, denken zu tief über diese Schönheit nach, wie Shelley hier: »Die See war so klar, daß man die Höhlen sehen konnte, in ihren Gewändern aus Grünsand, dem Moos der Meere, und Blättern und Zweigen der zarten Gewächse, die den Boden des Wassers bedecken.« Ihre Epigonen hingegen ertrinken zu schnell, so schnell wie Beddoes:

> Komm, folge uns, und lächle wie wir auch;
> Wir segeln zum Felsen in den uralten Wellen,
> Wo tausendfach der Schnee ins Meer fällt,
> Wo die Ertrunkenen und Schiffbruchsopfer glücklich ruhn. [7]

Das Meer der Dichtung, der schon geschriebenen Gedichte, ist keine Erlösung für den Starken Dichter. Nur ein Dichter, der im Schatten von Cherubs schützenden Schwingen bereits sein gewaltsames Ende gefunden hat, kann sich, mit Auden, selbst so tief betrügen:

> Geheilt! Zurückgekehrt! Verloren erst, doch jetzt gebor'n
> Auf Meeren des Schiffbruchs zu Hause, nun endlich;
> Sieh! Im Feuer des Lobgesangs lodert
> Die dürre, die stumme Vergangenheit, und nichts
> Soll uns, solang der Tag des Lebens währt, je wieder trennen. [8]

Das Wissen, daß wir gleichermaßen Objekt wie Subjekt der Suche sind, ist nicht poetisches Wissen, sondern ein Wissen um die Niederlage, das für die Pragmatiker der Kommunikation taugt, nicht aber für die Handvoll, die hoffen, die Reichtümer des Ozeans, die Ahnenschaft der Stimme, auszuloten (oder gar sich zu ihrem Herrn zu machen). Wer vermöchte sich auf die lange Reise des Dichters zu begeben, auf die Spuren des Schwerarbeiters Herakles, wüßte er, daß er zuletzt mit den Toten ringen muß? Der kämpfende Jakob konnte triumphieren, denn sein Gegner war der Ewiglebende, aber selbst die stärksten Dichter müssen mit Phantomen ringen. Die Stärke dieser Phantome – die ihre Schönheit ist – wächst mit der zeitlichen Distanz des kämpfenden Dichters. Homer, zur Zeit der Aufklärung ein größerer Dichter als selbst unter den Hellenen, ist noch größer im Jetzt der Nach-Aufklärung. Die Herrlichkeiten des Firmaments der Zeit erstrahlen umso heller, je mehr die Zeit im Verfall zu erschlaffen scheint.

Wie können wir je, trotz allem, was wir schon überblicken, den wahren Epheben, den potentiell starken Dichter, von der Masse der Zöglinge des Ozeans unterscheiden, die ihn umgeben? Indem wir aus seinen ersten Lauten das Besondere der Vorläuferstimmen heraushören, in einer neuen Unmittelbarkeit, Klarheit, sogar Anmut, die diese uns nicht oft geben. Denn die verschiedenen Formen revisionärer Ratio, deren sich der reifere Dichter als Mittel der Abwehr bedienen wird, manifestieren sich im Epheben noch nicht. Erst, wenn er das

Feuer will, tauchen sie auf, erst, wenn er das Verlangen hat, alle Kontexte zu durchbrennen, die die Vorläufer schufen oder selbst akzeptierten. Was wir im Epheben sehen, ist die Inkarnation des poetischen Charakters, jene zweite Geburt, hinein in die Welt der vermeintlichen Imagination, die als Verschiebung der ersten Geburt hinein in die Natur scheitert – aber nur scheitert, weil die Kraft des Begehrens einem Unterfangen nicht gewachsen ist, das derart antithetisch ist und gewaltiger, als es der Mensch ertragen kann.

Warum als Präludium zu Betrachtungen über die letzten Phasen von Hardy und Stevens Vorgänge heraufbeschwören, die nur den Beginn des Dichterlebens markieren? Weil Dichter, als Dichter, insbesondere die stärksten Dichter, am Ende oder wenn sie das Gefühl haben, daß das Ende bevorsteht, zu den Ursprüngen zurückkehren. Kritiker mögen Mißtrauen hegen gegen Ursprünge, mögen sie verächtlich den Aasfressern der Literaturwissenschaft, den Quellenjägern, zuschieben; aber der Dichter-im-Dichter ist so hoffnungslos und meist gegen den eigenen Willen besessen von den Ursprüngen seiner Dichtung wie der Mensch-im-Menschen letzlich von den Ursprüngen seiner Person. Emerson, der (heutzutage) von den amerikanischen Moralphilosophen kraß unterschätzt wird, hat ein ausgeprägtes Bewußtsein vom Katastrophencharakter des Wachstumsprozesses, durch den der Geist zum vollen Bewußtsein seiner selbst kommt:

Traurig ist sie, aber nicht zu ändern, jene Entdeckung, die wir gemacht haben: daß wir existieren. Diese Entdeckung wird der Sündenfall des Menschen genannt. Seither mißtrauen wir unseren Instrumenten. Wir haben gelernt, daß wir nicht unmittelbar sehen, sondern mittelbar, und daß wir keine Möglichkeit haben, diese getönten und verzerrenden Linsen zu korrigieren, die wir selbst sind, noch das Ausmaß ihrer Irrtümer zu berechnen.

Wenn der starke Dichter lernt, daß er nicht unmittelbar sieht, sondern vermittelt durch den Vorläufer (häufig eine zusammengesetzte Figur), wird es ihm nicht so leicht wie Emerson, sich seine Hilflosigkeit einzugestehen, wenn es darum geht, das Auge des Selbst zu korrigieren oder den Blickwinkel zu berechnen, der auch ein Fall-Winkel ist, eine Blindheit für den Irrtum. Nichts ist weniger großzügig als das dichterische Selbst, das um sein Überleben kämpft. Hieran läßt sich die Emersonsche Kompensationsformel – »Nichts bekommt man umsonst« – demonstrieren: sind wir hingerissen von einem Gedicht, so wird es uns das eigene Gedicht kosten. Liebt das dichterische Selbst in uns ein anderes Dichter-Selbst, dann liebt es in diesem anderen sich selbst; wird es aber geliebt, und läßt es diese Liebe zu, so liebt es sich selbst dafür weniger, denn es weiß sich in diesem Fall der Selbst-Liebe weniger würdig. Dichter als Dichter sind nicht liebenswert; die Kritiker haben für diese Erkenntnis lange gebraucht, weshalb die Kritik auch immer noch nicht ihre eigentliche Funktion übernommen hat: die Problematik des Verlustes zu erforschen.

Lassen Sie mich meine Argumentation hoffnungslos ver-einfachen. Gedichte, behaupte ich, handeln weder von »The-men« noch von »sich selbst«. Sie handeln notwendig von *anderen Gedichten*; ein Gedicht ist eine Antwort auf ein Ge-dicht, so wie ein Dichter die Antwort auf einen Dichter oder ein Mensch die Antwort auf die, von denen er abstammt. Der Versuch, ein Gedicht zu schreiben, führt den Dichter zu-rück zu den Ursprüngen, zurück zu dem, *was ein Gedicht ganz am Anfang für ihn war*, und somit »jenseits des Lust-prinzips« zurück zur entscheidenden Initialbegegnung und jener Antwort-Reaktion, mit der er begann. Wir betrachten W. C. Williams gewöhnlich nicht als Keatsschen Dichter, und doch *begann und endete* er als solcher, ist auch die späte Ver-herrlichung der *Greeny Flower* wieder eine Antwort auf Keats' Oden. *Nur ein Dichter ist eine Herausforderung für einen Dichter-als-Dichter*, und nur ein Dichter macht einen Dichter. Für den Dichter im Dichter ist ein Gedicht immer *der andere Mensch*, der Vorläufer, und so ist ein Gedicht immer eine Person, immer der Vater der eigenen Zweiten Geburt. Um zu leben, muß der Dichter den Vater *fehldeuten* – in jenem entscheidenden Akt des Mißverstehens, der in der Umschrift des Vaters besteht.

Aber wer, was ist der Vater einer Dichtung? Die Stimme des anderen, des Daimon, spricht immerfort in uns; die Stimme, die nicht sterben kann, weil sie den Tod bereits überlebt hat – *der tote Dichter lebt in uns fort.* In ihrer letzten Phase suchen starke Dichter mit denen zu gehen, die nicht sterben, *indem sie in den toten Dichtern leben*, die schon in ihnen lebendig sind. Diese späte Wiederkunft der Toten mahnt uns, als Leser, das ursprüngliche Motiv für die Katastrophe der dichterischen Inkarnation zu erkennen. Vico, der die Ursprünge der Dichtung mit dem Divinationsimpuls gleichgesetzt hat (dem Impuls vorherzusagen, aber auch, ein Gott zu werden, indem man vorhersagt), meinte damit implizit (wie Emerson, wie Wordsworth), ein Gedicht werde geschrieben, um dem Sterben zu entkommen. Buchstäblich sind Gedichte Verweigerungen der Sterblichkeit. Jedes Gedicht hat demzufolge zwei Schöpfer: den Vorläufer und die Weigerung des Epheben, ein Sterblicher zu sein.

Ein Dichter, so argumentiere ich folglich, ist weniger ein Mensch, der zu Menschen spricht, als vielmehr ein Mensch, der dagegen rebelliert, daß er von einem Toten (dem Vorläufer) angesprochen wird, der unerträglich lebendiger ist als er selbst. Ein Dichter wagt es nicht, sich selbst als einen *Späten* zu betrachten, und kann doch nichts als Ersatz für jene Erste Vision akzeptieren, von der er spiegelbildlich annimmt, es sei auch die seines Vorläufers gewesen. Vielleicht ist dies der Grund dafür, daß der Dichter im Dichter *nicht heiraten kann*, wofür immer der Mensch im Dichter sich entschieden haben mag.

Dichterischer Einfluß, wie ich das Wort verstehe, hat so gut wie nichts mit verbalen Ähnlichkeiten zwischen einem Dichter und einem anderen zu tun. Hardy ähnelt Shelley, seinem wichtigsten Vorläufer, an der Oberfläche kaum; und Browning, der Shelley noch weniger ähnelt, war noch vollkommener Shelleys Ephebe als selbst Hardy. Dasselbe läßt sich bei Swinburne und Yeats im Verhältnis zu Shelley beobachten. Was Blake die Geistige Form nannte, zugleich dichterisches Ur-Selbst und Wahres Thema: das ist es, was den Epheben dem Vorläufer auf so gefährliche Weise verpflichtet, allein schon dadurch, daß er es besitzt. Dichter müssen nicht *aussehen* wie ihre Väter, und Einfluß-Angst unterscheidet sich meist deutlich von Stilängsten. Da dichterischer Einfluß notwendig ein Miß-Verstehen ist – ein »Falsch-Auffassen« dieser Bürde, im Sinne von *falsch verstehen* und von *übelnehmen* –, darf man erwarten, daß eine solcher Prozeß der Verformung und Fehldeutung zumindest zu Stilabweichungen zwischen starken Dichtern führen wird. Behalten wir im Gedächtnis, was laut Emerson »ein Gedicht macht«:

Es ist aber nicht das Metrum, sondern ein Metrum schaffender Stoff, der ein Gedicht macht – ein Gedanke, so leidenschaftlich und lebendig, daß er wie der Geist einer Pflanze oder eines Tieres seine eigene Architektur besitzt und die Natur mit einem neuen Phänomen schmückt. Der Dichter hat einen neuen Gedanken: er hat eine ganze neue Erfahrung mitzuteilen, er sagt uns, was mit ihm geschah, und alle Welt wird durch sein Glück um so viel reicher werden. Die Erfahrung jeder neuen Generation verlangt auch ein neues Bekenntnis, und die Welt scheint immer auf einen Dichter zu warten.

Emerson würde nicht zugeben, daß die Metrum schaffenden Stoffe selbst der Tyrannei des Erbes unterworfen sind; daß sie es sind, ist die traurigste Wahrheit, die ich über Dichter und Dichtung kenne. In Hardys besten Gedichten ist der zentrale Metrum schaffende Stoff, was man einen »skeptischen Klagegesang an die Inkongruität der Zwecke und Mittel in allen menschlichen Handlungen« nennen könnte. Liebe und die Mittel der Liebe lassen sich nicht zur Deckung bringen; der ehrlichste Name der *condition humaine* ist *Verlust*:

Und die schönsten Dinge, die sie besitzen. [...]
Ach, nein; die Jahre, die Jahre;
Hinunter durch die eingeritzten Namen bahnt sich der
Regentropfen seinen Weg. [9]

Mit diesen Zeilen endet *During Wind and Rain*, eines der besten Gedichte unseres Jahrhunderts. *During Wind and Rain* ist ein Enkel der *Ode to the West Wind*, wie so viele andere, etwa Stevens' *The Course of a Particular* oder irgendeines unter den herausragendsten Gedichten von Yeats. Ein Aasfresser der alten Schule würde meine Beobachtungen natürlich anfechten – einer solchen Herausforderung könnte ich, um mit gleichen Waffen zu kämpfen, nur das erste Auftauchen des Refrains entgegenhalten:

Ach, nein; die Jahre! Oh!
Wie die kranken Blätter zuhauf dem Boden zuwirbeln! [10]

Waffen dieser Art dürfen wir jedoch getrost beiseite lassen. Literarischer Einfluß, wenn wir von starken Dichtern sprechen, wirkt in den Tiefen und wie alle Liebe antithetisch. Im Zentrum von Hardys Lyrik, sei es in den frühen *Wessex Poems* oder den *Late Winter Words*, steht diese Vision:

Voll Kummer dacht' ich drüber nach, wie Macht und Wille
Als Gegner unser sterblich Dasein lenken,
Und warum Gott das Gute und die Mittel, es zu schaffen,
So unversöhnlich machte; ratlos darob,
Verachtete ich halb den Wunsch der eig'nen Augen, sich zu füll'n
Mit diesem kraftlos matten Anblick all der Zeiten, die da waren
Und eben erst vorüber sind – [11]

Shelleys *The Triumph of Life* können wir auch das heroische Motto für die Helden in Hardys Romanen entnehmen: »In dem Kampfe aber, den Das Leben und sie führten/Blieb Das Leben Siegerin.« Auch über dem großartigen Band *Winter Words in Various Moods and Metres*, erschienen am 2. Oktober des Jahres 1928 – dasselbe Jahr, in dem am 11. Januar Hardy starb –, könnten es als Motto stehen. Hardy hatte gehofft, das

31

Buch am 2. Juni 1928 herauszubringen, es wäre sein achtundachtzigster Geburtstag gewesen. Einige Gedichte in diesem Buch gehen zwar bis auf die sechziger Jahre des 19. Jahrhunderts zurück, die meisten entstanden jedoch nach dem Erscheinen von Hardys Gedichtband *Human Shows* im Jahr 1925. Ein paar Bände Lyrik aus dem 20. Jahrhundert können sich mit der Größe der *Winter Words* messen, aber es sind wenige. Obwohl dieses Buch sehr verschiedene Gedichte versammelt und keinem einheitlichen Entwurf folgt, geht es im wesentlichen immer darum, ein Gegengewicht zur Bürde der dichterischen Inkarnation zu schaffen; man könnte es die Wiederkehr der Toten nennen, die Hardy heimsuchen, als sein eigener Tod in Sichtweite rückt.

In einem frühen Gedicht, *Shelley's Skylark* (1887), ziemlich im Stil seines Mit-Shelleyianers Browning, spricht Hardy von den »ekstatischen Höhen im Denken und in der Reimkunst« seines Vorfahren. Zeitgenössische Kritiker und Bewunderer Shelleys schätzen *To the Skylark* nicht besonders, und es ist ja auch für das moderne Empfinden, beinahe jeder Schattierung, etwas *zu* ekstatisch; wir ahnen dennoch, warum es Hardy so bewegen konnte:

Wir blicken vor uns, hinter uns,
Und wollen immer, was nicht ist:
Noch unser reinstes Lachen
Mit irgendeinem Schmerz sich mischt;
Und unsre süßesten Gesänge sind Lieder voller Traurigkeit.

Doch kennten wir selbst nicht
den Haß, den Stolz, die Furcht;
Und wär's auch unser Wesen,
nicht *eine* Träne je zu weinen,
Selbst dann blieb' deine reine Freude für uns in weiter Ferne. [12]

Die Gedanken, die hier zum Ausdruck kommen, sind, wie oft bei Shelley, nicht so simpel, wie es scheinen könnte. Unser entzweites Bewußtsein, das uns unfähig macht, Freude und

Schmerz zu entwirren, und uns die Gegenwärtigkeit des Augenblicks zerstört, verschafft uns doch zumindest ästhetischen Gewinn. Aber selbst, wenn es die ganze Bandbreite negativer Empfindungen in uns nicht gäbe, selbst wenn Kummer und Leid nicht unser Geburtsrecht wären: selbst dann noch läge im Gesang der Lerche eine Reinheit der Freude, die uns versagt bleibt. Vielleicht denken wir dabei an Shelleysche Damen wie Mary South oder, mehr noch, an Sue Bridehead, die dem *Epipsychidion* entstiegen scheint, vielleicht auch an Angel Clare als einer Art Parodie von Shelley selbst. Hardys Shelley kommt Shelleys Kern sehr nahe, Shelley, dem visionären Skeptiker, dessen Kopf und Herz nicht Frieden schließen konnten, da beide die Wahrheit sagten, nur eben widersprüchliche Wahrheiten. In *Prometheus Unbound* erfahren wir, daß in unserem Leben der Schatten, den die Liebe wirft, immer Zerstörung und Verfall bedeutet – soweit der Kopfbericht; das Herz in Shelley behauptet dagegen unermüdlich, Geschlossenheit und Zusammenhalt ließen sich, wenn überhaupt, dann nur mit Eros' Hilfe je erreichen.

Winter Words, wie es einem Mann auf der Schwelle der späten Achtziger wohl angemessen ist, bewegt sich eher »im Schatten des Verfalls als im Reich der Liebe«. Das letzte Gedicht, geschrieben im Jahr 1927, heißt *He Resolves To Say No More* und folgt unmittelbar auf *We Are Getting to The End*, das vielleicht düsterste Sonett in englischer Sprache. Beide Gedichte verwerfen ausdrücklich jede Vision von Hoffnung und sind gegen den vernunftgläubigen Meliorismus Shelleyscher Prägung gesetzt. »Wir nähern uns dem Ende der Visionen/Des Unmöglichen, unmöglich in diesem Universum«, behauptet Hardy lakonisch, und er ruft Shelleys Vision vom Zurückdrehen der Zeit nur in Erinnerung, um sie als Doktrin von Shelleys Ahasver zu verabschieden: »Magier, vielleicht, die den Mitternachtskiel vorwärts treiben/das Gehirn in Brand/ Sehen es so.« Hinter dieser Ablehnung liegt das Geheimnis des Mißverstehens, das Geheimnis tiefgehenden dichterischen

Einflusses in seiner Endphase – ich nenne es *Apophrades* oder Die Wiederkehr der Toten. Überall durch die *Winter Words* geistert Shelleys *Hellas*, wenn auch weit weniger ausdrücklich als in *The Dynasts*. Die besondere Stärke und das spezifische Gelingen der *Winter Words* liegen nicht darin, daß wir uns beim Lesen unweigerlich an Shelley erinnert fühlen, sondern vielmehr darin, daß es uns vieles von Shelley lesen macht, als wäre Hardy Shelleys Ahne, der dunkle Vater, den der revolutionäre Idealist nicht auszugrenzen vermochte.

Beinahe jedem Gedicht in *Winter Words* eignet eine selbst für Hardy ungewöhnliche Schärfe; am bewegendsten ist für mich jedoch *He Never Expected Much*, Gedanken des Dichters zu seinem sechsundachtzigsten Geburtstag, in denen sein Dialog mit »der Welt« zu einer Lösung kommt:

»Nicht allzu viel verspreche ich,
Kind; allzu viel;
Ein wenig Glück, doch ohne starke Farbe, und dergleichen«,
Sprachst du zu mir und meinesgleichen.
Fürwahr, welch weise Warnung!
Die ich für meinen Teil mir auch zu Herzen nahm,
Weshalb es mir gelang, dem Druck, den Schmerzen
                              standzuhalten,
Der Art, wie jedes Jahr sie bringen mag. [13]

Das bißchen »Glück, doch ohne starke Farbe«, so unglaublich schwer in Gedichten unterzubringen, ist der Maßstab für Hardys dichterische Leistung und der Kontrast sowohl zu Wordsworths »düst'rer Färbung« wie zu Shelleys »tief herbstlicher Tönung«. Überall in *Winter Words* wird der aufmerksame Leser die Klänge einer gezügelten Rückkehr zu einem Idealismus hochromantischer Prägung vernehmen, herabgedämpft auf Hardys Ton. Wo Yeats sich selbst so sehr wie seine hochromantischen Väter Blake und Shelley in den Heftigkeiten seiner *Last Poems and Plays* verformt, hat Hardy die drängenden, suchenden Temperamente seiner Väter Shelley und Browning in den *Winter Words* auf äußerst wirkungsvolle

Weise gezügelt. Das Ringen mit den großen Toten ist bei Hardy subtiler – und freundlicher zu sich selbst wie zu den Vätern.

Hardys Shelley war im wesentlichen der dunklere Dichter des *Adonais* und des *Triumph of Life*, obwohl ich verstreut durch die Romane mehr Zitate aus *The Revolt of Islam* finde als aus irgendeinem anderen Einzelwerk Shelleys und ich vermute, daß *Hellas* und *Prometheus Unbound* die *Dynasts* sogar noch unmittelbarer beeinflußten, was Verstechniken anbelangt. Hardy war einer der Jünglinge in den sechziger Jahren des 19. Jahrhunderts, die stets einen Band Shelley bei sich trugen; für ihn waren Shelleys Stimme und »Dichtung« eins, und wenn er dem Ironiker in sich erlaubte, so manchen Schriftsteller aufs Korn zu nehmen, galt das doch nie für Shelley, der ihm beinahe eine Art säkularisierter Christus gewesen sein muß. Sein Mißverstehen Shelleys, seine Subversion des Einflusses, den Shelley auf ihn ausübte, war eine unbewußte Abwehr, ganz anders als der offene Kampf gegen Shelley, den Browning und Yeats ausfochten.

Amerikanische Dichter haben weit mehr als englische offen gegen die Stimme der Ahnen rebelliert, teils nach dem Vorbild Whitmans, aber auch aufgrund von Emersons grundsätzlicher Polemik gegen die Idee des Einflusses überhaupt, seiner hartnäckig behaupteten Auffassung, Alleingang bedeute Verweigerung, Verweigerung selbst der guten Vorbilder, und Dichter seien vor allem als Erfinder zu lesen. Unsere besondere Betonung der Originalität hat umgekehrt eine bösartigere Variante der Einfluß-Angst hervorgebracht, und unsere Dichter interpretieren ihre Ahnen folglich auf radikalere Weise fehl als die englischen. Hardys Einfluß-Angst war, verglichen mit allen anderen modernen starken Dichtern, ein besonders gutartiger Fall, und ich vermute, es hängt dies mit der erstaunlichen Leichtigkeit seines Eintritts ins Dichterdasein zusammen. Stevens seinerseits ist ein ebenso erstaunliches Beispiel für eine späte Inkarnation: fünfzehn Jahre mußten zwischen den lyrischen Versuchen des Studenten und seinem ersten wirklichen Gedicht, *Blanche McCarthy*, vergehen, das erst 1915 entstand, als er beinahe sechsunddreißig Jahre alt war:

> Schau in den schrecklichen Spiegel des Himmels
> Und nicht in dieses tote Glas, das nichts als
> Oberflächen widerspiegelt – den gebeugten Arm,
> Die schiefe Schulter und das Auge, auf der Suche.
>
> Schau in den schrecklichen Spiegel des Himmels.
> Ja, beuge dich dem Unsichtbaren und neige dich
> Symbolen zu, der Nacht, die niedersinkt; und suche
> Das helle Licht aufblitzender Erleuchtung!
>
> Schau in den schrecklichen Spiegel des Himmels.
> Sieh', wie der abwesende Mond in einer Lichtung wartet
> Deines dunklen Selbst, und wie die Sternenflügel,
> Hinauf, aus nie gekannten Winkeln, fliegen. [14]

Hier, an seinen wahren Ursprüngen, ist Stevens bereits ein hoffnungsloser und unfreiwilliger Transzendentalist, der »das tote Glas« der Objektwelt oder des Nicht-Ich zurückweist und seinen Blick statt dessen auf den Himmel richtet, den »schrecklichen Spiegel«, der schrecklich ist, weil er entweder den Riesen der eigenen Imagination spiegelt oder den Zwerg eines Selbst im Prozeß der Desintegration. Doch die hochromantischen Shelleyschen Embleme der Imagination, Mond und Sterne, verdunkeln sich nach Maßgabe der Dunkelheit dieses Selbst und einer Erfindungsgabe, die potentiell vorhanden, aber noch nicht zum Durchbruch gelangt ist. Dennoch: die Sehnsucht nach »Erleuchtung«, Offenbarung des noch Verborgenen, nach einer Innerlichkeit, die es mit dem Himmel aufnehmen könnte, ist schon dominant und wird die Oberhand behalten.

The Rock wäre Stevens' letztes Buch geblieben, hätte er sich nicht überreden lassen, die *Collected Poems* zu veröffentlichen. Insgesamt weniger variantenreich als *Winter Words*, geht es doch in einigen Arbeiten, denen die Erhabenheit des Späten eignet, über Hardy hinaus, so etwa in *Madame La Fleurie, To an Old Philosopher in Rome, The World as Meditation, The Rock* selbst und, allen voran, *The River of Rivers in Connecticut*. Alle diese Letzten Visionen atmen die Wiederkehr der Toten, jede einzelne ein Zurückholen der Priorität von einem komplexen Vorläufer, einer zusammengesetzten Figur, zugleich englisch und amerikanisch, vor allem aber romantisch: Wordsworth, Keats, Shelley, Emerson, Whitman. Whitman ist am deutlichsten spürbar, ein ebenso prägendes heimliches Vorbild wie Shelley in Hardys Werken. Der Dichter der *Sleepers* und der Elegie für Lincoln ist so fest verankert in den Kadenzen und Gesten von *The Rock*, daß man beim Wiederlesen Whitmans nun allerorten Stevens' Schatten zu sehen vermeint. *Madame La Fleurie*, Stevens' angsterfüllte Vision der Gestalt, die die Erde am Ende haben würde, ist Whitmans Schreckliche Mutter, losgelassen auf das Land. Die ultimative Revision der Erfinder des Erhabenen amerikanischer Prägung – Emerson und Whitman – kommt am stärksten in jenem gänzlich solipsistischen und neuen Vitalismus zum Tragen, der als »namenloses Fluten« jenem Fluß entströmt, »der nirgendwohin fließt, wie ein See«, ein Strom der geschärften Sinne und gesteigerten Empfindsamkeit, so reißend, daß er selbst Charon am Übersetzen hindern würde. In Stevens' eigenartiger Freude am Ende seiner Laufbahn – ein Triumphieren dessen, der sich erfolgreich freigemacht hat und alleine steht – hören wir ebenso wie in Hardys erhaben grimmiger, solitärer Weigerung, am Leiden zu leiden, den Akzent eines starken Dichters, der die Dialektik des Mißverstehens vollzogen hat, wie es Yeats nicht so restlos möglich war. Stevens und Hardy haben ihr Ringen mit den Toten durchgestanden, und beide hätten sagen können, was Stevens gesagt hat, als er sich selbst, allein mit seinem Buch, als Heterokosmos sah, eine vollendete Version des Selbst, *The Planet on the Table*:

Sein Selbst und die Sonne: eins,
Und seine Gedichte, Machwerk des Selbst,
Waren nicht minder Machwerk der Sonne. [15]

... und nicht minder Mach-Werke des Vorläufers. Doch die Kriege um Eden waren gekämpft und der schwierige Teilsieg errungen.

2. Die Dialektik der Dichtungstradition

Emerson wählte drei Mottos für seinen einflußreichsten Essay, *Self-Reliance* (»Selbständigkeit«): das erste aus den Satiren des Persius: »Suche nach dir selbst nicht außerhalb deiner selbst«; das zweite aus Beaumont und Fletcher:

Der Mensch ist sich sein eig'ner Stern; und solche Seele,
Die den Menschen wahrhaft und vollkommen macht,
Gebietet über alles Licht, den Einfluß und das Schicksal;
Nichts fällt ihm dann zur Unzeit zu, zu früh nicht, noch zu spät.
[...] [16]

Das dritte Motto, einer von Emersons eigenen gnomischen Versen, liest sich wie die Prophetie eines gut Teils unseres zeitgenössischen Schamanismus:

Gebärt den Bankert in den Felsen,
Säugt ihn aus der Wölfin Zitze,
Mit Falk' und Fuchs dem Winter ausgesetzt,
Sei stark die Hand und schnell der Fuß. [17]

Wie der heftige, rhapsodische Essay, dem sie voranstehen, sind die Mottos an die Jugend Amerikas gerichtet, die jungen Männer und Frauen von 1840, die es bitter nötig hatten, daß man ihnen sagte, sie seien keine Spätkommenden. Wir jedoch sind in der Tat Spätkommende – wie jene auch – und nur besser dran, weil wir uns dessen, zumindest im Augenblick, bewußt sind. Emersons einziges Ziel war es, seine Zuhörer aufzuwekken, in ihnen ein Gefühl für ihre *Schaffenskraft* zu wecken; um seiner Tradition heute gerecht zu werden, müssen wir unsere *Bewahrungskräfte* sammeln.

»Der Hinweis auf die Dialektik ist wertvoller als die Dialektik selbst«, hat Emerson einmal angemerkt; aber ich will ihm auch darin widersprechen und einige Aspekte der Dialektik literarischer Tradition skizzieren. Die Moderne in der

Literatur ist nicht vorüber; es hat sich vielmehr herausgestellt, daß sie dort niemals war. Gerede wird alt und schließlich zum Mythos, der Mythos wird älter und schließlich zum Dogma. Wyndham Lewis, Eliot und Pound redeten miteinander: der *New Criticism* hat sie zu einem Mythos der Moderne altern lassen, und nun hat der Antiquar Hugh Kenner diesen Mythos zum »Zeitalter Pounds« dogmatisiert, zu einem Kanon anerkannter Titanen. Anwärter auf Gottähnlichkeit bringt Kenner unsanft auf den Boden ihrer Sterblichkeit zurück; sein großer Triumph ist sein Urteil, in Wallace Stevens gipfle die Poetik Edward Lears.

Doch das ist bereits Dogma, antik geworden: auch die Postmoderne hat ihre Kanons und ihre Kanonisierer, ich sehe mich umgeben von lebenden Klassikern, in Gestalt erst kürzlich verstorbener Dichter von hohen Ambitionen und hysterischer Intensität, und von hyperaktiven, romanschreibenden Nicht-Romanciers, die vermutlich die passenden Seher sind für ihre Armeen von studentischen Nicht-Studenten. Ich mache die Erfahrung, daß es heutzutage wenig Sinn hat, Literaturstudenten daran zu erinnern, daß Cowley, Cleveland, Denham und Waller ganzen Generationen als große Dichter galten oder daß ein gut Teil der ernst zu nehmenden, zeitgenössischen öffentlichen Meinung Campbell, Moore und Rogers John Keats vorzog. Und ich hätte Angst, Studenten zu sagen, daß Ruskin, den ich für den besten Kritiker des 19. Jahrhunderts halte, *Aurora Leigh* von Mrs. Browning für das beste lange Gedicht des Jahrhunderts hielt. Große Kritiker nicken, und ganze Generationen schätzen ihre eigenen Leistungen falsch ein. Ohne Mithilfe dessen, was Shelley »Ein Wesen, gereinigt im Blut des Großen Erlösers, Der Zeit« nannte, scheint die literarische Tradition nicht in der Lage, die Ergebnisse ihrer eigenen Selektion zu rechtfertigen. Wenn Tradition sich jedoch nicht selbst zu zentrieren vermag, kann sie nicht zu jener Befreiung vom Chaos der Zeit werden, die sie implizit verheißt. Wie alle Konvention, wandelt sie sich von einer idealisierten Funktion zu einer erstickenden oder hemmenden Tendenz.

Meine Absicht ist es, in diesem Punkt Emerson auf den Kopf zu stellen (sosehr ich seinen Kopf schätze) und der literarischen Tradition in der Gegenwart eine pragmatische, im Gegensatz zu ihrer idealisierten, Funktion zu bescheinigen: Sie ist jetzt wertvoll, eben weil sie zum Teil hemmt; weil sie die Schwachen erstickt; weil sie selbst die Starken unter Druck setzt. Sich heute eingehend mit der literarischen Tradition zu beschäftigen bedeutet, einen schwierigen, aber befähigenden geistigen Akt zu vollbringen, der uns alle selbstzufriedene Behaglichkeit im Umgang mit dem raubt, was wir leichthin »Neuschöpfung« nennen. Kierkegaard konnte sich noch den Glauben leisten, er sei proportional zur Größe, mit der er rang, groß geworden, aber wir kommen später. Nietzsche betonte immer wieder, es sei nichts verderblicher als das Gefühl, ein Spätkommender zu sein; ich möchte ebenso beharrlich das Gegenteil behaupten: nichts ist jetzt heilsamer als eben dieses Gefühl. Wo es fehlt, können wir nicht zwischen der Energie humanistischer Leistung und bloßer organischer Energie unterscheiden, die ja bedauerlicherweise niemals das Bedürfnis nach Rettung vor sich selbst empfindet.

Ich erinnere mich, wie sehr mich als jungen, angehenden Hochschullehrer das Gefühl der eigenen Nutzlosigkeit bekümmerte – eine nicht eben vitalisierende Angst, die den gewählten Beruf auf eine inkohärente Mischung aus Altertumsforschung und Kulturvermarktung reduzierte. Ich erinnere auch, wie ich mich damit zu trösten pflegte, daß ein Literaturwissenschaftler und -lehrer, wenn schon nichts Gutes tun, so doch auch keinen großen Schaden anrichten könne, jedenfalls nicht bei anderen, was immer er sich selbst damit antun mochte. Das war Anfang der fünfziger Jahre; mehr als zwanzig Jahre später bin ich zur Erkenntnis gelangt, wie sehr ich meinen Beruf unterschätzte, und zwar hinsichtlich des potentiellen Schadens ebenso wie hinsichtlich seines potentiellen

Nutzens. Was wir verraten, wenn wir zu Verrätern an der Verpflichtung werden, die unser Beruf mit sich bringt, ist mehr als nur Verrat im Intellektuellen; wir schaden auch ganz direkt unseren unmittelbaren Schülern, den ödipalen Söhnen und Töchtern. Unser Beruf ist mit dem der Historiker oder Philosophen nicht mehr verwandt. Ohne den Wandel zu wollen, sind unsere Theorie-Kritiker zu negativen Theologen geworden, unsere »Praktiker« zu beinahe haggadäischen Kommentatoren, und alle unsere Lehrer, gleichgültig welcher Generation, lehren, wie man leben, was man tun muß, um der Verurteilung zum Tod-im-Leben zu entgehen. Ich glaube nicht, daß ich hier über eine Ideologie spreche oder irgendeiner Schattierung der gegenwärtigen marxistischen Kritik an unserem Berufsstand das Wort rede. Was immer der Beruf des Literaturwissenschaftlers auf dem Kontinent oder in Großbritannien heute sein mag – eine halb marxistische, halb buddhistische Anthropologie? eine Veranstaltung für *Middleclass*-Amateure, anstelle der Veranstaltung für aristokratische Amateure? –: in Amerika ist er jedenfalls ein ganz und gar emersonisches Phänomen. Emerson hat seiner Kirche den Rücken gekehrt, um ein weltlicher Redner zu werden, da er zu Recht annahm, daß die Lesung mehr als die Predigt die geeignete Offenbarungsmelodie für amerikanische Ohren sei. Wir haben Emersons Verfahrensweisen institutionalisiert und zugleich (aus verständlichen Gründen) seine Ziele aufgegeben, denn die Last seiner Prophetie tragen bereits unsere Zuhörer.

Northrop Frye, der zusehends zu einer Art modernem Proklos oder Iamblichos wird, hat die Dialektik der Tradition, ihr Verhältnis zur Neuschöpfung, platonisiert zu dem, was er den *Myth of Concern* nennt, das »Es geht uns alle an«, ein Mythos, der sich seinerseits als eine Art *Low-Church*-Version von T. S. Eliots anglo-katholischem Mythos der Tradition und des Individuellen Talents erweist. In Fryes Reduktion entdeckt der Student, daß er zu etwas wird, er entdeckt oder demystifiziert sich daher, zunächst, indem er erfährt, daß Tradition ein-, nicht ausschließt, und daher auch für ihn einen Platz frei-macht: der Student als Kulturassimilator, der *denkt*, weil er sich etwas Größerem, einem umfassenden Denkkörper, *eingefügt* hat. Freiheit besteht für Frye wie für Eliot in jenem wenn auch noch so geringen Wandel, den jedes genuine Einzelbewußtsein in der Ordnung der Literatur hervorbringt, einfach indem es sich der Simultaneität solcher Ordnung einfügt. Ich gestehe, daß mir diese Rede von der Gleichzeitigkeit nicht mehr einleuchten will, es sei denn als eine Fiktion, die Frye, wie Eliot, sich selbst überstülpt. Diese Fiktion ist eine noble Idealisierung und wird, als Lüge wider die Zeit, den Weg aller noblen Idealisierungen gehen. Positives Denken dieser Art hat in den sechziger Jahren viele Bedürfnisse bedient, als es dringend schien, Kontinuitäten irgendwelcher Art herbeizu-zitieren – auch wenn unsere Rufe ungehört verhallten. Was immer unsere persönlichen Vorlieben sein mögen, unsere dialektische Entwicklung scheint heute eingebunden in ein Wechselspiel von Wiederholung und Diskontinuität, das eine ganz andere Einstellung bezüglich unseres Verhältnisses zur literarischen Tradition erfordert.

Uns allen ist man schon zuvorgekommen, und ich denke, wir sind uns dessen auch alle mit einem gewissen Unbehagen bewußt. Wir »von der traurigen Gestalt« beklagen uns bitter, weil wir aufgefordert sind (oder genauer, mit Freud: »unter dem Zwang stehen«), dem Unbehagen in der Zivilisation – nicht nur der eigenen, sondern auch der aller vorangegangenen Generationen, deren Erben wir sind – Tribut zu zollen. Die literarische Tradition stellt sich heute, sobald wir auch nur ernsthaft daran denken, ihre Akademien zu betreten, als unsere »Familiengeschichte« dar und verwickelt uns in ihren »Familienroman« – wobei uns die unglückliche Rolle zufällt, die Brownings Childe Roland präfiguriert, jener Helden-Kandidat, der voller Ambitionen antritt, nur um letztlich mindestens so jämmerlich zu scheitern wie seine Vorläufer. Es gibt keine Archetypen mehr zu verschieben; wir wurden aus dem kaiserlichen Palast geworfen, aus dem wir kamen, und jeder Versuch, einen Ersatz dafür zu finden, wird keine segensreiche Verschiebung sein, sondern nur wieder eine schuldhafte Übertretung, so hoffnungslos wie jede andere ödipale Rückkehr zu den Ursprüngen. Für uns führt die schöpferische Nachbildung der literarischen Tradition zu Bildern der Inversion, des Inzests, der sadomasochistischen Parodie, deren Meister der grandiose Selbstzerstörer Thomas Pynchon ist: *Gravity's Rainbow* (1973; dt. *Die Enden der Parabel*, 1981) – ein vollkommener Text für die sechziger Jahre, die Ära von Frye und Borges, aber schon für die siebziger gewollt »verspätet«. Ersatzbefriedigungen und Verschiebungsmythen erweisen sich in Pynchons Buch als eins.

Gershom Scholem hat einen Aufsatz über *Tradition and New Creation in the Ritual of the Kabbalists* geschrieben, der sich wie eine Vor-Schrift zu Pynchons Roman liest (und vermutlich zu Pynchons Quellen gehört). Die magische Formel der kabbalistischen Auffassung von Ritual lautet nach Scholem: »Alles *ist* nicht nur in allem anderen enthalten, es *wirkt* auch auf alles andere ein.« Erinnern wir uns, daß Kabbala wörtlich »Tradition« bedeutet, das »Empfangene«, und bedenken wir die außergewöhnliche Überdeterminierung und erstaunliche Überorganisation, zu der ein kabbalistisches Buch wie *Gravity's Rainbow* verdammt ist. Der eigentliche Ausgangspunkt jeder Entmystifikation muß eine Rückkehr zu dem von allen Geteilten sein. Was also ist literarische Tradition? Was ist ein Klassiker? Was ist eine kanonische Traditionsauffassung? Wie werden Kanons anerkannter Klassiker gebildet, und wie aufgelöst? Ich meine, es lassen sich all diese ganz traditionellen Fragen zu einer wohl vereinfachenden, aber doch dialektischen Frage zusammenfassen: wählen wir eine bestimmte Tradition, oder wählt sie uns, und warum muß überhaupt eine Wahl – oder ein Gewähltwerden – stattfinden? Was geschieht, wenn man ohne Traditionsempfinden versucht zu schreiben, oder zu lehren, oder zu denken, oder zu lesen?

Nun, gar nichts geschieht. Einfach nichts. Man kann nicht schreiben oder lehren oder denken oder lesen, ohne nachzubilden, und was man nachbildet, ist, was ein anderer bereits geschaffen hat, sind die Schriften oder Lehren dieses Menschen. Das eigene Verhältnis zu dem, woraus jener andere schöpfte, *ist* die Tradition, denn Tradition ist Einfluß, der sich über eine Generation hinaus erstreckt, ein Weitertragen des Einflusses. Tradition, die lateinische *traditio*, ist etymologisch ein Überreichen oder Übergeben, eine Überlieferung, ein Aufgeben und damit auch eine Unterwerfung oder ein Verrat. *Traditio* in unserem Sinne ist lateinisch nur der Sprache nach; das Konzept selbst in seiner Tiefendimension geht auf die hebräische *Mischna* zurück, eine mündliche Weitergabe oder Überlieferung von Präzedenzien, Überlieferung dessen, was sich als praktikabel erwiesen hat, was bereits erfolgreich gelehrt wurde. Tradition ist gleichbedeutend mit guter Unterweisung, »gut« im pragmatischen Sinne, also: zweckdienlich, fruchtbringend. Aber wie ursprünglich ist diese Art der Unterweisung, verglichen mit dem Schreiben? Die Frage ist notwendig eine rhetorische: Ob die *psychische* Urszene nun die unserer Zeugung ist oder nicht, und ob die *gesellschaftliche* Urszene die Tötung eines Heiligen Vaters durch rivalisierende Söhne ist oder nicht: die *künstlerische* Urszene, wage ich zu behaupten, ist auf jeden Fall die Übertretung durch Unterweisung, *the trespass of teaching*. Was Jacques Derrida die »Szene der Schrift« nennt, hängt selbst ab von einer Szene der Unterweisung; Dichtung ist ihren Ursprüngen und ihrer Funktion nach auf entscheidende Weise pädagogisch. Literarische Tradition beginnt, wenn ein »neuer« Autor nicht nur um seinen eigenen Kampf gegen die Formen und die Präsenz eines Vorläufers weiß, sondern zudem gezwungenermaßen einen Sinn dafür entwickelt, wie dieser Vorläufer seinerseits zu dem steht, was vor *ihm* kam.

»Wie alles Leben, ist Tradition ein unübersehbares Vergehen und Neuwerden«, schreibt Ernst Robert Curtius in seinem Standardwerk *Europäische Literatur und lateinisches Mittelalter* (1948), der besten Studie über das Wesen literarischer Tradition, die ich kenne. Doch selbst Curtius, der seine eigene Weisheit annehmen konnte, mahnt zur Vorsicht, schränkt ein, daß von der westlichen literarischen Tradition für uns eindeutig »nur« die fünfundzwanzig Jahrhunderte von Homer bis Goethe faßbar seien; was die zwei Jahrhunderte nach Goethe betreffe, könnten wir noch keineswegs entscheiden, was kanonisch sei, was nicht. Die spätere Aufklärung, Romantik, Moderne, Postmoderne: alle diese Erscheinungen wären demnach *ein* Phänomen, und wir können noch nicht sicher wissen, ob sich dieses Phänomen im Hinblick auf die Tradition zwischen Homer und Goethe durch Kontinuität auszeichnet oder vielmehr in erster Linie durch Diskontinuität. Auch zu den Musen, den *wissenden* Nymphen, die uns die Geheimnisse der Kontinuität verraten könnten, haben wir ja keinen Zugang mehr, denn die Nymphen, daran ist nicht zu zweifeln, verlassen das Land. Dennoch prophezeie ich, daß der erste wahre Bruch mit der literarischen Kontinuität in zukünftigen Generationen stattfinden wird, und zwar dann, wenn die noch junge Religion der Befreiten Frau die engen Zirkel ihrer enthusiastischen Anhänger überschreiten und sich ausbreiten wird, um im Westen die Vorherrschaft zu übernehmen. Dann wird Homer nicht länger der unvermeidliche Vorläufer sein, dann könnten die Rhetorik und die Formen unserer Literatur den Bruch mit der Tradition zum Schluß wirklich vollziehen.

Es ist weder willkürlich noch nebensächlich, wenn ich an dieser Stelle hinzufüge, daß jeder, der jetzt im Westen liest oder schreibt, gleichgültig welcher Rasse, welchen Geschlechts oder welcher Weltanschauung, immer noch Sohn oder Tochter Homers ist. Als Literaturlehrer, der die Moralität der hebräischen Bibel der Homerschen vorzieht, ja, der die Bibel Homer ästhetisch vorzieht, bin ich über diese dunkle Wahrheit nicht glücklicher als Sie alle, die William Blakes leidenschaftlichem Ausruf beipflichten mögen, daß Homer und Vergil, die Klassiker also, und nicht die Goten und Vandalen, Europa mit Kriegen überziehen. Aber auf welchen Wegen hat sich diese Wahrheit, ob dunkel oder nicht, uns aufgezwungen?

Allen Kontinuitäten eignet das Paradox, daß sie wohl in ihren Ursprüngen vollkommen arbiträr sind, daß es vor ihren Teleologien jedoch kein Entrinnen gibt. Wir kennen das so gut aus der Erfahrung dessen, was wir mit einem hübschen Oxymoron als unser Liebesleben bezeichnen, daß die literarischen Entsprechungen des Phänomens kaum der Demonstration bedürfen. Obgleich jede Generation von Kritikern zu Recht die ästhetische Vorrangstellung Homers neu bestätigt, ist er für sie (und uns) doch so sehr Teil des ästhetisch *Gegebenen*, daß die Wiederbestätigung im Grunde redundant wird. Was wir »Literatur« nennen, ist mit dem Bildungswesen durch eine Kontinuität von fünfundzwanzig Jahrhunderten untrennbar verknüpft, eine Kontinuität, die im 6. Jahrhundert v.Chr. begann, als Homer zum Schultext für die Griechen wurde: »Homer war für sie die ›Tradition‹«, stellt Curtius so einfach wie definitiv fest; und mit Homer, der zum Schulbuch wurde, wurde die Literatur dauerhaft zum Unterrichtsgegenstand. Auch hier bringt Curtius die Sache auf den Punkt: »Das Bildungswesen wird Träger der literarischen Tradition: ein Tatbestand, der zur Charakteristik Europas gehört, der aber nicht wesensmäßig bedingt ist.«

Diese Aussage ist einer eingehenden dialektischen Untersuchung wohl wert, insbesondere in einer Zeit, in der solche Verwirrung im Bildungswesen herrscht, wie es bei uns in den letzten Jahren der Fall war. Kaum etwas in der literarischen Welt klingt für mich so dumm wie die leidenschaftlichen Erklärungen, man müsse die Dichtung aus ihrer »Akademisierung« befreien – Erklärungen, die wohl zu jeder Zeit absurd klängen, vor allem aber zweitausendfünfhundert Jahre nachdem Homer und die Akademie eins wurden. Denn die Antwort auf die Frage »Was ist Literatur?« muß beim Wort *Literatur* beginnen, das auf Quintilians *litteratura* zurückgeht, seine Übersetzung für das griechische *grammatike*: die Kunst des Lesens und Schreibens, verstanden als duales Unternehmen. Literatur und das Studium der Literatur waren ursprünglich ein einziges, einheitliches Konzept. Wenn Hesiod und Pindar die Musen anrufen, tun sie es als *Schüler*, tun es, um sich selbst zu befähigen, und dies wiederum, um in der Folge *ihre Leser zu unterweisen*. Als die ersten Literaturgelehrten, die man von Dichtern klar unterscheiden konnte, in Alexandria ihre Philologie schufen, begannen sie damit, Autoren zu klassifizieren und anschließend zu selektieren; das heißt, sie kanonisierten, und zwar nach säkularen Prinzipien, die eindeutig in einem Ahnen-Verhältnis zu unseren eigenen stehen. Die Frage, die wir uns immer wieder stellen – »Was ist ein Klassiker?« –, haben sie für uns beantwortet, indem sie anfangs fünf, später nur mehr drei Tragödiendichter gelten ließen. Bei Curtius lesen wir, daß der Name *classicus* sehr spät, nämlich unter den antoninischen Kaisern, zum ersten Mal auftaucht und literarische Bürger der ersten Klasse bezeichnete; das Konzept der Klassifizierung jedoch war alexandrinisch. Wir selbst sind immer noch Alexandrier, und wir können durchaus stolz darauf sein, denn es ist zentral für unseren Beruf. Selbst »die Moderne«, ein Schibboleth, von dem so mancher meint, wir hätten es erfunden, ist notwendig ein alexandrinisches Erbe. Der Gelehrte Aristarchus, Mitglied des Museion in Alexandria, hat als erster die *neoteroi* oder »Modernen« Homer vergleichend gegenübergestellt, und zwar in Verteidigung eines spätkommenden Dichters wie Callimachus. *Modernus*, zu *modo* für »soeben«, wurde zuerst im 6. Jahrhundert n.Chr. gebräuchlich, und wir sollten nie vergessen, daß »Moderne« immer nur »für jetzt« bedeutet.

Alexandria, das so unsere Wissenschaft begründete, führte dauerhaft die literarische Tradition der Schule ein sowie den säkularisierten Kanon-Begriff, obwohl das Wort selbst, in der Bedeutung »Katalog« von Autoren, nicht vor dem 8. Jahrhundert bezeugt ist. Curtius, dieser bewundernswert universale Forscher, schreibt die erste Kanonbildung in einer modernen, volkssprachlichen, säkularen Literatur den Italienern des 16. Jahrhunderts zu. Die Franzosen folgten im 17. Jahrhundert, indem sie ihre dauerhafte Version des Klassizismus schufen, eine Version, die die englischen *Augustans* so tapfer wie vergebens nachzubilden suchten, bis sie von jener großen englischen Renaissance der englischen Renaissance hinweggespült wurden, die wir heute das Zeitalter der Empfindsamkeit oder des Erhabenen nennen und deren Beginn wir relativ sicher auf die vierziger Jahre des 18. Jahrhunderts datieren. Diese Renaissance der Renaissance war und ist Romantik, *die* Tradition, fraglos, der letzten beiden Jahrhunderte. Kanonbildung ist für uns zu einem Teil der romantischen Tradition geworden, und die Bildungskrise, in der der Westen immer noch steckt, gehört zu den romantischen Epizykeln, ist Teil einer Kontinuität der Auflehnung, die mit der Revolution auf den Westindischen Inseln und in Amerika begann, sich nach Frankreich ausbreitete und, durch Frankreich vermittelt, weiter über den ganzen Kontinent, von dort nach Rußland, Asien und, in unserer Zeit, auch nach Afrika. So, wie Romantik und Revolution zu *einer* zusammengesetzten Erscheinung verschmolzen, so dauert die Dialektik neuer Kanonbildung, die sich mit einem allmählichen ideologischen Umkehrungsprozeß verknüpft, bis in unsere gegenwärtige Dekade hinein fort.

Die romantische Tradition jedoch unterscheidet sich grundsätzlich von früheren Formen der Tradition, und ich meine, dieser Unterschied läßt sich auf eine ganz nützliche Formel reduzieren. Die romantische Tradition ist *bewußt spät*, die Psychologie der romantischen Literatur somit notwendig eine *Psychologie der Nachträglichkeit*. Was ich in Anlehnung an Freuds »Familienroman« den *Übertretungsroman der Ro-*

mantik (*romance-of-trespass*) nennen möchte, das gewaltsame Eindringen in Bereiche eines Heiligen oder Dämonischen, ist eine zentrale Erscheinungsform moderner Literatur, von Coleridge und Wordsworth bis zur Gegenwart. Whitman wandelt auf Emersons Spuren in seinem beharrlichen Vorhaben, etwas Neues, eine neue Welt, zu beginnen; doch das Schuldgefühl der Nachträglichkeit verfolgt ihn ebenso wie alle seine Nachfahren in der amerikanischen Literatur. Yeats wurde durch ein vergleichbares Schuldgefühl schon früh zu gnostischen Naturumgehungen getrieben, und selbst der apokalyptische Lawrence ist am überzeugendsten, wo er seinen eigenen Analysen Melvilles und Whitmans folgt und den Jüngsten Tag unserer weißen Rasse mit ihrer grauenhaft verspäteten Abscheu vor dem verkündet, was er so eigenartig das »Blutsbewußtsein« (*blood-consciousness*) nennt. Mehr als jede andere Tradition kennzeichnet die Romantik ein tiefer Widerwille gegen ihre eigenen offenkundigen Kontinuitäten, und sie entwirft so vergebens wie unablässig Phantasien vom Ende der Wiederholungen.

Diese romantische Psychologie der Nachträglichkeit, vor der Emerson uns, seine amerikanischen Nachfahren, nicht zu retten vermochte, ist meines Erachtens die Ursache für den maßlos flatterhaften Traditionssinn, der die Kanonbildung in den letzten beiden Jahrhunderten, und insbesondere in den letzten beiden Jahrzehnten, zu einem derart unsicheren und ungewissen Prozeß machte. Führen wir uns einige zeitgenössische Beispiele vor Augen. Der schnellste Weg, heute einen Streit mit einer beliebigen gängigen Kritikergruppierung zu beginnen, wäre, meine Überzeugung zu äußern, daß Robert Lowell alles andere als ein Dichter von bleibender Bedeutung ist, daß er von Anfang bis Ende in der Hauptsache »Modisches«, Zeit-Stücke, produziert hat. Ein ebenso heftiger Streit würde wohl entbrennen, wollte ich mein Urteil aussprechen, daß Norman Mailer als Schriftsteller mit unglaublich vielen Mängeln behaftet ist und die gegenwärtige Mailer-Verehrung unter Akademikern *der* Anzeiger dafür, wie sehr wir uns als »verspätet« empfinden. Lowell und Mailer, wie immer ich sie einschätze, sind zumindest unübersehbare literarische Energien; zu mehr als bloßen Streitgesprächen würde es hingegen kommen, wollte ich mein Urteil über die sogenannte *black poetry* oder die »Literatur der Frauenbewegung« darlegen. Solche *obiter dicta* können nur zu Streit, oder gar verletzenden Beschimpfungen, führen, denn unser aller Gefühl für kanonische Maßstäbe ist mittlerweile stark gedämpft, heruntergedimmt auf die Leuchtkraft einer gewöhnlichen, knalligen Buntheit. Revisionismus, stets eine treibende Kraft der Romantik, ist so sehr zur Norm geworden, daß selbst rhetorische Maßstäbe anscheinend ihre Wirksamkeit verloren haben. Die literarische Tradition ist zur Gefangenen des revisionären Impulses geworden, und ich meine, wir müssen über ein aufgeschrecktes Feststellen der Tatsachen hinausgelangen, wenn wir dieses ganz unausweichliche Phänomen, die Subsumierung der Tradition durch die Nachträglichkeit des späten Blicks zurück, verstehen wollen.

Der revisionäre Impuls, beim Schreiben wie beim Lesen, steht in einem genau umgekehrten Verhältnis zu unserem psychologischen Vertrauen in die, wie ich es nenne, »Szene der Instruktion«. Miltons Satan, nach wie vor der größte wahrhaft moderne oder nachaufklärerische Dichter in englischer Sprache, liefert uns ein Paradigma für dieses Umkehrverhältnis. Raphael beschreibt die ultimative Szene der Instruktion im fünften Buch von *Paradise Lost*, wo Gott den Engeln verkündet: »Heut hab' ich meinen einz'gen Sohn gezeugt« und herausfordernd warnt: »Wer ungehorsam ihm ist, ist es mir, / [...] und stürzt [...] / In tiefste Finsternis hinab.« Hier, können wir sagen, wird der Welt die Psychologie der Nachträglichkeit aufgezwungen; und Satan weigert sich, wie jeder starke Dichter, bloß ein »Verspäteter« zu sein. Seine Art, zu den Ursprüngen zurückzukehren, die ödipale Übertretung zu begehen, ist, sich zum rivalisierenden Schöpfer neben Gott-dem-Schöpfer zu machen. Er umarmt die Sünde als seine Muse und zeugt mit ihr das in hohem Maße originelle Gedicht vom Tod, das einzige Gedicht, das Gott ihm erlaubt.

Ich will meine eigene Allegorie oder allegorische Interpretation Satans reduzieren und an ein wunderbares Gedicht von Emily Dickinson erinnern, *The Bible is an antique Volume* – (Nr. 1545), in dem sie Eden die »alte angestammte Heimat« nennt, Satan den »Brigadier« und die Sünde »einen lockenden Abgrund,/Dem andre widerstehen müssen«. Als Häretikerin, deren Orthodoxie der Emersonianismus war, erkannte Dickinson in Satan einen herausragenden Vorläufer und tapferen Soldaten gegen die Psychologie der Nachträglichkeit. Aber Dickinson und Emerson schrieben ja in einem Amerika, das eine Zeitlang den Kampf gegen die geschichtlichen Erschöpfungszustände Europas dringend nötig hatte. Ich selbst bin meinem Temperament nach Revisionist, und ich reagiere auf Satans Reden stärker als auf jede andere Lyrik, die ich kenne; es bereitet mir folglich einige Qualen anzumahnen, daß wir heute Miltons Sinn für Tradition sehr viel mehr bedürfen als Emersons revisionärer Tradition. In der Tat muß diese Mahnung sogar noch weiter gehen: wir brauchen Milton überhaupt, und zwar nicht die romantische Wiederkehr des verdrängten Milton, sondern den Milton, der sein großes Gedicht mit jenem Prozeß der Verdrängung identisch gemacht hat, der für die literarische Tradition von entscheidender Bedeutung ist. Aber sogar in mir regt sich Widerstand gegen diese Bedarfsbehauptung, denn ich wüßte selbst gern, wen ich meine, wenn ich »wir« sage: Lehrer? Studenten? Schriftsteller? Leser?

Ich glaube nicht, daß es sich hierbei um separate Kategorien handelt, noch glaube ich, daß Geschlecht, Rasse, soziale Zugehörigkeit dieses »Wir« einschränken können. Wenn wir menschliche Wesen sind, sind wir abhängig von einer Szene der Instruktion, die notwendig auch eine Szene der Autorität und der Priorität ist. Will man keinen Instruktor, so wird man, eben indem man alle Instruktoren qua Instruktoren ablehnt, sich selbst zu jener frühesten Szene der Unterweisung verdammen, die sich einem aufgezwungen hat. Die deutlichste Analogie ist notwendig ödipal: lehne deine Eltern vehement genug ab, und du wirst eine verspätete Version ihrer selbst werden; vermische dich bewußt mit ihrer Realität, und du wirst dich vielleicht teilweise befreien. Miltons Satan ist nach herausragenden Anfängen gescheitert, insbesondere als Dichter gescheitert, weil aus ihm nicht mehr wurde als eine Parodie der düstersten Aspekte des Miltonschen Gottes. Ich ziehe Thomas Pynchon Norman Mailer als Schriftsteller bei weitem vor, weil eine gewollte Parodie beeindruckender ist als eine unfreiwillige; aber ich frage mich doch, ob wir unsere ästhetischen Möglichkeiten heute tatsächlich auf eine solche Wahl reduzieren müssen. Zwingt uns Heutige die Dialektik der literarischen Tradition tatsächlich, entweder via Kabbalistischer Inversion die Nachträglichkeit zu bestätigen oder aber die pseudovitalistische Lüge-wider-die-Zeit, die emphatische Auffassung des Selbst als Vollbringer (*self-as-performer*), zu verbreiten?

Ich kann diese schmerzliche Frage nicht beantworten; den gegenwärtigen Alternativen zu den Ansätzen von Pynchon und Mailer, zumindest was die fiktionale und quasi-fiktionale Prosa anbelangt, stehe ich mit Unbehagen gegenüber. Saul Bellows Verfahrensweisen lassen trotz all seiner literarischen Vorzüge die angestrengte Urerschöpfung aller Spätkommenden eher noch deutlicher erkennen, als dies bei Pynchon und Mailer auf ihre jeweils eigene Weise der Fall ist. Bellow bereitet mir, ganz ehrlich, nicht das größere Vergnügen; und selbst wenn ich es empfände, würde ich zögern, in einem solchen Vergnügen etwas Universales zu erblicken. Die zeitgenössische amerikanische Lyrik scheint mir »gesünder« zu sein; sie bietet tatsächlich Alternativen zu den willentlichen Parodien, die Lowell uns geschenkt hat, oder den unfreiwilligen Parodien, für die Ginsberg so berühmt ist. Doch selbst jene, die ich am meisten bewundere, John Ashbery und A.R. Ammons, macht eine kulturelle Situation von solcher Spätzeitlichkeit, daß sie das Überleben des Literarischen überhaupt fraglich erscheinen läßt, in gewisser Weise problematisch. Wie Pynchon auf den letzten Seiten seines unheimlichen Buches sagt: »Du bist viel älter geworden. [...] Die Väter sind Wirte des Todesvirus, und die Söhne die Infizierten. [...]« Noch etwas später in seinem Evangelium des Sado-Anarchismus fügt er hinzu: »Diesmal, mein Gott, diesmal *werden* wir kommen, zu spät«.

Ich bin mir wohl bewußt, daß dies als düsteres Evangelium erscheinen muß und man von niemandem erwarten sollte, daß er den Kakangelisten, der das Unheil verkündet, willkommen heißt; ein Ausweichen vor der Notwendigkeit jedoch nützt auch niemandem, schon gar nicht in Belangen der Bildung. Heute sind Literaturlehrer in Amerika weit mehr noch als Geschichts-, Philosophie- oder Religionslehrer gezwungen, die Gegenwärtigkeit der Vergangenheit zu lehren, denn Geschichte, Philosophie und Religion haben als Vermittler die Szene der Instruktion verlassen und den irritierten Literaturlehrer allein vor dem Altar zurückgelassen, wo er sich nun erschrocken fragt, ob er zum Opfer oder zum Priester bestimmt sei. Versucht er, der ihm auferlegten Bürde auszuweichen, indem er die vermeintliche Präsenz des Gegenwärtigen lehrt, wird er schließlich nicht mehr zu vermitteln haben als eine vereinfachende und partielle Reduktion, die das Gegenwärtige im Namen der einen oder anderen historisierenden Formel oder des vergangenen Unrechts oder toten Glaubens, ob geistlich oder weltlich, vollkommen entwertet. Doch wie soll er eine Tradition lehren, die inzwischen so reich und so schwer geworden ist, daß es mehr Kraft erfordert, ihr gerecht zu werden, als ein einzelnes Bewußtsein aufbringen kann, es sei denn, es reiche an den parodistischen Kabbalismus eines Pynchon heran?

Alle literarische Tradition war notwendig zu jeder Zeit elitär, schon weil die Szene der Instruktion stets auf eine Ur-Wahl und ein Gewähltwerden zurückgeht, wie das Wort »elitär« schon sagt. Lehren ist, wie Plato wohl wußte, unvermeidlich ein Zweig der Erotik – im weiteren Sinne des Begehrens nach dem, was wir nicht haben, des Wunsches, die Blößen unserer Armseligkeit zu bedecken, uns mit unseren Phantasien zu vereinigen. Jeder noch so unparteilliche Lehrer wählt unweigerlich unter den Schülern, so wie er von ihnen gewählt wird, denn dies ist das Wesen allen Lehrens. Literatur lehren ist wesensgleich mit der Literatur selbst; kein starker Schriftsteller kann sich seine Vorläufer aussuchen, solange er nicht von ihnen erwählt wurde, und so werden auch die starken Studenten unweigerlich von ihren Lehrern erwählt. Starke Studenten finden wie starke Schriftsteller immer die Nahrung, die sie brauchen. Und starke Studenten erheben sich, wie die starken Schriftsteller, am überraschendsten Ort und zur überraschendsten Zeit, um mit der verinnerlichten Gewalt zu ringen, die von ihren Lehrern und Vorläufern ausgeht.

Womit wir uns unmittelbar auseinandersetzen müssen, sind jedoch, ich weiß es wohl, nicht die Starken, sondern die Myriaden der vielen, da die Demokratie im Sinne Emersons ihre Verheißungen etwas weniger irreführend zu machen sucht, als sie es waren. Hält die Dialektik der literarischen Tradition wirklich keine Weisheit für uns bereit, die uns helfen könnte, die Bürde des Spätkommenden zu tragen – jene Bürde, die letztlich darin besteht, das literarische Wahlrecht zu erweitern? Worin besteht die spezifische Unausweichlichkeit der literarischen Tradition für den Lehrer, der ausziehen muß, um sich als Rufer in der Wüste wiederzufinden? Ist es seine Aufgabe, *Paradise Lost* zu lehren, anstelle der Schriften des Imamu Amiri Baraka?

Ich denke, diese Fragen beantworten sich von selbst, besser gesagt: werden sich sehr bald von selbst beantworten. Denn der Literaturlehrer wird unweigerlich bemerken, daß er *Paradise Lost* und die anderen Klassiker der westlichen literarischen Tradition immer lehrt, ob er dies nun ausdrücklich tut oder nicht. Der Psychologie der Nachträglichkeit kann sich niemand entziehen, und die Szene der Instruktion wird um so mehr zur Urszene, je mehr die Gesellschaft um uns herum erschlafft. Unterweisung wird, in unserer späten Phase, zu einem antithetischen Prozeß beinahe wider Willen, und antithetisches Lehren erfordert antithetische Texte, das heißt, antithetisch zu den Studenten ebenso wie zum Lehrenden selbst und zu anderen Texten. Miltons Satan darf als Repräsentant des gesamten Kanons gelten, wenn er uns ermuntert, mit ihm den Himmel herauszufordern, und er wird all jenen *das* Buch in die Hand geben, die wie er sagen: »erfüllt von Ehrgeiz/Wird er mehr begehr'n« – gleichgültig, welcher Herkunft sie sein mögen. Jeder Lehrer der Entrechteten, jener, die behaupten, *sie* seien die Geschmähten und Geschädigten, wird den tiefsten Zwecken der literarischen Tradition und ebenso den tiefsten Bedürfnissen seiner Schüler am besten dienen, wenn er sie in den Besitz von Satans großartiger Eröffnung der Debatte in der Hölle setzt, die ich zum Abschluß dieses Kapitels über die Dialektik der Tradition zitieren will:

> »Sonach kehren wir
> Mit festrer Treu und Einigkeit Gewinn,
> Als in den Himmeln möglich ist, zurück,
> Um unser Recht und Erbtheil einzufordern,
> Gewisser des Erfolgs, als wir im Glück
> Und Wohlsein hoffen durften. Welcher Weg
> Der beste sei, ob offner Krieg, ob List,
> Erwägt nun! Wer zu rathen weiß, der rede!« [18]

3. Die Urszene der Instruktion

Auge in Auge hat der Herr auf dem Berg mitten aus dem Feuer mit euch geredet. Ich stand damals zwischen dem Herrn und euch, um euch das Wort des Herrn weiterzugeben; denn ihr wart aus Furcht vor dem Feuer nicht auf den Berg gekommen.

Deuteronomium 5,4-5

[...] Eine Tradition, die nur auf Mitteilung gegründet wäre, könnte nicht den Zwangscharakter erzeugen, der den religiösen Phänomenen zukommt. Sie würde angehört, beurteilt, eventuell abgewiesen werden wie jede andere Nachricht von außen, erreichte nie das Privileg der Befreiung vom Zwang des logischen Denkens. Sie muß erst das Schicksal der Verdrängung, den Zustand des Verweilens im Unbewußten durchgemacht haben, ehe sie bei ihrer Wiederkehr so mächtige Wirkung entfalten [...] kann.

Freud, *Der Mann Moses und die monotheistische Religion*

Zurück aus Babylon, entschied Esra, als Schriftgelehrter der Wiederkehr, daß sein Volk stets nach der Gegenwart Des Buches streben solle. Der Primat Des Buches, und der mündlichen Tradition als seiner Auslegung, datiert mit diesem heroischen Beschluß aus der Mitte des 5. Jahrhunderts v.Chr. Esra sah sich selbst zu Recht als Fortsetzer, nicht als Ausgangspunkt, ein starker Gelehrter mehr denn ein starker Dichter:

Dieser Esra kam also von Babel herauf. Er war ein Schriftgelehrter, kundig im Gesetz des Mose, das der Herr, der Gott Israels, gegeben hatte. Weil die Hand des Herrn, seines Gottes, über ihm war, gewährte der König ihm alles, was er wünschte. [...]

Denn Esra war von ganzem Herzen darauf aus, das Gesetz des Herrn zu erforschen und danach zu handeln und es als Satzung und Recht in Israel zu lehren.

Esra 7,6;10

Erforschen steht hier für hebräisch *lidrosch*, das umfassender mit *interpretieren* übersetzt werden könnte. Interpretation, *midrasch*, ist ein Suchen nach der Tora, aber auf eine Weise, die mehr die Tora dehnt, als daß sie sie der Bitterkeit der Erfahrung öffnete. Die *soferim* oder Männer des Buches, die wahren Schriftgelehrten, bündelten alle Autorität in Dem Buch, überzeugt davon, daß alles in ihm bereits enthalten sei, somit auch ihre eigenen Auslegungen der Schrift. Die Tora war ihnen der wahre Text, ihre Interpretationen verfälschten ihn nicht, sondern gaben ihm Kontext, und zwar immer durch zeitgenössische Autorität, durch den »Richter, der in jenen Tagen sein wird«.

Midrasch war ursprünglich mündliche Überlieferung und hielt sich jahrhundertelang als solche, gegen das Niederschreiben. Mündliche Weitergabe bedarf des Gedächtnisses, der Persönlichkeit und der unmittelbaren Tradition von Lehrern, die ihrerseits Lehrer lehren. Vielleicht waren die *soferim* anfänglich erfüllt von der Furcht, die Auslegung könnte schließlich den Text ersetzen, doch das ist unwahrscheinlich. Gewiß, die mündliche Überlieferung in ihrem dialektischen Wesen befürchtet Verlust, sobald das Niederschreiben die Oberhand gewinnt, denn das Niederschreiben setzt der Dialektik Grenzen – eine Erkenntnis, die der Midrasch-Tradition so inhärent ist wie der sokratischen. Die großen Rabbiner fürchteten die Reduktion so sehr wie Sokrates, allerdings in rein pädagogischer Hinsicht, weniger in Hinblick auf die Philosophie.

Dennoch scheint mir die jüdische Tradition der Mündlichkeit mit ihrer nur scheinbaren Höherschätzung der Rede vor dem Schreiben im Vergleich zur platonischen Tradition ganz anders gelagert. Thorleif Boman stellt in seiner Abhandlung *Hebrew Thought Compared with Greek* das hebräische Wort für »Wort«, *dawar*, dem griechischen *logos* gegenüber. *Dawar* ist zugleich »Wort«, »Ding« und »Tat«; zur Bedeutung seiner Wurzel gehört die Vorstellung eines »Hinaustreibens« oder »Vorwärtstreibens« von etwas ursprünglich »Zurückgehaltenem«. Es handelt sich hier um das Wort als moralischen Akt, als wahres Wort, zugleich Objekt oder Ding und Tat oder Handlung. Ein Wort, das keine Handlung oder kein Ding ist, ist somit eine Lüge, etwas, was »dahinter stand« und nicht »hinausgetrieben« wurde. Im Gegensatz zu diesem dynamischen Wort ist *logos* ein intellektuelles Konzept; die Wurzel des Wortes bedeutet »versammeln«, »arrangieren«, »in eine Ordnung bringen«. Die Vorstellung hinter *dawar* ist: sprechen, handeln, sein; die Vorstellung hinter *logos*: sprechen, schätzen/bestimmen, denken. *Logos* ordnet und macht den Kontext der Rede vernünftig, doch in seiner tiefsten Bedeutung dreht sich das Wort nicht um die Funktion des Sprechens. *Dawar* hingegen hat mit mündlichem Ausdruck zu tun, mit dem Ans-Licht-Bringen eines Wortes, eines Dings, einer Tat, dem »Hinauswerfen« von etwas vorher im Selbst Verborgenen.

Sokrates preist in seinem Loblied auf die Kunst der Dialektik im *Phaidros* denjenigen, der »mit Einsicht Reden säet und pflanzt, welche sich selbst und dem, der sie gepflanzt, zu helfen im Stande, und nicht unfruchtbar sind, sondern einen Samen tragen, vermittelst dessen einige in diesen, andere in anderen Seelen gedeihend, eben dieses unsterblich zu erhalten vermögen [...]«. Die Philosophie wie die Literatur bekennen sich, zumindest bis Nietzsche, großzügig als Erben und Fortführer dieser Sokratischen Wertsetzung. Von Nietzsche geht dann jene Tradition aus, die in Jacques Derrida kulminiert: sein dekonstruktives Unternehmen stellt die »logozentrische Umzäunung« in Frage, und er versucht zu zeigen, daß das gesprochene Wort weniger ursprünglich sei als das Schreiben. In Derridas Vision macht *die Schrift* die Erinnerung möglich, in dem Sinne, daß das Gedächtnis die Fortdauer des Gedankens ermöglicht, dem Gedanken einen Gegenstand zugesteht. »Die Schrift« (Derridas Trope) rettet uns vor der Leere *und* beschert uns zugleich – ein aggressiverer Akt, weil gegen das »Stimmhaftmachen« gerichtet – eine rettende Differenz, indem sie jenen Zusammenfall von Sprecher und Gegenstand verhindert, der uns in einer so vollkommenen Präsenz gefangennähme, daß sie den Geist zum Stillstand brächte. Derridas Wortprägung *différance* vereint *différer* (»unterscheiden«) und *déférer* (»aufschieben, verzögern«) zu einem Wort des internen Zusammenspiels, einem Wort, das Zeichen ausschließlich zu anderen Zeichen in Beziehung setzt, früheren und späteren, Zeichen, die als Urschöpfungen gedacht werden, entstanden durch jene Artikulation von Spuren, welche die Sprache ist. Obwohl er es nirgends ausdrücklich sagt, ersetzt Derrida möglicherweise *logos* durch *dawar* und korrigiert Plato auf diese Weise durch eine hebräische Gleichsetzung des Schreibaktes und der Artikulationsspur mit dem Wort selbst. Vieles bei Derrida ist geprägt vom Geist der großen kabbalistischen Toradeuter, Interpreten, die barocke Mythologien aus jenen Elementen der Schrift schaffen, die im heiligen Text am wenigsten homogen erscheinen.

Die kabbalistische Tradition maß einer esoterischen mündlichen Überlieferung absolutes Gewicht bei, was in der paradoxen Situation gipfelt, daß wir die Lehren Isaak Lurias, des schöpferischsten aller Kabbalisten, nur in den widerstreitenden Versionen verschiedener Jünger kennen, von denen manche Luria nie gekannt haben. Das macht die Lurianische oder spätere Kabbala ebenso wie ihre chassidischen Abkömmlinge zu einem irritierenden Labyrinth, das sich nicht konzeptuell, streng auf der Grundlage von Textlektüre und Textinterpretation, fassen läßt. Der *Sohar*, der einflußreichste unter den kabbalistischen Texten (insbesondere für Luria), lehrte, daß die Gesetzestafeln als von Moses weitergegeben eine zweite Tora seien, während die erste, die »unerschaffene Tora«, uns verborgen bleibt, außer in Form jener esoterischen oder kabbalistischen Version der Mündlichen Tradition. Von dieser Tradition, oder dem »Empfangen« (*reception*) – denn das bedeutet *Kabbala* –, heißt es, sie sei »ein Hammer, der den Stein zertrümmert«, wobei der Stein für die schriftlich fixierte Tora steht. Der *Sohar* zitiert Exodus 20,18: »Das ganze Volk erlebte, wie es donnerte und blitzte, wie Hörner erklangen und der Berg rauchte. Da bekam das Volk Angst, es zitterte und hielt sich in der Ferne.« In der Auslegung des *Sohar* bedeutet dies, daß die Israeliten mit dem Wort Gottes konfrontiert wurden, das der Dunkelheit der heiligen Wolke eingeschrieben war, die zugleich seine eigentliche Gegenwart verhüllte: sie hörten somit die Gottesschrift als Mündliche Überlieferung und sahen sie als Geschriebene Tora.

Ich habe die Kabbala als Analogon zu Derrida erwähnt, doch die Mündliche Überlieferung ließ sich sowenig unter die Kabbala subsumieren, wie die Schriftliche Überlieferung den esoterischen Autoren das letzte Wort gelassen hätte. Die Mündliche Tradition wurde in direkter Linie von Esra an die Pharisäer und den Hauptstrom der rabbinischen Kontinuität weitergereicht. Der zentrale Text der Mündlichen Tradition, wenn dieses nur scheinbare Paradoxon erlaubt ist, sind die »Sprüche (Weisheiten) der Väter«, *Pirke Awot*, vor allem in ihrem großartigen Beginn:

Moses empfing die Tora von Sinai und verkündete sie dem Josua, und Josua den Ältesten, und die Ältesten den Propheten, und die Propheten verkündeten sie den Männern der Großen Synagoge. Diese sagten drei Dinge: Seid bedächtig im Urteilen, zieht viele Schüler heran und macht einen Zaun um die Tora.

Travers Herford legt in seinem Kommentar zu den *Awot* größeres Gewicht auf die Verkündigung dieser einleitenden Maximen durch die Männer der Großen Synagoge als auf die Verfügungen früherer und weniger umstrittener Figuren der Überlieferung. Die *Awot* selbst, die Väter der Tradition, beginnen mit der hypothetischen Großen Synagoge oder Gelehrtenschule des Esra und reichen bis zu Hillel in der pharisäischen Linie. Leo Baeck hat angemerkt, daß die talmudische Rede vom »Zaun um die Tora« auf die Verteidigung einer Lehrtradition verweise, nicht auf die strikte Einhaltung von Brauch, Gesetz oder Ritus. In seinem Buch *The Pharisees* verteidigte Herford die Lehrtradition gegen die Verfasser apokalyptischer und apokrypher Schriften, die Ahnen der Kabbala. Gegen die Behauptung von R. H. Charles in seiner *Eschatology*, die apokalyptischen Schriften seien das »wahre Kind der Prophetie«, traf Herford auf beredte Weise eine zentrale Unterscheidung von dauernder Gültigkeit zwischen der Lehrtradition der Talmudisten und den revisionistischen Traditionen der Apokryphen:

Zweifellos stimmt es, daß das »Gesetz« im Judaismus der Jahrhunderte seit Esra eine herausragende Stellung erhielt. Hätte es jedoch, in diesen Jahrhunderten, wirkliche Propheten gegeben, überzeugt davon, ein Wort des Herrn verkünden zu müssen, so hätten sie es auch verkündet. Wer hätte sie daran gehindert? Gewiß nicht das »Gesetz«, und auch nicht jene, die es auslegten. Wer hätte sie daran hindern *können*, müssen wir wohl eher fragen. Amos sagte, was er zu sagen hatte, ungeachtet des Priesters und des Königs; und hätte es in den fraglichen Jahrhunderten einen Amos gegeben, so hätte er ungeachtet der Pharisäer und der Schriftgelehrten sein Wort gesprochen – falls sie überhaupt den Wunsch gehabt haben sollten, ihn daran zu hindern, was unwahrscheinlich ist. [...] die apokalyptischen Schriften sind ein Zeugnis [...] für die Schwäche derer, die sich den Mantel Elias umhängten. Wären ihre Schriften unter ihrem eigenen Namen erschienen, hätte man ihnen wohl kaum Aufmerksamkeit geschenkt; ihre List, die eigenen Werke unter der Flagge großer Namen segeln zu lassen – Enoch, Moses, Salomon, Esra –, hätten Männer von originalem Genie nicht nötig gehabt, noch hätten sie sich dazu herabgelassen. [...] Ihre Werke bestätigen diese Meinung, denn ihr Mangel an ursprünglicher Kraft liegt auf der Hand. Sie beruhen ganz offenkundig auf den prophetischen Schriften und, was noch wichtiger ist: sie wiederholen beständig den eigentümlichen Typus der apokalyptischen Schrift. [...]

Der Unterschied zwischen einem talmudischen Werk wie den *Awot* und einem apokryphen wie dem Buche Henoch ist die hebräische Version der griechischen Unterscheidung zwischen *ethos* und *pathos* und von maßgeblicher Bedeutung für das Scheiden aller orthodoxen von den revisionistischen Traditionen. Herford hebt hervor, wie sehr die talmudische Tradition die *Halacha* (»Wegrichtung«) betone, die religiösen Vorschriften für den richtigen Lebenswandel, wie sie die orthodoxe Autorität definiert. Apokryphen und Apokalypsen überspringen die *Halacha* in ihrer Verzweiflung an der Gegenwart. Man kann beinahe jede beliebige Maxime der *Awot* einem charakteristischen Moment des Buches Henoch gegenüberstellen. Hören wir den wohl ältesten Gesetzeslehrer, Rabbi Tarfon, der ein gut Teil des *ethos* der Väter zu einer grandiosen Formel kondensiert: »Es liegt dir nicht ob, die Arbeit zu vollenden, aber du bist auch nicht frei, dich ihr zu entziehen«; und nun den Autor des Buches Henoch, in seinem angespannten *pathos*: »Betrauere es nicht, wenn deine Seele gramgebeugt in den Scheol hinabgestiegen ist, und daß es im Leben deinem Körper nicht deiner Gerechtigkeit gemäß wohl ergangen sei, sondern warte auf den Tag des Gerichts über die Sünder, und auf den Tag der Verdammung und der Strafe.«

Jedem kompetenten Literaturkritiker, der die *Awot* und Henoch durchgearbeitet hat, wird sich der Verdacht aufdrängen, daß dem kanonischen Prinzip ein starkes ästhetisches Motiv innewohnt. Die *Awot* sind weder bloße Wiederholung noch Revisionismus, sondern Weisheit, abhängig vom *dawar* und seiner mündlichen Autorität. Mündliche Überlieferung exkludiert Apokryphen und Apokalypse auf dieselbe Weise, wie die Tora sie (mit Ausnahme des Buches Daniel) ausschloß: es manifestiert sich in ihnen allzu spürbar Einfluß-Angst und damit eine allzu abrupte revisionäre Abkehr von den Kontinuitäten der Tradition. Und dennoch führen sie uns einen Aspekt der individuellen Schöpferkraft vor, den die Kanonbildung nie zeigt, einen Aspekt, der uns etwas so Fundamentales wie Verborgenes über das Wesen textueller Bedeutungsentfaltung lehrt, vor allem in Hinblick auf die Textursprünge.

Das Prestige des Ursprünglichen ist ein universales Phänomen, gegen das ein einsamer Entmystifizierer wie Nietzsche vergebens ankämpfen mußte, wenn uns dieser Kampf auch sein überzeugendstes Buch, *Zur Genealogie der Moral*, bescherte und die machtvollsten aphoristischen Formulierungen in *Jenseits von Gut und Böse*. Ursache und Wirkung, betont Nietzsche, seien getrennte Einheiten und nicht zu vermischen. Alle geistlich-sakrale Geschichte, Nietzsche wußte es, war gegen ihn, und geistlich-sakrale Geschichte hat die Art, selbst Zeitalter zu beherrschen, in denen das Geistlich-Sakrale weithin durch Verschiebung in Erscheinung tritt. Mircea Eliade hat in vielen seiner Schriften das universale Prestige aller Anfänge demonstriert, denen stets Vollkommenheit zugeschrieben wird. Eine Sehnsucht nach Ursprüngen leitet jede Ur-Tradition und erklärt, warum Schamanen uns nach wie vor Ehrfurcht einflößen, denn man ist geneigt anzunehmen, sie würden in ihren Ekstasen zu jenen, »die die Erinnerung an die Anfänge hatten«. Damit hängt zusammen, wie Eliade argumentiert, daß wir alle der Vorstellung folgen, die »erste Manifestation einer Sache« sei »bedeutsam und gültig, nicht ihre sukzessiven Epiphanien«. Die Ur-Zeit ist stark und heilig, während sie in ihren Wiederkehren fortschreitend an Stärke und Heiligkeit einbüßt. In seiner Zusammenfassung der universalen religiösen Geschichte liest sich Eliade beinahe wie ein unmittelbarer Angriff gegen Nietzsche, wenn der Mythos der Ursprünge sich erneut bekräftigt:

Ein neuer Zustand impliziert stets einen vorangegangenen, und dieser ist, in der letzten Analyse, die Welt. Von dieser anfänglichen »Totalität« leiten sich alle späteren Modifikationen her. Das kosmische Umfeld, in dem man lebt, so eng begrenzt es sein mag, konstituiert »die Welt«; sein »Ursprung« und seine »Geschichte« liegen jeder anderen individuellen Geschichte voraus. Die mythische Vorstellung vom »Ursprung« ist wesentlicher Bestandteil des Mysteriums der »Schöpfung«. Etwas hat einen »Ursprung«, weil es geschaffen wurde, das heißt, weil eine Macht sich deutlich in der Welt manifestiert hat, weil ein Ereignis stattgefunden hat. Kurz: der *Ursprung* einer Sache legt Rechenschaft ab von seiner *Schöpfung*.

Aber welcher Weg führt von den Ursprüngen zur Wiederholung und Kontinuität und von dort zur Diskontinuität, die allen Revisionismus kennzeichnet? Fehlt hier nicht ein Glied in der Kette, eine Trope, die wir wiederherstellen müssen, noch eine andere Urszene, mit der wir uns nur widerwillig konfrontieren wollen? Ich will im folgenden eine solche Szene skizzieren, indem ich die Trope wiederherstelle, die technisch das ist, was die traditionelle Rhetorik Metalepsis oder Transsumption nennt.

Was macht eine Szene zur Urszene? Eine Szene ist ein Schauplatz aus der Sicht eines Betrachters, ein Ort, an dem eine (reale oder fiktive) Handlung sich vollzieht oder inszeniert wird. Jede Urszene ist notwendig eine Art Drama oder phantastische Fiktion und somit, wird sie beschrieben, notwendig eine Trope. Die beiden Urszenen, die Freud entwirft – die ödipale Phantasie und die Tötung eines Vaters durch seine rivalisierenden Söhne –, sind Synekdochen. Als Freuds Meistertrope bezeichnet Philip Rieff dessen Versuch, die Gesundheit durch die Krankheit zu verstehen – eine bemerkenswert wirkungsvolle Synekdoche, die jedoch dem Trugschluß der genetischen Erklärung huldigt. Wenn Freud eine Szene Urszene nennt, setzt er damit, wie Rieff sagt, die Synekdoche oder Pars-pro-toto-Substitution als kausalen, vorausliegenden und präfigurativen Prototyp für die spätere psychische Entwicklung. Da die Urszenen Phantasietraumata sind, bezeugen sie die Macht der Imagination über das Faktische und räumen in der Tat der Imagination im Vergleich zur Beobachtung eine erstaunliche Vorrangstellung ein. Rieff, der darin Freud folgt, sieht sich gezwungen, von den »wahren Fiktionen des Innenlebens« zu sprechen. Es ist dies vielleicht das eigenartigste Paradoxon der Freudschen Vision, denn einer wirklich erstrangigen psychologischen Realität, der Urszene, verbleibt hier als einziger Garant die Imagination. Doch die Imagination hat keinen referentiellen Aspekt (ein Umstand, der Freud vielleicht nicht der Beachtung wert schien). Sie hat selbst keinen Sinn, denn sie ist kein Zeichen; das heißt, es gibt kein anderes Zeichen, auf das sie sich beziehen oder auf das sie bezogen werden könnte. Wie der *En sof* oder die Unendliche Gottheit der Kabbala steht die Imagination über und jenseits der Texte, die sich auf sie berufen.

Derrida setzt in seinem erstaunlichen Essay *Freud und der Schauplatz der Schrift* eine dritte, noch ursprünglichere Szene vor die Freudschen Synekdochen. Derridas Trope ist die erhabenere Trope der Hyperbel, die dasselbe enge Verhältnis zur Abwehr durch Verdrängung hat wie die Synekdoche zu den Abwehrformen der Verkehrung ins Gegenteil und der Wendung gegen die eigene Person. Derrida argumentiert, daß Freud in entscheidenden Momenten Zuflucht bei rhetorischen Modellen sucht, die nicht der mündlichen Tradition entstammen, sondern einer »Schrift, die dem gesprochenen Wort niemals untergeordnet, äußerlich oder zeitlich nachgeordnet ist«. Diese »Schrift« ist ein sichtbares *agon*, eine Performanz des Schreibens, und bei allen verbalen Repräsentationen im Spiel. In Form seiner erhabenen Trope teilt Derrida uns mit, daß es »keine Psyche ohne Text« gibt, eine Behauptung, die über die großartige Trope bei Lacan, Derridas Vorläufer, hinausgeht, der zufolge die Struktur des Unbewußten sprachlich ist. Das Seelenleben ist somit nicht länger als eine Transparenz (des Sinns) darzustellen noch als eine Dunkelheit (unfaßbarer Kräfte), sondern als intertextuelle Differenz im Konflikt der Bedeutungen und der Ausübung von Kräften.

Für Derrida ist Schreiben gleich »Bahnbrechen« – im Sinne von Freuds »Bahnung« – und die Psyche eine Autobahnkarte. Das Schreiben bricht sich seine Bahn gegen Widerstände, und so wird die Geschichte des Weges identisch mit der Geschichte des Schreibens. In der Feststellung, daß Schreiben undenkbar sei ohne Verdrängung, liegt meines Erachtens Derridas tiefste Einsicht; sie bedeutet eine Identifikation des Schreibens als solchem mit der dämonisierenden Trope der Hyperbel. »Wir werden nur als Schreibende [...] geschrieben«, schreibt Derrida beredt: eine Hyperbel, die die falsche Unterscheidung zwischen Lesen und Schreiben zerstört und alle Literatur dem »offenen Krieg und den verborgenen Listen« gleichsetzt, die das Verhältnis »zwischen dem Autor, der liest, und dem ersten Leser, der diktiert« beherrschen. Derrida hat aus dem Schreiben eine intrapsychische Trope gemacht, eine Setzung, die naturgemäß jeden Leser anzieht, der selbst aus dem Einfluß eine intrapsychische Trope, oder besser: eine Trope für intrapoetische Beziehungsverhältnisse, gemacht hat. Ein solcher Leser weiß Derridas Schlußfolgerung – »Die Schrift ist der Schauplatz oder die Bühne der Geschichte und das Spiel der Welt« – wohl zu schätzen.

Doch Derridas Szene der Schrift ist nicht ursprünglich genug, weder in sich selbst noch in ihrer Eigenschaft als Freudexegese. Sie ist, wie Freud auch, auf eine kühnere Trope angewiesen, ein Schema der Transsumption oder metaleptischen Verkehrung, die ich die Urszene der Instruktion nennen möchte. Der Weg in diese Szene hinein kann über dieses eine Ausweichen vor Freuds Text führen, das für Derridas Exegese entscheidend zu sein scheint. Derrida beschließt seinen Essay mit einem Satz aus Freuds *Hemmung, Symptom und Angst*:

Wenn das Schreiben, das darin besteht, aus einem Rohr Flüssigkeit auf ein Stück weißes Papier fließen zu lassen, die symbolische Bedeutung des Koitus angenommen hat, oder wenn das Gehen zum symbolischen Ersatz des Stampfens auf dem Leib der Mutter Erde geworden ist, dann wird beides, Schreiben und Gehen, unterlassen, weil es so ist, als ob man die verbotene sexuelle Handlung ausführen würde.

Den nächsten Satz läßt Derrida aus:

Das Ich verzichtet auf diese ihm zustehenden Funktionen, um nicht eine neuerliche Verdrängung vornehmen zu müssen, *um einem Konflikt mit dem Es auszuweichen.* [Hervorh. v. Freud]

Zusammen mit dem Satz, den Derrida zitiert, bildet dies einen Absatz. Der darauffolgende handelt von Hemmungen, die entstehen, um nicht in Konflikt *mit dem Über-Ich zu geraten* (auch hier Hervorhebung von Freud). Wenn Derridas Freud-Interpretation richtig sein soll, das heißt, wenn Schreiben tatsächlich so ursprünglich sein soll wie der Koitus, dann müßte die Schreibhemmung eintreten, um einen Konflikt *mit dem Über-Ich, nicht mit dem Es*, zu vermeiden. Doch das *Sprechen*, nicht das *Schreiben*, wird gehemmt, wie Freud immer wieder betont, um den Konflikt mit dem Über-Ich zu vermeiden. Denn das Über-Ich bestimmt über die Szene der Instruktion, die immer zumindest quasi-religiös in ihren Assoziationen ist, und deshalb ist das Sprechen ursprünglicher. Schreiben, kognitiv sekundär, kommt einem bloßen Prozeß, dem *automatischen* Verhalten des Es, näher. Freud selbst steht somit mehr in der mündlichen als in der schriftlichen Tradition, anders als Nietzsche und Derrida, die reinere Revisionisten sind, während Freud, vielleicht ohne es zu wollen, ein bemerkenswert direkter Fortführer der längsten Tradition seines Volkes ist. Freud weiß, im Gegensatz zu Nietzsche und Derrida, daß Vorläufer *in das Es* eingehen, nicht *in das Über-Ich*. Einflußängste aller Art, mit all den Leiden eines sekundären Daseins, die sie mit sich bringen, hemmen daher das *Schreiben*, aber sehr viel weniger die mündliche, logozentrische Tradition der prophetischen Rede.

Insofern als Spenser (um zu einem literarischen Beispiel fortzuschreiten) wahrhaftig Miltons Großes Urbild war, war selbst Milton gehemmt, denn Spensers Vision wurde zu einem Attribut von Miltons Es-Komponente. Doch Miltons prophetisches, mündliches Urbild war Moses, der ein Attribut von Miltons Über-Ich wurde und so die stärkste Kraft in Miltons *Paradise Lost* stimulierte: seine wunderbare Freiheit, die Heilige Schrift seinen eigenen Zwecken gemäß zu dehnen. Alastair Fowler hat schon auf Miltons emphatische Wiederholung des Wort *first* hingewiesen: es erscheint in den dreiunddreißig einleitenden Zeilen fünfmal. Moses, der *erste* jüdische Schriftsteller in der Tradition, ist somit Miltons Autorität und zugleich sein Urbild. Moses als erster lehrte »das auserwählte Volk / im Anbeginn«. Der Geist Gottes war »von Anbeginn«, und Milton fordert den Geist zweimal auf: »Sprich, was hat unser Elternpaar zuerst veranlaßt, / […] vom Schöpfer abzufallen«. Auch Satan wird die Würde seiner Priorität im Bösen nicht abgesprochen: »Wer, sprich, verführte sie zuerst zum Ungehorsam?«

Die erste Beobachtung, die über die Szene der Instruktion zu machen wäre, betrifft somit ihre absolute Erstheit; sie *definiert* die Priorität. Wheeler Robinson bewegt sich in seiner Studie über die Inspiration im Alten Testament auf die Trope einer Szene der Instruktion zu, wenn er erkennt, daß, während die mündliche Tradition sich entfaltete, um die geschriebene Tora zu interpretieren, die geschriebene Tora selbst als Autorität kultische Handlungen ersetzte. Der kultische Akt schlechthin ist einer, bei dem der Anbetende das Geschenk von Gottes Herabsteigen empfängt, Gottes Akkomodation in Form einer Wahl-Liebe (*Election-love*). Wahl-Liebe, Gottes Liebe zu Israel, ist der Urgrund einer Urszene der Instruktion, eine Szene, die früh aus jüdischen oder christlichen auf säkulare und dichterische Kontexte verschoben wurde.

Wahl-Liebe, die hebräische *ahawa*, führt Norman Snaith auf eine Wurzel zurück, die in einer Form »brennen« oder »entzünden« bedeutet und in einer anderen auf alle Arten von Liebe außer der innerfamiliären, ob zwischen Gatten oder Kindern und Eltern, verweist. *Ahawa* ist die Liebe, die grenzenlos ist im Geben, aber vollkommen passiv in ihrem Empfangen. Hinter jeder Szene des Schreibens, am Beginn jeder intertextuellen Begegnung, steht diese ungleiche Initialliebe, bei der das Geben den Empfangenden auszehrt. Der Empfangende wird entzündet, und doch gehört das Feuer allein dem Geber.

Wir müssen hier die romantische Version der Dialektik der Akkomodation in Betracht ziehen, deren Ironien am deutlichsten bei Johann Georg Hamann, als Vorläufer, und seinem Schüler Kierkegaard, dem heroischen Epheben, zum Ausdruck kommen. Das Festmachen göttlicher Wahrheiten in innerweltlichen Evidenzen war die alte Weise der Akkomodation, ob christlich oder neuplatonisch. Das Modell bedingt eine spätere Phase, in welcher der menschliche Geist sich bestrebt, dankbar für diese göttliche Kondeszendenz, die richtigen Stufen des Aufstiegs zurück zu den himmlischen Mysterien einzuhalten. Im Zuge seiner Auseinandersetzung mit Milton hebt Geoffrey Hartman diese als die »autoritären und initiatorischen Aspekte der Akkomodation« hervor und bemerkt ganz richtig, die Romantiker hätten sich dem zweiten Aspekt gänzlich verweigert. Hamann leistete von 1758 an Pionierarbeit auf dem Gebiet dieser Verweigerung, wenn auch gegen seine eigene Absicht. Für Hamann besteht Gottes besonderer Akt der Akkomodation darin, daß Er sich herabließ, Autor zu werden, indem er Moses seinen Text diktierte. Doch das Lesen im Buch Gottes, ob in der Heiligen Schrift oder in der Natur, führt nicht zum traditionellen stufenweisen Aufstieg, sondern vielmehr zu einem höchst idiosynkratischen Lesen von Chiffren, wiederum sowohl in der Bibel als auch im sichtbaren Universum. Obwohl das Prinzip der Akkomodation seinen Wurzeln gemäß uns mit dem richtigen Maß in Übereinstimmung bringen sollte, bewegt sich schon Hamann auf eine Assimilation zu: der Mensch, der die Göttliche Chiffre empfangen hat, inkorporiert sie und setzt sich mit ihr in eins.

Untersuchen wir, bevor wir von Hamann zu seinem Nachfahren Kierkegaard weitergehen, die Dialektik der Akkomodation und der Assimilation bei modernen Moralisten der Psyche. Gelegentlich will mir scheinen, daß Freud (zu seinem Kummer) das lebhafteste Echo in den Vereinigten Staaten fand, weil die Amerikaner in ihm denjenigen erkannten, der eben die normative Psychologie formulierte, in deren Bann sie schon immer lebten. Ich denke, wir können es getrost eine *psychology of belatedness* nennen, eine Psychologie der Nachträglichkeit, nach deren Manifestationen wir am besten bei unseren Dichtern, von unseren Ursprüngen als Nation bis zum heutigen Tag, suchen. Amerikanische Dichter kennzeichnet mehr als andere westliche Dichter, zumindest seit der Aufklärung, ein bemerkenswerter Ehrgeiz. Jeder will das Universum sein, das Ganze, von dem alle anderen Dichter nur Teile sind. Was die amerikanische Psychopoetik am nachhaltigsten prägt, ist ihre Differenz zu europäischen Strukturmustern im Kampf der Imagination mit ihren eigenen Ursprüngen. Die charakteristische Angst unserer Dichter ist nicht so sehr, von Vorläufern überflutet zu werden, als vielmehr die Angst, *schon überflutet zu sein*, bevor man noch einen Anfang setzen konnte. Emersons Betonung der *Self-Reliance*, des selbst-bewußten Vertrauens in die eigene Selbständigkeit, ermöglichte Whitman und Dickinson und Thoreau, und zweifellos profitierten Hawthorne und Melville davon, ohne es zu wollen. Doch die Szene der Instruktion, die Emerson zur *tabula rasa* machen wollte, zieht die zeitgenössischen amerikanischen Dichter immer stärker in ihren Bann: sie treten ein Erbe an, das paradoxerweise Reichtümer angehäuft hat, während es zugleich fortwährend auf seine Armut pocht.

Piaget hat in seinen Studien zur kognitiven Entwicklung des Kindes eine Dynamik angenommen, durch welche sich das egozentrische Kleinkind fortschreitend dezentriert, bis (gewöhnlich in der Adoleszenz) diese Dezentrierung abgeschlossen ist. Der Welt-Raum des Kindes macht dann einem universalen Welt-Raum Platz und das Zeitempfinden des Kindes der geschichtlichen Zeit. Sobald das Kind ein gut Teil des

Nicht-Ich assimiliert hat, paßt es schließlich seine Sichtweise der Sichtweise der anderen an. Dichter haben sich vermutlich als Kinder mehr *assimiliert* als wir anderen, zugleich aber weniger *akkomodiert* und sich auf diese Weise erfolgreich durch die Krise der Adolszenz gekämpft, ohne sich völlig zu dezentrieren. Angesichts der Urszene der Instruktion, selbst in ihrer poetischen Variante (dem Moment, in dem die Idee der Dichtung sich ihnen zum ersten Mal offenbarte), gelang es ihnen, eine eigentümliche Distanz der Krise gegenüber zu entwickeln, was sie befähigte, in größerer Nähe zu ihren eigenen schwankenden Zentren zu bleiben. Bei amerikanischen Dichtern, so vermute ich, muß die Distanz größer sein und damit auch der daraus folgende Widerstand gegen die Dezentrierung, denn stärker als alle anderen in der Geschichte der westlichen Dichtung sind sich die amerikanischen Dichter ihrer Nachträglichkeit bewußt.

Freud fand es schwierig, Anzeichen der Reifung von Anzeichen des Lernens zu unterscheiden. Für Piaget kann es dieses Problem nicht geben, denn für ihn scheint es, in den Bereichen der Nachahmung und des Spiels, möglich, die Spuren einer Entwicklungsbewegung von sensorisch-motorischer Assimilation und Akkomodation zu den Ursprüngen der Repräsentation in einer mentalen Assimilation und Akkomodation zu erkennen. Wir jedoch, deren Interesse der dichterischen Entwicklung gilt, erben Freuds Schwierigkeit. Das Zusammenspiel von Akkomodation und Assimilation hängt für uns von den intertextuellen Übereinkünften ab, die spätere Dichter implizit oder ausdrücklich mit früheren treffen. Naturgemäß beginnt dieser Vorgang als eine Übereinkunft der Liebe, wenn dieses Verhältnis auch früh genug ambivalent wird. So, wie sich unser Modell für die erste Phase der Instruktionsszene von der alttestamenarischen Vorstellung einer Auszeichnung, Wahl-Liebe oder *ahawa*, herleitet, geht auch unser Modell für die zweite Phase auf diese Quelle zurück. Das Modell ist die Übereinkunfts-Liebe (*Covenant-love*) oder *chesed*, jenes hebräische Wort, das Miles Coverdale mit »loving-kindness« übersetzt und Luther mit »Gnade«. Aber *chesed*, wie wiederum Norman Snaith deutlich macht, ist schwer zu übersetzen. Die Wurzel bedeutet soviel wie »Eifer« (*eagerness*) oder »Schärfe« (*sharpness*), und das Wort selbst kommt dem nahe, was Freud meint, wenn er vom »Gegensinn der Urworte« spricht: die Wurzelbedeutung schließt nämlich auch jene Art des »Eifers« mit ein, der sich von »brennendem Eifer« zu »Eifersucht«, »Neid« und »Ehrgeiz« bewegt, weshalb die Übereinkunfts-Liebe in unbehaglicher Allianz mit einem Element des Wettkämpfens steht. Für unsere Zwecke – der hypothetischen Annahme einer dichterischen Urszene der Instruktion – können wir daraus folgern, daß das antithetische Element in *chesed* zur ersten Akkomodation des Epheben an seinen Vorläufer führt, im Gegensatz zur absoluten Assimilation im Rahmen der Wahl-Liebe. Diese erste Akkomodation könnte man die erste *persona* nennen, die der junge Dichter sich gibt, in jenem archaischen, rituellen Sinn, in dem die *persona* die Maske war, welche den daemonischen oder Stammesvater repräsentierte. Denken wir nur an den übergroßen, blinden Sängerahnen, zu dem Milton für die Dichter der Empfindsamkeit und der Hochromantik wurde, oder an die modernen Erscheinungsformen des Erhabenen von Collins bis Keats, die auf seinem Boden wuchsen, und wir spüren, daß es sich hier um eine Wiederkehr daemonischer *personae* in neuem Gewand handelt.

Die dritte Phase in unserem Ur-Paradigma muß die Entfaltung einer individuellen Inspiration sein, ein Musen-Prinzip, eine weitere Akkomodation poetischer Ursprünge mit unverbrauchten dichterischen Zielen. Hier gibt uns das Alte Testament mit dem Begriff des *ruach hakodesch* (»der göttliche, heilige Geist« oder die »Macht des göttlichen Atems«) ein präzises Kürzel an die Hand. Die Musen als Geister oder Töchter des Zeus anzurufen bedeutete, die Erinnerung anzurufen und so die Lebenskräfte festzuhalten, in deren Besitz die Menschheit bereits war. Für christliche und nachchristliche Dichter bedeutet die Invokation des *ruach* die Anrufung einer Macht und eines Lebens, welche die Mächte, die wir schon unter Kontrolle haben, transzendieren. Eine solche Macht von einer Vorläufer-Quelle zu unterscheiden bedeutet, ein für allemal die Grenzen der Assimilation zu verlassen, bedeutet aber auch ein Verwerfen des initiatorischen oder inauguralen Aspekts am Traditionsprinzip der Akkomodation.

Mit der vierten Phase, der Hervorbringung eines individuellen *dawar*, eines eigenen Wortes, das auch eine eigene Handlung und die eigene wahre Präsenz ist, hat die eigentliche dichterische Inkarnation stattgefunden. Bleibt, in der fünften Phase unserer Szene, der tiefe Sinn, in dem das neue Gedicht oder die neue Dichtung eine umfassende Interpretation – *lidrosch* – des Ursprungsgedichtes oder der Ursprungsdichtung ist. In dieser Phase werden der gesamte Blake oder der gesamte Wordsworth zu einer Lektüre oder Interpretation des gesamten Milton.

Die sechste und letzte Phase unserer Urszene ist der eigentliche Revisionismus, die Neuschöpfung der Ursprünge oder zumindest der Versuch einer solchen, und in dieser Phase kann eine neuere praktische Literaturkritik, auf mehreren Ebenen, einschließlich der rhetorischen, beginnen. In Kapitel 5 skizziere ich ein Modell der revisionären Interpretation in Form einer Karte des Mißverstehens (*map of misprision*); es ist ein Vermessungsgang durch die verschiedenen Erscheinungsformen der revisionären Ratio, der psychischen Abwehrformen, rhetorischen Tropen und Bildgruppierungen, eine Topographie der Struktur des typischen Gedichts der Nachaufklärung. Waren die ersten fünf Phasen meiner Szene der Instruktion kanonisch in ihren Benennungen und Funktionen, erfordert die sechste Phase, eine Akkomodation ganz im Sinne der Romantik, ein esoterisches Paradigma, weshalb ich dort auf die regressive Kabbala des Rabbi Isaak Luria, des Heiligen von Safed aus dem 16. Jahrhundert, zurückgreife.

Lurias Dialektik der Schöpfung, und ihre Anziehungskraft für die literarische Interpretation, habe ich in der Einleitung skizziert. Im folgenden will ich wieder zu den dichterischen Ursprüngen, und zu den Faktoren, die eine Szene zu einer Urszene machen, zurückkehren. Jede Urszene ist notwendig eine Phantasiestruktur, aber Freud irrte, als er ein phylogenetisch vermitteltes Erbe als Erklärung für die Universalität solcher Phantasien anbot. Seine eigene Angst, provoziert durch die Theosophie Jungscher Provenienz, zwang ihn, darauf zu beharren, daß Urszenen das nicht weiter rückführbare *Gegebene* seien, daß sie jeder Interpretation vorauslägen, die sie auslösen. Gegen Freud geht die Vorstellung, daß die ursprünglichste Szene eine Szene der Instruktion sei, zurück zu den Wurzeln des kanonischen Prinzips: »Am Anfang war die Interpretation«, lautet ihr Credo, das Vico näher steht als Nietzsche. Unsere Betonung liegt eher auf Vicos »Wir kennen nur wirklich, was wir selbst gemacht haben« denn auf Nietzsches »Wer interpretiert denn, und welche Macht will er über den Text erlangen?«. Denn selbst der dichterische Initialfunke der Wahl-Liebe ist ein Selbst-Wissen auf der Grundlage eines Selbst-Erschaffens, da ein junger Blake oder ein junger Wordsworth zuerst um die Möglichkeit der Erhabenheit in seinem Selbst wissen mußte, ehe er das Erhabene in Milton erkennen und in der Folge sich von ihm erwählen lassen konnte. Der psychische Ort eines gesteigerten Bewußtseins, eines besonders intensiven Gefordert-Seins, der zugleich die Bühne für die Szene der Instruktion ist, ist notwendig ein Platz, den der Neue Dichter sich selbst dafür freigemacht hat – durch eine Initialkontraktion oder einen Initialrückzug, die alle weiteren Selbst-Beschränkungen und alle restituierenden Modi der Selbst-Repräsentation erst ermöglichen. Beides, der anfängliche und gewaltsame Anspruchsexzeß, der die Wahl-Liebe ist, und die Macht einer inadäquaten Reaktion in Form einer Übereinkunfts-Liebe als Antwort darauf, wird dem jungen Dichter von sich selbst aufgezwungen; beide sind somit seine Interpretationen, ohne die es kein Gegebenes (»kaballa«, »the given«), in welcher Form auch immer, gäbe.

Hinter aller Urphantasie nämlich liegt eine noch ursprünglichere Verdrängung, die Freud wohl hypothetisch annahm, der er aber zugleich auswich. Im *Fall Schreber* (1911) beschrieb Freud die Verdrängung als einen Vorgang, der mit einem Akt der Fixierung beginne, womit er an dieser Stelle lediglich eine Art Entwicklungshemmung meinte. In seiner Abhandlung *Die Verdrängung* aus dem Jahr 1915 jedoch gibt er der Fixierung tiefere Bedeutung:

Wir haben also Grund, eine *Urverdrängung* anzunehmen, eine erste Phase der Verdrängung, die darin besteht, daß der psychischen (Vorstellungs-)Repräsentanz des Triebes die Übernahme ins Bewußte versagt wird. Mit dieser ist eine *Fixierung* gegeben; die betreffende Repräsentanz bleibt von da an unveränderlich bestehen und der Trieb an sie gebunden.

Freud hatte Schwierigkeiten, diese Fixierung zu erklären, und flüchtete sich in die verwegene Vorstellung, ihre Ursprünge lägen in irgendwelchen unspezifischen, aber sehr starken archaischen Erfahrungen, die mit einem außergewöhnlichen Maß an Erregung und einem Durchbrechen des Reizschutzes einhergehen. Wir dürfen nicht vergessen, daß »Fixierung« für Freud eine starke libidinöse Bindung an eine Person oder eine *Imago* mit einschließt. Zu sagen, wie Freud das tut, daß Fixierung die Grundlage der Verdrängung sei, heißt übersetzt in die Sprache, in der wir über dichterische Ursprünge sprechen: die Trope der Hyperbel als Repräsentation des Erhabenen beginnt mit der ambivalenten Liebe, die ein Neuer Dichter für seinen Vorläufer empfindet. Auf der frühesten Ebene, die er für seinen Begriff des Ursprünglichen oder Primären festmachen kann, rekurriert auch Freud auf eine Szene der Instruktion. Das Unbewußte ist deshalb keine Metapher, sondern eine Hyperbel, deren Ursprünge in einer komplexeren Trope liegen, in der Trope einer Trope, der metaleptischen oder transsumptiven Trope einer Szene der Instruktion.

Ich will mich hier an Kierkegaard halten, den großen Theoretiker der Instruktionsszene, vor allem an seine brillanten, polemischen *Philosophischen Bissen* (1844). Auf dem Titelblatt dieses schmalen Bändchens stellt Kierkegaard die großartige dreifache Frage: ob es einen historischen Ausgangspunkt für ein ewiges Bewußtsein geben könne, wie ein solcher mehr als historisch interessieren könne und ob sich auf ein historisches Wissen eine ewige Seligkeit gründen lasse. Kierkegaards Absicht ist es, Hegel zu widerlegen, indem er streng zwischen dem christlichen Denken und der Philosophie des Idealismus trennt. Seine dreifache Frage läßt sich jedoch problemlos auf das säkulare Paradoxon der dichterischen Inkarnation und des dichterischen Einflusses übertragen, denn die Angst vor dem Einfluß wurzelt darin, daß der Ephebe ein zeitentrücktes, divinatorisches Bewußtsein behauptet, das aber dennoch seinen historischen Ausgangspunkt in einer intertextuellen Begegnung hat, und zwar am entscheidendsten in jenem interpretativen Moment oder Akt des Mißverstehens, der dieser Begegnung innewohnt. Wie, so muß sich der Ephebe fragen, wie kann in der Tat ein solcher Ausgangspunkt von mehr als rein historischem, nämlich poetischem, Interesse sein? Und, drängender noch: wie läßt sich der Anspruch des starken Dichters auf dichterische Unsterblichkeit (die einzig relevante ewige Glückseligkeit) auf eine Begegnung gründen, die in der Falle der Zeit und der Nachträglichkeit gefangen ist?

Zwei Abschnitte der *Philosophischen Bissen* sind besonders eng mit den Dilemmata der dichterischen Instruktionsszene verknüpft: der Versuch über die Einbildungskraft unter dem Titel *Der Gott als Lehrer und Retter* und das geniale Kapitel *Das Verhältnis des gleichzeitigen Schülers*. Ersteres ist eine verschleierte Polemik gegen Strauss und Feuerbach als Linkshegelianer, das zweite eine offene Polemik gegen Hegel selbst. Gegen den linkshegelianischen Ansatz gerichtet, stellt Kierkegaard Sokrates, den Lehrer, Christus gegenüber. Sokrates und sein Schüler haben einander nichts zu lehren, kein *dawar* oder

Wort hervorzubringen, doch geben sie einer dem anderen ein Mittel zum besseren Selbstverständnis an die Hand. Christus hingegen versteht sich selbst ohne Hilfe eines Schülers, und nur Christi Schüler empfangen seine unermeßliche Liebe. Gegen Hegel trennt Kierkegaard zwischen Geschichte und Notwendigkeit, denn die christliche Wahrheit ist ihm kein menschlicher Besitz, wie der hegelianische Idealismus glauben mache. Der gleichzeitige Schüler Gottes, des Lehrers und Retters, »war nicht gleichzeitig mit der Herrlichkeit«, von der er »nichts sah und nichts hörte«. Es gibt keine Unmittelbarkeit, durch die man Gleichzeitiger einer Göttlichkeit sein könnte; das Paradoxon der spezifisch Kierkegaardschen Varietät der »Wiederholung« ist hier am Werk, und wir können, durch eine Untersuchung dieser besonderen Auffassung der Wiederholung, Kierkegaards geistreiche Polemik zu einer Spekulation über die Szene der Instruktion verschieben und zugleich eine weitere Unzulänglichkeit in Freuds Darstellung des Wiederholungszwanges sowie die Beziehung dieses Zwanges zur Frage der Ursprünge offenlegen.

Das Konzept der Wiederholung läßt sich in Kierkegaards Denken zumindest bis auf die zwölfte und dreizehnte These seiner Dissertation, *Über den Begriff der Ironie* (1841), zurückverfolgen. These XII tadelt Hegel, der bei seiner Definition der Ironie nur »die neuere«, und zu wenig »die alte«, Sokratische Form berücksichtige. These XIII, ebenfalls gegen Hegel gerichtet, ist eines der grundlegenden Apophthegmata für jede Beschäftigung mit dem Phänomen des dichterischen Mißverstehens:

Die Ironie ist nicht so sehr selber der Empfindung bar, der zarteren Regungen des Gemüts ermangelnd, sie muß vielmehr aufgefaßt werden als Verdruß darüber, daß auch ein anderer im Genusse dessen ist, darnach es sie selber verlangt hat.

Wahre Wiederholung ist für Kierkegaard die Ewigkeit, also kann nur wahre Wiederholung vom Verdruß der Ironie erlösen. Es handelt sich dabei jedoch um eine Ewigkeit in der Zeit, »das tägliche Brot, das satt macht und dabei segnet«. Es ist dies in der Tat das Zentrum der Kierkegaardschen Vision und auch *seiner* Einfluß-Angst vor dem geschmähten Vorläufer Hegel, denn Kierkegaards »Wiederholung« ist eine Ersatztrope für Hegels Trope der »Vermittlung«, des dialektischen Prozesses selbst. Kierkegaards Dialektik ist, da stärker verinnerlicht, zu noch größerer Subjektivität verdammt, eine Limitation, die Kierkegaard bezeichnenderweise als philosophischen Vorteil darzustellen suchte. Wenn Wiederholung primär eine dialektische Wiederbestätigung der fortdauernden Möglichkeit ist, Christ zu werden, dann würde sie, verschoben auf die Ebene der Ästhetik, dialektisch die fortdauernde Möglichkeit wiederbestätigen, Dichter zu werden. Kein zeitgenössischer Schüler eines großen Dichters könnte dann wirklich ein Zeitgenosse seines Vorläufers werden, denn die Herrlichkeit ist notwendig nachträglich. Sie läßt sich vermittels der Wiederholung erreichen, durch eine Rückkehr zum Ursprung und zur inkommensurablen Wahl-Liebe, welche die Urszene der Instruktion, dort am Ursprungspunkt, schenken kann. Wiederholung im Bereich der Dichtung wiederholt eine Urverdrängung, eine Verdrängung, die selbst eine Fixierung ist: auf den Vorläufer als Lehrer und Erlöser oder auf den Dichtervater als sterblichen Gott. Der Zwang, die Muster zu wiederholen, die der Vorläufer geprägt hat, ist keine Bewegung jenseits des Lustprinzips hin zur völligen Bewegungslosigkeit der dichterischen Präinkarnation, einem Blakeschen *Beulah* oder Land der Wonne, wohin kein Disput je gelangen kann, sondern vielmehr ein Versuch, das Prestige der Ursprünge wiederzugewinnen, die mündliche Autorität einer erstrangigen Instruktion. Wiederholung im Bereich der Dichtung ist, gegen ihren Willen, auf der Suche nach der vermittelten Vision der Väter, denn solche Vermittlung hält die fortwährende Möglichkeit der eigenen Erhabenheit offen, der eigenen Wahl in das Reich der wahren Instruktoren.

Welchen Nutzen verspricht nun dieser komplexe Sechs-Phasen-Begriff einer Szene der Instruktion, der seinerseits ein nachträgliches oder metaleptisches Vorwort zu einem sechsfachen Schema der revisionären Rationes ist, gedacht als Typologie der intertextuellen dichterischen Ausweichstrategien? Jenseits des gnostischen Überschwanges seiner unangebrachten *inventio* hat der Anwalt der antithetischen Literaturkritik, die er zu entwickeln sucht, eine zweifache Verteidigung seines Unternehmens anzubieten. Zum einen ist da jenes polemische Motiv, das Geoffrey Hartman so treffend formuliert hat:

[...] die Beschäftigung mit dem Phänomen des Einflusses, das gerade eine Renaissance erlebt, ist ein humanistischer Versuch, die Kunst vor jenen zu retten, die den Geist zugunsten der Struktur eliminieren oder in einer Geistesmechanik versinken lassen wollen. Zu retten, mit anderen Worten, vor dem Strukturalisten und dem »Spiritualisten« gleichermaßen. Denn Einfluß *in der Kunst* ist immer persönlich, verführerisch, »pervers«, imposant.

Wir können Hartmans Aussage durch eine Gegenüberstellung von Nietzsche, dem Schutzheiligen der strukturalistischen Dekonstruktion, und Kenneth Burke weitertreiben – eine Konfrontation, die Burke in seinem ersten Buch, *Counterstatement*, gemeistert hat. Laut Nietzsche ist dasjenige, wofür wir Worte finden, zugleich dasjenige, wofür wir in unserem Herzen keine Verwendung mehr haben: Es liegt stets eine Art Verachtung im Akt des Sprechens. Auch Burke spricht von Verachtung, aber von Verachtung, was die ursprüngliche Emotion betrifft, nicht Verachtung für den Akt des Sprechens.

Der erste Nutzen unserer Annahme einer Szene der Instruktion liegt somit darin, daß sie uns an den humanistischen Verlust erinnert, den wir erleiden, wenn wir die Autorität der mündlichen Tradition kampflos den Partisanen des *Schreibens* überlassen, jenen, die denken wie Derrida und Foucault; die auf alle Sprache anwenden, was Goethe irrtümlich für Homers Sprache behauptet, nämlich, daß die Sprache selbst die Gedichte schreibe und denke. Der Mensch schreibt, und der Mensch denkt, und er tut es stets in der Nachfolge und in Abwehr gegen ein anderes menschliches Wesen, auch wenn aus diesem menschlichen Wesen in den starken Imaginationen jener, die die Szene später betreten, noch so sehr ein Phantasiewesen wird.

Polemik bringt uns indes niemals sehr weit; bestenfalls erzeugt sie eine disruptive Rede-Gewalt gegen das Schreiben, gegen die »aphoristische Energie des Schreibens und gegen die Differenz ganz allgemein«, wie Derrida sich ausdrückt. Die Polemik kann uns zeigen, daß das Konzept des »Schreibens« ein zu offenkundiges und zu intentionales Bollwerk gegen die Kräfte der Kontinuität ist, gegen die Theologie, gegen die logozentrische Tradition und, besonders selbstzerstörerisch, gegen das Konzept des Buches. Der wahre Nutzen einer Szene der Instruktion zeigt sich, wo wahrer Nutzen sich zeigen muß, also dort, wo sie sich als praktische Lese-, sprich Interpretationshilfe erweist. Ich will dieses Kapitel mit der Gegenüberstellung zweier Texte von Milton und eines Textes von Wordsworth beschließen, wobei ich meine Kategorien der Instruktion von unten nach oben lese. Ich stelle das Gedicht *Tintern Abbey* seinen Ahnen im tiefsten Sinn gegenüber (die zugleich die Auslöser der tiefsten Einfluß-Angst sind): den Invokationen in den Büchern III und VII von *Paradise Lost*. Anhand des Kritikmodells einer Urszene der Instruktion könnte eine umfassende Interpretation von *Tintern Abbey* etwa folgendermaßen vor sich gehen. Zunächst stellt sich die Frage, auf welche Weise *Tintern Abbey* eine Revision, eine Lektüre-durch-Mißverstehen der Miltonschen Invokationen, ist: die Antworten werden wir im Tanz der Substitutionen finden – im Ersatz einer Trope durch eine andere, einer Abwehrform durch eine andere, einer imagistischen Maskierung als Vermeidung einer anderen; in jenem Tanz also, der die Rhetorik von *Tintern Abbey* ausmacht. Dies kann jedoch nur der Beginn einer umfassenden Interpretation sein. Wenn wir weiter hinaufsteigen auf unserer Leiter der Instruktion, kommen wir zum *lidrosch* oder der Interpretation im eigentlichen Sinn; wir sind nun bereit zu fragen, welche Interpretation der Miltonschen Invokationen *Tintern Abbey* explizit wie implizit vornimmt. An diesem Punkt angelangt, werden wir vielleicht Aspekte an Wordsworths Gedicht wahrnehmen, die wir vorher kaum gesehen haben. Da wäre einmal dieser Einsiedler, in Gedanken versunken vor einem Feuer in einer Höhle, der auf so eigenartige Weise und so plötzlich am Ende des ersten Versabschnitts von Wordsworths Gedicht auftritt; das Auge des Blinden, dem der Blick auf die »herrliche Gestalt« der Landschaft versagt bleibt, am Beginn des nächsten Versabschnitts; und, im dritten Versabschnitt, das Vokabular der Präsenz und Durchdringung, einer Schöpfung, die alle Subjekt-Objekt-Dualismen überwindet. Ferner sind die »genialen Geister« am Beginn des vierten Versabschnitts zu bedenken, die dem Verfall Widerstand leisten, und der Hinweis auf die Abwehr der »bösen Zungen« durch den Dichter, ein paar Zeilen weiter. All das bezeugt, in welch außerordentlich hohem Maße Wordsworths Gedicht eine defensive Interpretation der Invokationen zu Beginn der Bücher III und VII darstellt, und sie erlauben vielleicht ebensoviel Einsicht in Miltons Text wie in Wordsworths sehr viel weniger offenkundige Interessen.

Die nächste Sprosse auf unserer Leiter führt uns zur logophonischen Frage: Wie sieht das *dawar* aus, Das Wort – sowohl gegen wie auch in Verbindung mit Miltons Wort –, das Wordsworth mit seinem Gedicht *Tintern Abbey* hervorbringen *muß*? Die Antwort sollte einiges Licht auf die Bürde der Berufung in Wordsworths Gedicht werfen und vielleicht auch auf die Problematik des Erinnerns in diesem Gedicht. Noch ein Glied weiter in dieser Kette der Interpretation, und der Gegensatz rivalisierender Inspirationen sollte uns tief in den dunklen Konflikt hineinführen, den die Muse Milton und die Muse Natur in Wordsworth austragen. Dieser Kampf wütet im verborgenen, in ihm treffen rivalisierende Modi der Instruktion aufeinander, und auch er ließe sich vor dem Hintergrund einer Urverdrängung deutlicher erkennen.

Die hohe Schule der Kritik schließlich beginnt, wenn wir uns fragen, auf welche Art der Übereinkunfts-Liebe, zwischen dem Milton der Invokationen und Wordsworth, das Gedicht *Tintern Abbey* hinweist. Was gibt Wordsworth seinem Vorläufer zum Pfand? Was erwartet er zu empfangen? Am schwierigsten, aber auch am faszinierendsten, ist die letzte Frage, die uns zur assimilatorischen Fixierung zurückführt, in der jede Urszene der Instruktion ihren Ausgang nehmen muß. Was ist das Wesen jener Wahl-Liebe, die *Tintern Abbey* als Gedicht gibt und die zugleich *Tintern Abbey* als Gedicht rechtfertigt? Woher nimmt Wordsworth, bei all seinem geschärften Selbst-Bewußtsein, all seinem Wissen um das eigene Spätkommen, die Kühnheit, sich als rechtmäßiger Nachfolger auf dem Thron der Miltonschen Autorität zu behaupten und, entscheidender noch, als rechtmäßiger Erbe jenes Prioritätsgefühls, das bei Milton ungeachtet der zahllosen Anspielungen auf das kulturelle Erbe voll entfaltet ist?

Ich schließe mit einer Herausforderung: teils jener, die Dichtung für eine Performanz der »Szene der Schrift« halten, teils jener, die der *Intellectus-spiritualis*-Hermeneutik der Anagogie und der Figuraldeutung anhängen. Denn diese beiden »neuesten Auflagen« des Strukturalismus beziehungsweise »Spiritualismus« ähneln einander erstaunlich in ihrer Weigerung, das Ausmaß der revisionären Kompensation zu erkennen, die ihre Werke psychisch speist. Rousseau und Nietzsche, Blake und Emerson war bei aller Unterschiedlichkeit eine Blindheit gegenüber den kanonischen Autoritäten gemeinsam, die doch die Objekte ihrer Inversions- oder Subversionswünsche waren. Die Revisionisten machen sich nicht lustig über die Bibel und Milton, und, wichtiger noch, sind nicht in ihnen schon enthalten. In Wiederholung überführte Urverdrängung mündet in die erhabene Verdrängung der Nachträglichkeit oder der Romantik, doch die Väter bleiben nicht nur unverändert durch die Söhne (außer *in* den Söhnen): sie hören zudem nicht auf, ihre Abkömmlinge zu verändern. Die letzte Wahrheit der Urszene der Instruktion ist, daß der Zweck oder die Zielsetzung – das heißt: der Sinn – den Ursprüngen um so enger verhaftet bleibt, je intensiver das Bemühen um Distanzierung von den Ursprüngen ist.

4. Von der Nachträglichkeit der starken Dichtung

Wie lautet das umfassendere Thema, von dem das Studium des Einflusses in der Dichtung nur ein Teil ist? Welcher Impuls löst den revisionären Impuls aus? Wer spricht, und so großartig, für das bindungslose Eigen-Sein?

> Wer sah es, als die Schöpfung ward? Denkst du
> Des Tags, da dir der Schöpfer Dasein gab?
> Wir kennen keine Zeit, da wir nicht waren;
> Niemand war vor uns. Als des Schicksals Kreis
> Durchlaufen, da erzeugt' und weckt' uns selbst
> Die eigne Lebenskraft als reife Frucht
> Des Himmelsschoßes, als des Äthers Söhne.
> Von uns stammt unsre Macht; und unser Arm
> Entscheide durch des Waffenkampfs Erfolg,
> Wer gleich uns ist! [...] [19]

Der Sprecher ist Satan, der Impuls, um den es geht, das Verlangen nach Selbstzeugung und das übergeordnete Thema die »Lebenskraft«, Miltons *quickening power*. Wenden wir uns zunächst dieser Kraft in ihrer am offenkundigsten sanktionierten Form, bei Meister Eckehart, zu:

Ich habe gesagt, daß es eine einzige Kraft in der Seele gibt, welche frei ist. Manches Mal habe ich sie den Tabernakel des Geistes genannt. Ein anderes Mal habe ich sie das Licht des Geistes genannt und dann wieder einen Funken. Jetzt sage ich, daß sie weder das eine ist noch das andere. Sie ist etwas Höheres als dies oder das, so wie der Himmel höher ist als die Erde, und ich werde sie bei einem vornehmeren Namen rufen als je zuvor, obwohl sie meine Schmeichelei und meinen Namen von sich weist, denn sie ist weit erhaben über beide. Sie ist frei von allen Namen und weiß nichts von irgendeiner Gestalt. Sie ist zugleich rein und frei, wie Gott selbst, und wie er ist sie vollkommene Einheit und Gleichheit, so daß wir ihr Wesen auf keine Weise fassen können.

Gott blüht und grünt in dieser Kraft, von der ich spreche, mit all der Gottheit und Gottgeistlichkeit, und in ihr zeugt er seinen eingeborenen Sohn, so wahr als geschehe es in ihm selbst. [...]

»Teils ist die Seele wie Gott«, fügt Eckehart hinzu, und wagt sich damit gefährlich weit vor gegen die Warnung des protestantischen Gottes: *Du sollst nicht sein wie ich.* Zentral ist Eckeharts Behauptung, es sei »etwas Ungeschaffenes, etwas Göttliches in der Seele [...]« – in der amerikanischen Version hören wir diesen Ton bei Emerson, dem Vater der amerikanischen Variante des romantischen Selbst-Verständnisses: »Durch dich selbst spricht Gott zu dir, ohne Vermittlung eines Botschafters«; »Es ist der Gott in dir, der auf den Gott außerhalb antwortet oder seine eigenen Worte bekräftigt, die auf den Lippen eines andern zittern.«

Die Lebenskraft kommt, wenn das Selbst seine Selbstheit verteidigt, die kein ihm Äußerliches ist, sondern das Gefühl, selbst göttlich zu sein, ein Sohn des eigenen Selbst, das Ergebnis einer Selbstbefruchtung. Das ist vollendetes Selbstsein, Miltons *spheral man*, das »Geschöpf des Äthers«, vollkommen umschlossen von einem schwierigen Leuchten. Kann es eine größere Bedrohung für dieses Leuchten geben als ein Wissen um die Bedeutung der Urszene? Hier die Verleugnung eines solchen Wissens aus dem Mund eines herausragenden Denkers:

Sie [die »Urszene«] hat oft den Reiz eines tragischen Musters, das man seinem eigenen Leben gibt. Es ist alles die Wiederholung des Musters, das vor so langer Zeit festgelegt worden ist. [...]

Es gibt natürlich die Schwierigkeit festzustellen, welche Szene die Urszene ist, ob es die Szene ist, die der Patient als solche wiedererkennt, oder ob es die ist, deren Erinnerung die Heilung bewirkt. [...]

Die Analyse richtet wahrscheinlich Schaden an. Denn obwohl man in ihrem Verlauf einige Dinge über sich selbst entdeckt, muß man einen sehr starken, scharfen und beharrlichen, kritischen Verstand haben, um die Mythologie, die angeboten und aufgezwungen wird, zu erkennen und zu durchschauen [...].

Es sei angemerkt, daß wir es hier mit gesprächsweisen Äußerungen Wittgensteins, in der Wiedergabe durch einen Schüler, zu tun haben. Die Angst vor dem möglichen Schaden der Analyse mag man mit Rilkes vielzitierter Befürchtung in Verbindung bringen, eine Analyse könnte ihm nicht nur seine Teufel, sondern womöglich auch seine Engel austreiben. Daß es sich bei der Unterscheidung, die Wittgenstein im zweiten Absatz einführt, um ein Ausweichen handelt, liegt auf der Hand, und die starke Betonung der Urszene offenbart eine Menge nicht nur über die persönlichen Leiden des Philosophen, sondern, viel entscheidender, auch über seinen eigenartigen Status als großer Erfinder, als starker Dichter seiner Disziplin. Die Urszene spielte sich, für den Philosophen *qua* Philosophen in ihm, zwischen Schopenhauer und der Muse der Metaphysik ab. Wittgenstein, der zusammen mit seinen Nachfahren die Rätsel des Solipsismus für unsere Zeit klärte, strahlt die Glorie des Solipsisten aus, der lehrte, daß richtig sei, was der Solipsist *meine* (nicht, was er *sage*).

Urszenen erzeugen vermutlich eine Art Schwindelgefühl in ausreichend »ätherischen« Eigenpersönlichkeiten, denn sie erzwingen ein Wissen um die Zeit, »da wir nicht waren«, jene Zeit, die negiert wird: »Wir kennen keine Zeit, da wir nicht waren«. Wie erhaben muß das eigene Seins-Gefühl sein, das die Groteske einer Konfrontation mit den Ursprüngen überlebt? Der Künstler, wie Nietzsche Yeats lehrte, ist der wahrhaft antithetische Mensch, mit seiner Persönlichkeit, die gegen seinen Charakter steht; der Urszene aber eignet nichts Antithetisches. Hier zumindest mag doch nicht richtig sein, was der Solipsist *meint*. Wittgensteins Einwand gegen Freud – »eine mächtige Mythologie« – bezieht seine Schärfe aus dem Empfinden des Philosophen, daß die Kraft dieser Mythologie keine Lebenskraft sei, sondern vielmehr eine Reduktions- und Todeskraft, ein schrecklicher Dualismus ohne offenkundige Metaphysik.

Eine mächtige Mythologie (Stanislaw Lec: »Mythos ist Gerede, alt geworden«) formiert sich nicht, wenn der geistige Raum fehlt, sie zu empfangen, und der rationalisierte Romantizismus der Freudschen Mythologie wird sich so schnell nicht ausräumen lassen, daß in unserer Zeit noch Platz frei würde für eine andere westliche Geschichte der Ursprünge. Zunehmend erkennen wir im kartesianischen Dualismus nicht so sehr den Gegenspieler der Romantik als vielmehr einen weiteren Ausgangspunkt romantischer Mythologie. Adam in Eden, hat Wallace Stevens gesagt, war der Vater Descartes', und Descartes, können wir heute hinzufügen, ist so gut wie Milton Wordsworths Vater, denn er war es, der das Bild der Suche nach Erlösung auf diese gefährliche Weise verinnerlichte. Gefangen in einer Welt des Verfalls, sandte das präkartesianische Ich auf dieser Suche seinen Geist nach Gottes Sohn aus. Nach Descartes wurden die Reiche der Gefallenen und der Nicht-Gefallenen zusammengelegt, und anstatt die Natur als begriffen im Aufstieg zum Sohn zu sehen, holten die Menschen den Geist herunter in die Welt der Ausdehnung. Freud klammerte sich an den Glauben, das Denken lasse sich – durch den seltenen, zu wahrer Sublimierung fähigen Menschen – aus seiner sexuellen oder dualistischen Vergangenheit befreien. Descartes hingegen hat alle nach ihm eines anderen belehrt, und es fällt schwer zu glauben, daß Freud auch nur sich selbst zu überzeugen vermochte.

Im Mittelpunkt der Romantischen Vision steht eine fromme Lüge, der Ein-Gott-Glaube an die Imagination. Es gibt die Phantasmagorie und die disziplinierte *inventio*, und möglicherweise gibt es einen dritten Modus, irgendwo zwischen diesen beiden, der uns die Liebe zur Dichtung eingibt, weil wir diesen Mittelmodus nirgends sonst finden. Doch was ist die Imagination, wenn nicht des Rhetorikers größter Triumph der Selbsttäuschung? Wir können die Imagination nicht reduzieren, weil sie das Zentrum einer mächtigen Mythologie ist und weil wir uns nie wieder davon überzeugen können – wie es Hobbes noch so großartig gelang –, daß diese gewichtige Entität einst nur »Gerede« gewesen sei. Der Sinn geht verloren, und ein Phantom kommt auf die Welt.

Wie hell erleuchtet die Fackel der Imagination als Gott das Dunkel? Jede Phänomenologie religiöser Erfahrung beginnt angemessen mit einer empirischen Anerkennung der *Macht*, und selbst die starke Romantische Imagination hat keine Macht über die Dinge, wie sie sind. Die Dinge, wie sie sind, erklären sich selbst; die Macht hat einen anderen Ort. Und doch war Macht einst, in »Babylon, dem herrlichsten der Königreiche«, wo die Dichter nur von Himmel und Hölle sangen, das eine wahre Thema der Dichtung. Und gewiß war sie Miltons wahres Thema:

> Ihn stürzte der Allmächtige
> kopfüber flammend aus den Himmelssphären
> mit schrecklicher Zerstörung und Gewalt hinab
> in ewige Verdammnis. [...] [20]

Miltons Einfluß war eins mit seiner Macht oder Kraft, einer so barbarischen Kraft, daß Empson, Miltons bester Kritiker, sie zu Recht mit den Benin-Skulpturen verglich. Diese Macht hat etwas mit der christlichen Religion zu tun, aber mehr noch wurzelt sie in Miltons überschäumendem Eigen-Sein. Was meinen Literaturwissenschaftler, wenn sie Milton einen »*in erster Linie* christlichen Dichter« nennen? Als Mensch war er natürlich Christ (ein Christ eigener Schule, einer Ein-Mann-Schule), als Dichter aber vehementer Miltonist, sein eigener so sehr wie Gottes Sohn. Wenn die Imagination in der Dichtung von sich selbst spricht, dann spricht sie von Ursprüngen, vom Archaischen, von dem, was vor allem anderen da war, und insbesondere von der Selbsterhaltung. Vico ist unser bester Führer zum Ort der Imagination, denn er verstand diese selbst-definierende Funktion der Imagination wie kein zweiter. Auerbach faßt Vicos magischen Formalismus luzide zusammen, wenn er erklärt, für Vico sei das Ziel der primitiven Vorstellungskraft nicht die Freiheit, sondern im Gegenteil die

Festlegung bestimmter Grenzen, und zwar zum Zwecke des seelischen wie materiellen Schutzes vor dem Chaos, das in der Welt herrsche. Vicos Doktrin eignet ein epikuräisches Element, wie es der geistigen Tradition von Neapel wohl ansteht, die Bruno dem aristotelischen Scholastizismus gegenüberstellte und sich zu den aufgeklärten Argumenten eines Bacon, Descartes oder Hobbes bekannte. Vico, Kartesianer bis zu seiner zweiten Geburt im Alter von vierzig Jahren, wandte sich schließlich auf der Grundlage des Prinzips, daß allein Gott alle Dinge erkenne, weil er alle Dinge gemacht habe, gegen Descartes. Wenn man nur erkennt, was man auch gemacht hat, dann ist, was man erkennt, wenn man einen Text »erkennt«, die eigene Interpretation dieses Textes. Vicos Imagination wehrt sich gegen die mächtige Kartesianische Imagination, indem sie die Kartesianische Geschichtsauffassung auf die Psychologie ausdehnt und ihr so eine neue Richtung gibt. Hobbes hat gesagt, Geschichte sei »nichts als Erfahrung, oder Autorität, nicht aber Reflexion«. Descartes empfand Mißfallen an allem, was erst allmählich reift, war ebenso schlecht zu sprechen auf »unsere Begierden« wie auf »unsere Lehrer« und beklagte, daß wir nicht »von Geburt an« unseren fertigen, erwachsenen Geist haben. Vico geht über beide Vorläufer hinaus, indem er unseren geschichtlichen Geburten die Autorität zurückgibt und Autorität als poetische Weisheit oder Imagination definiert. Als Instrument der Selbsterhaltung schlechthin ist die Imagination im Sinne Vicos zugleich ein Kompositum aller Freudschen »Abwehrmechanismen« und aller Tropen, die unsere antiken Rhetoriker beschrieben. Eloquenz wäre somit Selbsterhaltung durch Überredung (*persuasio*), und die Imagination vermöchte alles, weil die Selbsterhaltung uns wieder zu Giganten macht, zu Heroen, zu magischen und primitiven Formalisten. Emerson spricht ganz im Geiste Vicos, wenn er in seinem letzten Essay, *Poetry and Imagination*, Rhetorik und Realität in eins setzt:

Denn der Wert einer Trope liegt darin, daß der Hörer eine ist: ja, die Natur selbst ist eine große Trope, und alle Einzelnaturen sind Tropen. Wie der Vogel auf dem Zweig landet und sich dann wieder in die Lüfte erhebt, so verweilen die Gedanken Gottes einen Augenblick lang in irgendeiner Gestalt. Denken heißt Analogien bilden, und es ist der Zweck des Lebens, die Metonymie zu erlernen.

Was Emerson *nicht* sagt, ist, daß wir im Gefängnis der Sprache sitzen. Lacan behauptet, es sei »die Welt der Worte, die die Welt der Dinge schafft«, und Jakobson gestattet sich die (weniger figurative) Aussage, die Poesie der Grammatik bringe die Grammatik der Poesie hervor. Emerson hingegen weiß, wie alle zentralen Dichter, daß die Grammatik der Dichtung die Grammatik der Dichtung hervorbringt, da Dichtung ein diskursiver, kein linguistischer Modus ist. Holmes hat einmal angemerkt, Emerson sei »für einen Idealisten außerordentlich vernünftig« gewesen; eine Vernunft dieser Art wird sich auch in den gegenwärtigen Debatten über die Künste der Interpretation als sehr nützlich erweisen.

Bei Heidegger ist, gemäß dem Prinzip, daß unsere potentielle Denk- und Sprechfähigkeit unser Sein determiniert, das denkende Subjekt der Sprache untergeordnet: Die Erfaßbarkeit einer Sache ist für ihn immer schon artikuliert, auch wenn noch keine angemessene Interpretation derselben existiert. Sapir behauptet unabhängig von Heidegger dasselbe, nur weniger dogmatisch. Das Denken, so Sapir, mag durchaus ein natürlicher Bereich neben dem artifiziellen des Sprechens sein, aber der einzige erkennbare Weg dorthin bleibe doch das Sprechen. Gegen diese Ansichten, welche die strukturalistische Literaturkritik weithin prägen, sollte eine Rückbesinnung auf Vico und Emerson zeigen, daß die Nachträglichkeit – oder Furcht vor der Rache der Zeit – der wahre Kerker der Imagination ist, nicht so sehr der Gefängnischarakter der Sprache, wie ihn Nietzsche, Heidegger und ihre Erben behaupten.

Wogegen kann die Imagination uns verteidigen, außer gegen

die vorgreifende Kraft einer anderen Imagination? Um Originäres in der Sprache zu schaffen, müssen wir zu einer Trope Zuflucht nehmen, und diese Trope muß uns gegen eine vorausliegende Trope verteidigen. Owen Barfield liegt ganz auf der Linie von Vico, Emerson und Coleridge, wenn er in seinem Aufsatz »Poetic Diction and Legal Fiction« feststellt, daß »die Wiederholung schon in der Bedeutung des Wortes ›Bedeutung‹ (*meaning*)« enthalten sei. Um etwas Neues zu sagen und etwas Neues zu meinen, müssen wir zwangsläufig Sprache gebrauchen und müssen sie figurativ gebrauchen. Barfield zitiert Aristoteles' Aussage, allein die Metapher biete die Möglichkeit, »nicht von einem anderen zu borgen«. Nach Barfield läge der Ausweg aus dem Gefängnisaspekt der Sprache in einem vermehrten Wissen über die Sprache, im »bestmöglichen Verständnis der Beziehung zwischen *Vorhersage* und *Andeutung* (*prediction* und *suggestion*), zwischen *sagen* und *meinen*«. Der Rückgriff auf Vico und Emerson ist mit der Einsicht verbunden, daß Ursprünge, dichterische wie menschliche, nicht nur auf Tropen angewiesen sind, sondern Tropen *sind*. Dichterisches Meinen – der »Sinn« einer Dichtung – bleibt somit auf radikale Weise unbestimmt, daran ändert auch das eindrucksvolle Vertrauen eines Vico oder Emerson in die eigene Deutungsfähigkeit nichts. »Lesen« ist ungeachtet aller humanistischen Bildungstraditionen so gut wie unmöglich, da die Beziehung eines jeden Lesers zu jedem Gedicht von einer Figuration der Nachträglichkeit bestimmt wird. Tropen oder Abwehrmechanismen (denn hier fallen Rhetorik und Psychologie praktisch zusammen) sind die »natürliche« Sprache der Imagination in ihrem Verhältnis zu allen vorangegangenen Manifestationen der Imagination. Ein Dichter, der versucht, diese Sprache zu erneuern, beginnt notwendig mit einem *arbiträren Akt des Lesens*, der sich nicht wesenhaft von dem unterscheidet, was in der Folge durch *seine* Leser mit *ihm* geschieht. Um ein starker Dichter zu werden, beginnt der Dichter-Leser mit einer Trope oder Abwehr, die ein Fehllesen *ist* – vielleicht sollten wir überhaupt von der Trope-als-Fehllektüre (*trope-as-misreading*) sprechen. Ein Dichter, der seinen Vorläufer interpretiert (und jeder starke Interpret, der in der Folge diesen Vorläufer oder den »neuen« Dichter liest), muß durch seine Lektüre notwendig *verfälschen, zurechtfälschen*. Diese Fälschung *kann* durchaus im wörtlichen Sinn »pervers«, also verdreht und verkehrt, oder sogar böswillig sein, muß aber nicht, und ist es meist auch nicht: eine Fälschung ist sie dennoch *zwangsläufig*, da jede starke Lektüre hartnäckig behauptet, der Sinn, den sie entdeckt, sei der einzig mögliche und einzig richtige. In seiner Darlegung der Rhetoriktheorie Nietzsches bestimmt Paul de Man dessen Modus des Fehllesens als ein Amalgam aus den Begriffen des »Willens zur Macht« und der »Interpretation«: »Beide verbinden sich in der kraftvollen Lektüre, die sich selbst als absolut wahr darstellt, in der Folge aber ihrerseits untergraben werden kann. Der Wille zur Macht verkörpert sich in der wissentlich-willentlichen Reinterpretation aller Wirklichkeit.«

Paul de Man zeichnet Nietzsche, der doch ein außergewöhnlich selbst-bewußter Theoretiker der Rhetorik (und des Revisionismus) ist, ganz zu Recht nicht als besonderen Fall, sondern als Paradigma für unser Verständnis der intertextuellen Begegnungen oder »literarischen Mißverständnisse«, wie ich es nennen möchte. Wenn eine Lektüre (Fehllektüre) selbst für andere Texte produktiv werden soll, muß sie notwendig ihre Einzigartigkeit, ihre Totalität, ihre Wahrheit behaupten. Doch Sprache *ist* Rhetorik und bezweckt eher die Mitteilung von Meinung als von Wahrheit, so daß die »Irrtümer« der Rhetorik schlicht zusammenfallen mit ihren konstituierenden Tropen. Man braucht weder der offenen Ironie Nietzsches in Verteidigung der Kunst beizustimmen – »Kunst behandelt also den *Schein als Schein*, will also gerade *nicht* täuschen, ist *wahr*« – noch der impliziten Ironie von de Mans Aussage, Irrtum könne man von Imagination nicht unterscheiden, um dennoch zu sehen, daß die Einsichten beider Theoretiker für jede Darstellung intrapoetischer Beziehungen wesentlich sind.

Bei Vico heißt es, die Imagination in ihrer Urform sei vollkommen »körperlich« gewesen, folglich wunderbar erhaben, und deshalb den Bedürfnissen eines robusten Nicht-Wissens ganz entsprechend. Unglücklicherweise erwächst alle Dichtung, die wir kennen (einschließlich aller dichterischen Werke, die Vico kannte), notwendig einer weniger körperlichen und deshalb weniger erhabenen Imagination. Jedes Gedicht, das wir kennen, nimmt seinen Ausgang in einer Begegnung *zwischen Gedichten*. Ich weiß wohl, daß Dichter und ihre Leser gern einem anderen Glauben anhängen, doch Handlungen, Personen und Orte müssen, wenn sie überhaupt Gegenstand von Gedichten werden sollen, zuerst selbst behandelt werden, als wären sie bereits Gedichte oder Teile von Gedichten. »Berührung mit« (*contact*) in einem Gedicht bedeutet: Berührung mit einem Gedicht, auch wenn dieses Gedicht eine Tat genannt wird, eine Person, ein Ort oder ein Ding. »Einfluß« bedeutet für mich die ganze Bandbreite der Beziehungen zwischen einem Gedicht und einem anderen, was wiederum bedeutet, daß mein Gebrauch des Wortes »Einfluß« selbst eine äußerst bewußte Trope ist; eine komplexe, sechsfache Trope, um genau zu sein, die sechs Haupttropen – Ironie, Synekdoche, Metonymie, Hyperbel, Metapher und Metalepse (in dieser Reihenfolge) – zu subsumieren trachtet.

In ihrem Buch *Elizabethan and Metaphysical Imagery* bemerkt Rosamund Tuve, jede Trope weiche »in einem bestimmten, winzigen Grad von der sinnlichen Funktion [ab], und zwar hin zu dem, was wir, meine ich, ›Suggestion‹ nennen sollten; was sie jedoch ›suggeriert‹ oder ›nahelegt‹, ist eine Interpretation, nicht die Anhäufung noch so exakter empirischer Daten«. Was ich mit meinen sechs Tropen anbiete, sind sechs Interpretationen des Phänomens Einfluß, sechs Arten der Lektüre/Fehllektüre intrapoetischer Beziehungen, also sechs

Arten, ein Gedicht zu lesen, sechs Arten, die sich zu *einem* Schema der umfassenden Interpretation zusammenfügen sollen, zugleich rhetorisch, psychologisch, imagistisch und historisch (im Sinne einer bewußten Reduktion auf das Zusammenspiel von Persönlichkeiten). Da aber meine sechs Tropen oder Rationes des Revisionismus nicht nur Tropen sind, sondern auch psychische Abwehrformen, ist, was ich »Einfluß« nenne, eine Figuration für die Dichtung selbst: nicht als Verhältnis zwischen Produkt und Quelle oder Wirkung und Ursache, sondern als jenes größere Verhältnis zwischen Späterkommendem und Vorläufer, oder Leser und Text, oder Gedicht und Imagination, oder Imagination und Totalität unserer Lebenswirklichkeiten.

Wenn wir »Einfluß« als Trope der rhetorischen Ironie (»Ironie« als Wortfigur, nicht als Gedankenfigur) betrachten, die einen früheren mit einem späteren Dichter verbindet, dann ist Einfluß eine Beziehung, die über die intrapoetische Situation etwas aussagt, während etwas anderes gemeint ist. Einfluß ist, in dieser Phase, die ich *clinamen* genannt habe, ein Initialirrtum, weil nichts an seinem Platz sein kann: wir könnten es einen Zustand der bewußten Rhetorizität nennen, das Bewußtsein, welches das Gedicht eröffnet, sein Wissen darum, daß es *fehlgelesen werden muß*, weil seine Bedeutung bereits gewandert ist. Eine intolerable Präsenz (das Gedicht des Vorläufers) wurde entleert, und das neue Gedicht nimmt seinen Ausgang in der *illusio*, die so herbeigeführte Abwesenheit könnte uns erfolgreich täuschen und an eine neue Präsenz glauben lassen. Die Dialektik von Präsenz und Absenz wird auf der psychologischen Ebene zu jenem primären Abwehrsymptom, das Freud »Reaktionsbildung« nannte, die Hauptsicherung des Ich gegen das Es. Rhetorische Ironie ist wie die Limitation der Verkrampfung oder Rigidität, die verhindern soll, daß konträre Impulse zum Ausdruck kommen, während sie doch zugleich die Gegenbesetzung ziemlich manifest macht.

Oha!

Nach dieser initialen Kontraktion wendet sich Einfluß als Trope und als Abwehr in einer restitutiven Bewegung gegen sich selbst. Auf der rhetorischen Ebene geschieht diese Substitution meist in Form einer Synekdoche, durch die ein umfassenderer Begriff eine Repräsentation geringeren Grades ersetzt. Sowie der Teil einem antithetischen Ganzen Platz macht, gewinnt der Einfluß die Bedeutung einer Art nachträglicher Vervollständigung (*belated completion*), die ich *tessera* genannt habe. In Freudscher Begrifflichkeit verbindet diese Ratio zwei miteinander verknüpfte Abwehrformen – Wendung gegen die eigene Person und Verkehrung ins Gegenteil – beziehungsweise ein Nach-innen-Kehren aggressiver Impulse und eine Phantasie, bei der die Situation der Wirklichkeit ins Gegenteil verkehrt wird, um so die Verneinung oder Verleugnung gegen jeden Angriff von außen aufrechtzuerhalten: Einfluß wird zum Teil, dessen Ganzes der Selbstrevisionismus ist, und mit ihm die neuerliche Selbstzeugung.

Alle Wiederherstellungen (Restitutionen) oder Repräsentationen wecken stets von neuem Ängste, und durch eine stets erneuerte kompensatorische Limitation – deren angemessene Trope die Metonymie ist und deren parallele Abwehrmechanismen die Triade der Verbündeten Regression, Ungeschehen-Machen und Isolierung sind – geht der Einflußprozeß weiter. Diese zweite Limitation, die das Selbst sehr viel tiefer verwundet als die Ironie, ist die Ratio, die ich *kenosis* genannt habe. Als Metonymie *für* »Einfluß« vermittelt sie die Ausleerung einer vorherigen Sprachfülle, so wie die Ironie des Einflusses das Entleeren oder Absentieren einer Präsenz war. Einfluß als Wiederholung wird somit zum Ersatz für Einfluß als Genese, oder, um die linguistische Trope zu gebrauchen, Kontiguität ersetzt die Ähnlichkeit, indem der Name oder Hauptaspekt des Einflusses seine weiteren Bedeutungen ersetzt. Als Abwehrform isoliert die *kenosis*, indem sie instinkthafte Impulse aus ihrem Kontext löst und gleichzeitig im Bewußtsein hält, das heißt, indem sie den Vorläufer aus seinem Kontext löst.

Derselbe Prozeß macht via Opposition ungeschehen, was vorher geschehen war – das ist der Aspekt der Metonymie, der ihre Unterscheidung von der Synekdoche so erschwert. Ausschlaggebend ist, daß Einfluß als eine Metonymie sich selbst durch Regression verteidigt, durch eine Rückkehr zu früheren, vermeintlich besonders schöpferischen Perioden, da die Lust am Dichten reiner und die Freuden der Komposition noch vollkommen schienen.

Einfluß als Hyperbel aufgefaßt, führt uns in die Bereiche der erhabenen Repräsentation, der restituierenden »Wiedergutmachung« für die Entleerungen der Metonymie. Der Akzent des Exzessiven, der hier anklingt, ist mit der Abwehr durch Verdrängung verbündet, denn die hochgreifenden Bildlichkeiten der Hyperbel verschleiern ein unbewußt absichtsvolles Vergessen, oder Nicht-Bewußtwerden, jener inneren Impulse, die uns zur Befriedigung unerlaubter Triebforderungen verführen. Hyperbel als Trope für Einfluß scheint mir für die in ihren Visionen der Imagination so hyperbolische Hochromantik die wichtigste meiner sechs Rationes zu sein: hier ist der Prozeß des Einfließens identisch mit allen nachträglichen Versionen des Erhabenen.

Rhetoriker von Aristoteles bis zu unseren Zeitgenossen und Moralisten von Plato bis Nietzsche und Freud messen der Trope der Metapher, und ihrer Verbündeten, der Abwehr durch Sublimierung, die größte Bedeutung zu, doch meiner Ansicht nach fallen wir damit in den Modus der Limitation anstelle von Repräsentation zurück, wie ich im vorliegenden Buch zeigen will. Als Trope für Einfluß überträgt die Metapher den Namen des Einflusses auf eine Reihe von Gegenständen, auf die er nicht anwendbar ist, und zwar in Form einer *askesis* oder Sublimierungsarbeit, die selbst eine Ersatzbefriedigung ist. Es ist dies eine aktive Abwehr, da unter dem Einfluß des Ich ein Ersatzziel oder Ersatzobjekt auf der Grundlage selektiver Ähnlichkeit den ursprünglichen Impuls ersetzt. Einfluß als eine Metapher für Lesen nimmt daher den

Platz einer wesentlicheren, mehr an Vico gemahnenden Imagination des Lesens ein. Aber ungeachtet ihres Prestiges ist auch die Metapher eine Trope der Limitation. Wie Burke sagt, legt die Ironie den, der sich ihrer bedient, auf eine Dialektik von Anwesenheit und Abwesenheit fest, während die Metonymie eine Reduktion von Sprachfülle auf Sprachleere erzwingt und die Metapher auf noch wirkungsmächtigere Weise die Dichtung limitiert, indem sie eine Innen-gegen-Außen-Perspektive oktroyiert, einen zusätzlichen Subjekt-Objekt-Dualismus, der der Imagination zusätzliche Lasten aufbürdet. Sublimierung im täglichen Leben mag ein Ausdruck von Weisheit sein; im Bereich des literarischen Schaffens hingegen ist sie ein tödlicher Flirt mit dem eigenen Untergang, da die Akzeptanz der Selbstverringerung, die sie erzeugt, auch die Akzeptanz des Weiterlebens eines Vorläufers als unvermeidlicher Manifestation des Anderen, als eines unabänderlichen Dualismus, mit sich bringt.

Im vorliegenden Buch steht der Einfluß als sechste Trope im Vordergrund, als Metalepsis oder Transsumption des Gedichtelesens (und Gedichteschreibens); Einfluß als jene letzte Ratio des Revisionismus, die ich *apophrades* oder Die Wiederkehr der Vorläufer nenne. Die *metalepsis*, von Quintilian als Trope geschmäht, die nur für die Komödie tauge, und auch noch von vielen Theoretikern der Renaissance als »weit hergeholt« eingestuft, erlangte, wenn sich die Argumentation im siebenten Kapitel des vorliegenden Buches als stichhaltig erweist, von Milton an eine neue Wichtigkeit. Was Metalepsis ist, wird in diesem Kapitel ziemlich ausführlich definiert und mit Beispielen belegt; hier muß die Betonung auf ihrer Beziehung zu den Abwehrformen der Introjektion und der Projektion liegen. Wir können Metalepsis als Trope einer Trope definieren, als metonymische Substitution eines Wortes für ein bereits figuratives Wort. Im weiteren Sinn ist Metalepsis oder Transsumption ein Schema, das sich häufig der Allusion bedient und den Leser auf alle vorangegangenen figurativen Schemata zurückverweist. Die damit verknüpften Abwehrformen sind eindeutig die Introjektion, die Einverleibung von Objekten oder Trieben mit dem Ziel, dieselben zu überwinden, und die Projektion, ein Vorgang, bei dem verbotene Triebe oder Objekte nach außen gekehrt und einem Anderen zugeschrieben werden. Einfluß als Metalepsis des Lesens ist meist entweder eine Projektion und ein Wegschieben der Zukunft, also eine Introjektion des Vergangenen, eine Substitution später Wörter für frühe Wörter in vorausliegenden Tropen, oder, häufiger, ein Wegschieben und Projizieren des Vergangenen und Introjektion des Zukünftigen durch eine Substitution früher Wörter für späte Wörter in den Tropen eines Vorläufers. Beides führt dazu, daß die Gegenwart verschwindet und die Toten wiederkehren, so daß vermittels dieser Umkehrung die Lebenden über die Toten triumphieren können.

Welchen Nutzen bringt diese sechsfache Trope für den Akt des Lesens? Warum überhaupt von Einfluß anders sprechen als im traditionellen Sinn einer Quellenforschung? Rufen wir uns, erstens, noch einmal die Erkenntnis ins Gedächtnis, daß alle Literaturkritik, wie de Man sagt, eine Metapher für den Akt des Lesens ist. Daraus folgt der Vorschlag, die Literaturkritik mittels des Versuchs zu bereichern, eine umfassendere und suggestivere Trope für den Akt der Interpretation zu finden, eine antithetische Trope – antithetisch nicht nur zu allen anderen Tropen, sondern vor allem zu sich selbst. Wenn alle Tropen Abwehrmittel gegen andere Tropen sind, dann liegt der Nutzen der Betrachtung des Einflusses als zusammengesetzter Trope für die Interpretation möglicherweise darin, daß *diese* Trope uns vor sich selbst schützt. Vielleicht ist, in unserer Spätzeit, die Interpretation für den Leser zur adäquaten Abwehrform geworden. Müssen wir tatsächlich interpretieren, um Macht über den Text zu erlangen? Nimmt das Interpretieren jetzt seinen Ausgang in der Angst des Lesers? Ist der Leser jetzt der Verletzliche und die späte Erscheinung, erfüllt von der Angst, er könne die eigene Individuation durch sein Lesen nur blockieren? Wenn wir diese Fragen beantwortbar machen wollen, müssen wir hinsichtlich des Interpretierens weniger idealistisch sein, als wir es gemeinhin sind.

Die Interpretation eines Gedichtes ist notwendig immer eine Interpretation der Interpretation anderer Gedichte durch dieses Gedicht. Als ich dies einmal im Rahmen eines Vortrags über die revisionäre Ratio der *askesis* oder den »Einfluß als Metapher für Lektüre« sagte, protestierte ein verdienstvoller Dichter: *seine* Gedichte seien keineswegs Gedichte über Yeats, sondern Gedichte über das Leben, und zwar *sein eigenes* Leben. Worauf ich mit der Frage antwortete, wo die Ursprünge seiner Haltung, als Dichter, zu »seinem eigenen Leben« lägen und wodurch er gelernt habe, diese Haltung zu definieren, sprich zu rechtfertigen, daß er überhaupt ein Gedicht schrieb. Ich hätte aber auch fragen sollen, was er damit meine, er habe ein Gedicht »über« etwas geschrieben; dies oder jenes sei sein »Gegenstand«. »Über« bedeutet, an der Außenseite von etwas sein – und ein Gedicht *über* das Leben bleibt wirklich außen vor. Zu untersuchen, »worüber« Gedichte sind, heißt, die ihnen äußerlichen Beziehungen untersuchen.

Wer ein Gedicht interpretiert, interpretiert notwendig seine Differenz zu anderen Gedichten. Differenz dieser Art ist, da sie auf vitale Weise Sinn schafft, eine »Familiendifferenz«, bei der ein Gedicht für das andere büßt. Da Sinn, als Differenz, rhetorisch gesehen auf Tropierung angewiesen ist, können wir schließen, daß Tropen Abwehrstrategien sind, und zwar gegen Tropen in anderen Gedichten oder auch frühere Tropen im selben Gedicht. Tropen und Gedichte können sich auf das Leben beziehen, aber nicht ohne sich vorher auf andere Figurationen bezogen zu haben. Kein Theoretiker hat diese beiden Dinge – die Einfluß-Angst und die daraus resultierenden intratextuellen Bedeutungsnotwendigkeiten – besser definiert als Peirce:

Wenn es einige Anzeichen dafür gibt, daß etwas, das für mich von höchstem Interesse ist und dessen Eintreten ich im voraus angenommen habe, nicht eintreten könnte, und wenn ich, nachdem ich Wahrscheinlichkeiten gegeneinander abgewogen, Vorsichtsmaßnahmen erfunden und mich um weitere Information bemüht habe, mich nicht imstande fühle, zu irgendeiner festen Konklusion hinsichtlich der Zukunft zu kommen, so entsteht an Stelle jener intellektuellen Hypothese, die ich suche, das Gefühl der *Angst*.

Nietzsche, der wußte, daß alles, was wir zu interpretieren hatten, bereits eine Interpretation war, legte uns nahe, das Augenmerk auf die Dialektik jeder Interpretation im Interpreten zu legen. Peirce mahnt ein noch tieferes Wissen um die Anteriorität jeder Wahrnehmung (*cognition*), und erst recht eines jeden Texts, an:

Überdies kennen wir kein Vermögen, durch das eine Intuition erkannt werden könnte. Da nämlich die Erkenntnis beginnt und sich daher in einem Zustand der Veränderung befindet, würde sie nur im ersten Moment eine Intuition sein. Und daher könnte deren Erfassung nicht in der Zeit stattfinden und müßte ein Ereignis sein, das keine Zeit einnimmt. Außerdem sind alle kognitiven Vermögen, die wir kennen, relativ und ihre Produkte folglich Relationen. Die Erkenntnis einer Relation aber wird von vorhergehenden Erkenntnissen bestimmt. Keine Erkenntnis, die nicht von einer vorhergehenden Erkenntnis bestimmt wird, kann also erkannt werden. Also existiert sie nicht, erstens, weil sie absolut unerkennbar ist, und zweitens, weil eine Erkenntnis nur insofern existiert, als sie erkannt wird.

Wenn wir Peirces Einsichten in unsere literarische Begrifflichkeit im engeren Sinne übertragen, und gleichzeitig mit ihm dabei bleiben, daß die Sprache das eigentlich Problematische ist (oder zumindest ein Teil davon: der größere wäre das Problem der Zeit), so können wir ein Grundprinzip der antithetischen Interpretation formulieren. *Alle Interpretation hängt vom antithetischen Verhältnis zwischen Bedeutungen ab, nicht vom angenommenen Verhältnis zwischen einem Text und seiner Bedeutung.* Wenn sich kein »Sinn« einer »Lektüre« zwischen Text und Leser schiebt, lassen wir notgedrungen zunächst einmal den Text *sich selbst* lesen. Wir sind also gezwüngen, den Text als eine Interpretation seiner selbst zu behandeln, aber *praktisch* bedeutet dies, daß wir das Verhältnis zwischen seinem Sinn dem Sinn anderer Texte offenlegen müssen, und dies wiederum bedeutet – da die Sprache eines Dichters seine »Gestalt« ist *(stance)*, sein Verhältnis zur Sprache der Dichtung –, daß wir die spezifische »Gestalt« eines Dichters an der »Gestalt« seines Vorläufers zu messen haben.

Dieses Messen ist ein ständiges Kalibrieren im Spiel der Substitutionen, der Tropen und Abwehrformen, Bilder und Argumente, Leidenschaften und Ideen, die, zusammengenommen, den Kampf des Dichters um jene Verkehrung-ins-Gegenteil ausmachen, durch die sich seine Spätheit aus einer Schwäche in eine Stärke verwandelt. Paul de Man würde darauf beharren, daß bei der Untersuchung dieses Kampfes das Sprachmodell das psychologische usurpiert, weil Sprache, im Gegensatz zur Psyche, ein vom Willen gelenktes Ersatzsystem sei. Das hieße jedoch, den Einfluß als *eine* einzige Trope interpretieren, als eine Metapher, die aus Begegnungen zwischen sprachlichen Strukturen diachronische Erzählungen macht. Einfluß wäre damit auf semantische Spannung reduziert, auf ein Zusammenspiel zwischen literalen und figurativen Bedeutungen. Als sechsfache, zusammengesetzte Trope, wie oben skizziert, bleibt Einfluß dagegen subjektzentriert, eine Beziehung von Person zu Person, die sich nicht auf die Sprachproblematik reduzieren läßt. Aus der Sicht der Literaturkritik ist eine Trope so sehr eine verborgene psychische Abwehr, wie eine psychische Abwehr eine verborgene Trope ist. Die Bürde für den Leser bleibt, daß Dichtung, ungeachtet all des Einspruchs, den sie dagegen erhoben hat, auch weiterhin ein diskursiver Modus bleibt, welcher der Sprache, die ihn angeblich einsperrt, durchaus zu entkommen weiß.

Die Geißel der Nachträglichkeit ist, wie mir immer deutlicher wird, eine immer wiederkehrende Malaise des westlichen Bewußtseins, und so möchte ich an dieser Stelle meine frühere Betonung der Einfluß-Angst als Phänomen der Nachaufklärung widerrufen. William Arrowsmith hat mit einer gewissen sarkastischen Brillanz bemerkt, man könne Euripides als Ergebnis eines mißverstandenen Aischylos betrachten, und Dr. Samuel Johnson befand mit ähnlich eleganter Finsterkeit Vergil für »deformiert« durch seine Ängste bezüglich Homer. Wenn ich auch heute für Einflußängste von Milton an nur einen graduellen, keinen wesensmäßigen Unterschied behaupten würde, so handelt es sich dabei doch um einen wirklichen Unterschied für alle Lektüre und für die Pragmatik der Interpretation. Man kann sehr wohl zwischen der Nachträglichkeit der Dichtung und jenem allgemeinen Gefühl einer geringen Wertschätzung trennen, gegen das Bacon im England der Renaissance ankämpfte. Bacon betonte immer wieder, die Alten seien die wahren Modernen und die Modernen die wahren Alten, da die Späterkommenden mehr wüßten, selbst wenn sie weniger Genie besäßen:

[...] Die Kinder der Zeit geraten nach der Natur und der Bosheit des Vaters. Denn so wie er seine Kinder verschlingt, so streben diese danach, einander zu verschlingen und zu unterdrücken, solange das Alte mit Argwohn und Neid auf Neuerungen blickt, und es das Neue nicht zufrieden sein kann, dem Vorhandenen bloß hinzuzufügen, sondern meint, es müsse seine Gestalt ganz unkenntlich machen. Gewiß ist in diesen Dingen dem Rat des Propheten zu folgen: *Stellt euch an die Wege und haltet Ausschau, fragt nach den Pfaden der Vorzeit, fragt, wo der Weg zum Guten liegt; geht auf ihm, so werdet ihr Ruhe finden für eure Seele.* Das Althergebrachte verdient diese Ehrerbietung, daß die Menschen dabei bleiben und herausfinden sollen, welches der beste Weg sei, doch wenn sie es nach reiflicher Überlegung herausgefunden haben, sollen sie auch weiterschreiten. Und um die Wahrheit zu sagen: *Das Alter der Zeit ist die Jugend der Welt.* Jene sind die alten Zeiten, da die Welt alt ist, und nicht jene, die wir *ordine retrograde*, indem wir von uns aus zurückrechnen, alt nennen.

Die Lage des nach-Miltonschen Dichters ließ sich jedoch durch einen solchen vernunftgeleiteten Optimismus Baconscher Prägung nicht verbessern. Milton, wie das siebente Kapitel des vorliegenden Buches zeigen soll, triumphierte über seine Vorläufer, indem er einen »transsumptiven« Modus der Allusion entwickelte: er selbst konnte von seinen Nachfolgern jedoch nicht »ins Gegenteil verkehrt« werden. Wenn seine außergewöhnliche Kraft, seine verblüffende Mischung aus kultureller Spätheit und dichterischer Frühe, auch zum Teil eine Schöpfung seiner Bewunderer – also eine selbstverordnete Mystifikation – war, so minderte dies doch keineswegs ihre Wirkungskraft. Milton, nicht Shakespeare oder Spenser, wurde zu einer Art gnostischer Vaterfigur für die nachfolgende Dichtung in englischer Sprache. Shakespeare wie Spenser scheinen noch Raum zu lassen für das Weibliche an allem Schöpferischen, doch Milton konfrontiert uns auf ganz fundamentale Weise mit Miltons Gott und einem Christus, der den Wagen des Vatergottes lenkt, denselben Wagen, als dessen Lenker Gray, Blake und Keats lieber Milton selbst sahen.

»Verspätung« oder Nachträglichkeit ist bei Milton zweifellos die Zwangslage, in der sich Satan befindet – und ebenso gewiß eine Lage, in der er selbst sich *nicht* sah, er, der sein Eigendasein (*self-presence*) als nahezu selbstverständliches Geburtsrecht, als seine persönliche Version der Freiheit des Christenmenschen, zu behandeln scheint. Von den vierziger Jahren des 18. Jahrhunderts stellt sich bei den Dichtern jedoch offensichtlich das, wenn auch noch so vage, Gefühl einer Übertretung ein, wenn sie ihr Eigendasein behaupten und es wagen, *als Dichter aus eigenem Recht* in die Nähe von Miltons Dasein zu treten. Geoffrey Hartman hat erhellend darüber geschrieben, was die »Tat des Eigendaseins« für nach-Miltonsche Dichter bedeutete (indem er den »entscheidenden textuellen und imaginativen Druck« betont, den Milton auf die englische Dichtung ausübte), läßt aber auch eine Präferenz für eine eher phänomenologische als psychoanalytische Betrachtungsweise des »Eigendaseins« erkennen. Was Freud »diese denkwürdige, verbrecherische Tat« nennt, die Ur-Geschichtsszene von *Totem und Tabu*, muß durch die notwendige Übertretung ersetzt werden, die darin besteht, sich der Andersheit, als solcher, bewußt zu werden, beziehungsweise: der Anstrengung des Bewußtseins »zu erscheinen«. Über Keats' Apollo im fragmentarischen dritten Buch des *Hyperion* heißt es bei Hartman, »seine [Apollos] Identität ans Licht bringen bedeutet, einen Vatergott aus ihm selbst heraus gebären«. Leider konnte Keats dieses Programm nicht realisieren. Sein *Hyperion* bricht mit dem Lichtgebären ab, und *The Fall of Hyperion* ist zwar das großartigere der beiden Fragmente, aber auch, wie Hartman bemerkt, das »angstgeplagtere«: durch kein Gedicht englischer Sprache spukt so schön der Geist einer ihrer selbst bewußten Spätheit.

Zweck und Nutzen jeder Psychopoetik, so auch, unter anderem, des vorliegenden Buches, ist die Suche nach einem gangbaren Weg zurück zur Rhetorikkritik mit dem Ziel, sie fruchtbarer für uns zu machen. Das heißt keineswegs, daß ich hier für das Verfahren einer reinen Rhetorikanalyse eintrete, mag dies noch so en vogue sein – sowenig wie ich »die Bürde des Eigendaseins« deskriptiven statt analytischen Darstellungen des Bewußtseins überlassen möchte. Eine umfassende kritische Wahrnehmung des Phänomens der Verspätung oder Nachträglichkeit und des damit verknüpften revisionistischen Mißverständnisses könnte zu einer Art von Literaturkritik führen, in deren Genuß wir selbst bei Zeitgenossen wie Wilson Knight, Burke und Empson selten kommen, die doch meiner Ansicht nach die größten und authentischsten modernen Erben Coleridges, Hazlitts, Ruskins, Emersons und Paters sind. Der Literaturkritik droht einerseits die Gefahr einer Überspiritualisierung durch die Erben Auerbachs oder durch Northrop Frye, andererseits einer übermäßigen Entspiritualisierung durch die Anhänger der dekonstruktivistischen Schule, die Erben Nietzsches, deren herausragendste Köpfe Derrida, de Man und Hillis Miller sind. Der Figuraldeutung eignet, in ihrer allzu sicheren Annahme, daß spätere Texte frühere »erfüllen« können, ein kompensatorisches und eigennütziges Element, während die mythologische Literaturkritik allzu bereitwillig ein großzügiges Sich-Verschenken des Geistes an alle als Grundlage großer Dichtung annimmt. Die Ergebnisse, die die bewußt entidealisierende Literaturkritik unserer Tage zeitigte, beruhen wiederum, wie mir scheint, auf einem zu eng gefaßten Textkanon und auf der Auswahl von Text*teilen*, in denen intratextuelle Differenzen geballt auftreten oder gar das herausragende Merkmal sind. Strukturalistische Literaturkritik, selbst in ihrer neuesten und differenziertesten Version, bekennt sich zu einer antimimetischen Theorie, in der, was Derrida das »freie Spiel« nennt, als scheinbar unumgängliche Leitvorstellung erscheint, in der jede Trope oder semiotische Wendung zu einer Art »freiem Fall« wird, wie Hartman es ausdrückt. Meine eigene Erfahrung als Leser ist, daß Dichter sich selbst in einen Zustand der Stärke hineindifferenzieren, indem sie sich in einer Wendung gegen die Präsenz anderer Dichter, ausgehend von dieser Präsenz, ihre Tropen schaffen. Größe resultiert aus der Weigerung, zwischen Ursprüngen und Zielen zu trennen. Die Begegnung mit dem Vater ist Kampf, und er wird ausgefochten, bis, wenn schon kein Friedensabkommen, so doch wenigstens ein Patt erreicht ist. Die Aufgabe der Repräsentation wäre folglich eher »supermimetisch« zu nennen als antimimetisch, und das bedeutet für die Interpretation, daß auch sie die leidvolle Erfahrung einer »Supermimesis« auf sich zu nehmen hat. Ich hoffe, den Leser durch mein Plädoyer für eine stärker antithetische Literaturkritik, eine Literaturkritik, die fortwährend Dichter gegen Dichter stellt, davon zu überzeugen, daß auch er sein Pflichtteil am Agon des Dichters übernehmen muß: damit auch der Leser sich die Möglichkeit erwerbe, die Geißel seiner Spätheit in eine Stärke zu verwandeln.

Zweiter Teil

Die Karte

5. Die Karte des Mißverstehens

Ich weiß nicht, ob es andern Leuten eben so gehet wie mir: aber ich kann mich nicht enthalten, wenn ich unsere Baumeister mit den schwülstigen Worten: *Pilaster, Architrabe, Karniese aus der Korinthischen und Dorischen Ordnung,* und andern dergleichen Kauderwelschen Worten prahlen höre, daß meine Einbildungskraft nicht sogleich auf Apollidons Pallast verfallen sollte. Und wenn ich es beym Lichte besehe, so finde ich, daß dieses kleine Theile an meiner Küchenthüre sind.

Höret einmal die Worte: *Metonymie, Metaphore, Allegorie,* und andere Namen aus der Sprachlehre. Scheinet es nicht, als ob man hierdurch eine seltene und herrliche Art zu reden anzeigen wollte? Und gleichwohl sind es Titel, die auch von dem Gewäsche des Kammermädchens gelten.

Michel de Montaigne, *Die Eitelkeit der Worte*

Das Neue Testament scheint das Alte zu »erfüllen«. Blake war gekommen, so dachte er manchmal, um Milton zu »korrigieren«. Eduard Bernstein, der dem »Revisionismus« seinen modernen Sinn gab, nahm viele der nach ihm Kommenden vorweg, indem er Marx zu erfüllen und gleichzeitig zu korrigieren gedachte – ein Doppelunternehmen, das seither, mit Blick auf Sigmund Freud, auch Jung und viele Häretiker nach ihm versucht haben. Alle Revisionisten, so areligiös sie sein mögen, sind Anagogen, wenn auch häufig seicht in ihrer Anagogie. Geistige Höhenflüge erweisen sich allzu häufig als Streben nach Macht über die Vorläufer, ein in seinen Ursprüngen fixierter und in seinen Zielen vollkommen arbiträrer Trieb. Nietzsches Kritik der Interpretation ist eine Entmystifikation des Revisionismus und zugleich eine weitere eigennützige Manifestation desselben, geboren aus seinem Haß gegen die Geißel der eigenen Spätheit.

Wir können, nach Nietzsche und Freud, unmöglich ohne Vorbehalte zu einer Art der Interpretation zurückkehren, die bestrebt ist, den Textsinn *wiederherzustellen*. Doch selbst die subtilsten unter den zeitgenössischen Text-Dekonstrukteuren in der Nachfolge Nietzsches *reduzieren* diese Texte unweigerlich in ihrer Umgehung von (oder Flucht vor) Psychologie und Geschichte. Nichts hindert einen Leser mit meinen Präferenzen, alle sprachlichen Elemente in einem literarischen Text wieder in Geschichte oder alle semantischen Elemente im literarischen Diskurs wieder in Probleme der Psychologie rückzuführen. Jedes noch so hochgeschätzte semiologische Rätsel ist im allgemeinen ein elaboriertes Ausweichen vor der unvermeidlichen Diskursivität eines literarischen Textes. Die Fiktionen der Spätkommenden müssen wissen, daß sie Fiktionen sind, so wie sich vielleicht ausnahmslos alle Fiktion der Griechen ihrer Fiktivität bewußt war. Dekonstruktivistische Lektüren räumen auf mit Illusionen in Texten, die ganz bestimmte Illusionen zulassen; aber was *sind* Illusionen in Texten, die sich ganz der Wiedergewinnung von Bedeutungen verschreiben beziehungsweise den Leser in den Stand einer Betrachtungsweise setzen wollen, die solche Texte von ihm fordern?

»Interpretation« hieß einst soviel wie »Übersetzung«, und das heißt es im wesentlichen immer noch. Freud vergleicht die Traumanalyse der Übersetzung aus einer Sprache in eine andere. Wir mögen ihn, den Illusionsbeseitiger, seinem Hauptkonkurrenten Jung vorziehen, der sich als Wiederhersteller »ursprünglicher Bedeutungen« anbietet, aber die Möglichkeit solcher Wiederherstellung praktisch vollkommen bezweifelt; dennoch wird das Unbehagen angesichts von Freuds Reduktionismus bleiben, und damit die Frage, ob aus einem weiterentwickelten kritischen Umgang mit Dichtung nicht auch eine andere Weise der Traumdeutung folgen könnte. Und wir ha-

Dialektik des Revisionismus	Bilder im Gedicht	Rhetorische Trope	Psychische Abwehr	Revisionäre Ratio
Limitation	Präsenz u. Abwesenheit	Ironie	Reaktionsbildung	Clinamen
Substitution / *Repräsentation*	Ein Teil für das Ganze oder Ein Ganzes für den Teil ↔	Synekdoche ↔	Wendung gegen die eigene Person. Verkehrung ins Gegenteil ↔	Tessera
Limitation	Fülle und Leere	Metonymie	Ungeschehen-Machen, Isolation, Regression	Kenosis
Substitution / *Repräsentation*	Hoch und Tief / Innen und Außen ↔	Hyperbel, Litotes / Metapher ↔	Verdrängung / Sublimierung ↔	Dämonisierung ↔ / Askesis ↔
Limitation / *Substitution* / *Repräsentation*	Früh und Spät ↔	Metalepsis ↔	Introjektion, Projektion ↔	Apophrades

ben bis jetzt noch keinen Weg entdeckt, auf dem wir Nietzsches Einsichten umgehen könnten, Einsichten, die gefährlicher und weitreichender sind als selbst Freuds, der uns nie gesagt hätte, daß rationales Denken nur Interpretation *ist*, Interpretation auf der Grundlage eines Schemas, von dem wir uns nicht freimachen können. Dennoch ist Nietzsches Perspektivismus – das einzige, was er uns als Alternative zur Metaphysik westlicher Prägung zu bieten hat – ein Labyrinth pragmatischer Illusionen, illusionärer noch als die Illusionen, die er bannen möchte. Man braucht in keiner Weise religiös zu sein oder zu theosophischen oder okkulten Spekulationen zu neigen, um dennoch zum Schluß zu gelangen, daß eine an Nietzsche orientierte Dekonstruktion, sei sie noch so skrupulös, die Bedeutungsmöglichkeiten von Gedichten, von Träumen, von jeder Art Text unangemessen einschränkt. Gedichte wie Träume können uns an Dinge erinnern, die wir uns nie bewußtgemacht haben (oder von denen wir glauben, sie nie gewußt zu haben), oder an Arten des Wissens, von denen wir gedacht hatten, sie seien für uns nicht mehr möglich. Solche »Erinnerungszeichen« (*tokens*) sind nicht einfach nur Illusionen, die sich durch einen Angriff mir nichts, dir nichts auflösen ließen, auch nicht durch einen so gründlichen Angriff wie Nietzsches, der jeder Reminiszenz oder Auseinandersetzung mit den diversen Nostalgien ein jähes Ende bereiten möchte, indem er das denkende Subjekt selbst dekonstruiert, das Ich auflöst in ein »Stelldichein von Einzelwesen«. Blake, Balzac, Browning: diese Giganten des 19. Jahrhunderts haben eine solche Dekonstruktion eindrücklicher vorgeführt als Nietzsche, und doch haben sie alle letztlich eher im Modus der Erinnerung *interpretiert* als im Sinne einer Demystifikation der Bedeutung. Zu den Dingen, die sie (unter anderem) erinnerten, gehören etwa auch all die Zwischenstufen zwischen der empfindungsfähigen und der empfindungsunfähigen Welt, zwischen Bewußtsein und Objekt, die aus den meisten nach-kartesianischen Texten verschwunden waren.

Was ansteht, ist die Frage, wie wir den »Wert« des Bewußtseins einschätzen, das für Nietzsche und Freud bestenfalls eine Maske ist, während es für Blake und Browning (und Emerson) nicht notwendig »betrügt«, sondern durchaus auch der Prophet der Wahrheit sein kann. In der Praxis laufen Nietzsche und Freud zusammen, denn beider Ziel ist es, das Bewußtsein zu intensivieren und zu erweitern. Wenn wir einen Punkt finden wollen, der ursprünglich genug ist, um von ihm aus eine Geschichte der Beziehungen zwischen dem westlichen Selbst-Bewußtsein und dem Geist des Revisionismus ins Auge zu fassen, müssen wir weiter zurückgehen, als selbst die romantische Tradition geht. Auseinandersetzungen mit dem Problem der Ursprünglichkeit, in seiner westlichen Ausprägung, beginnen meist mit Platon. So eröffnet etwa Lovejoy sein Buch *The Great Chain of Being* (1936; dt. *Die große Kette der Wesen. Geschichte eines Gedankens*, 1985) mit einer Unterscheidung zwischen zwei Göttern, beide offensichtlich Platonisch, nämlich dem Guten in *Philebos* und dem schöpferischen Demiurgen in *Timaios*, ersterer ein »jenseitiger«, letzterer ein »diesseitiger« Gott. »Die Natur des Guten«, so heißt es in *Philebos*, unterscheidet sich »von allem anderen [...] dadurch, daß ein Geschöpf, dem dieses immerdar in vollstem Maße beiwohnt, nicht noch irgend etwas anderes bedürfe, sondern sein vollstes Genügen habe« (*Philebos*, 60c). Dies steht in Gegensatz zu einem Gott, von dem es in *Timaios* heißt: »Er war voller Güte; wer aber gut ist, für den gibt es niemals und nirgends einen Grund zum Neide: völlig unberührt von ihm wollte er, daß alles ihm selbst so ähnlich wie möglich sei« (*Timaios*, 29e). Platon machte aus diesen gegensätzlichen Göttern, was Lovejoy »Zwei-Götter-in-Einem« nannte, »eine göttliche ›Vervollständigung‹, die dennoch nicht in sich vollständig war, da sie nicht sie selbst sein konnte ohne die Existenz von ihr verschiedener, inhärent unvollständiger Wesen«. Im neuplatonischen und im christlichen Denken des Mittelalters lebte, wie Lovejoy weiter ausführt, dieser Doppel-Gott fort und entwickelte sich in Form eines »Konflikt[es] zwischen zwei nicht miteinander vereinbaren Auffassungen des Guten«. Der Mensch sollte, letztlich, Gott ähnlich werden, eine Angleichung, die in erster Linie als *imitatio* gedacht war. Aber *imitatio* welchen Gottes beziehungsweise welchen göttlichen Aspekts? War der Vorläufer ein Gott der »Einheit, sich selbst genügend und in sich ruhend«, oder ein Gott der »Verschiedenheit, aus sich selbst heraustretend und fruchtbar«?

Ich möchte folgende Formulierung vorschlagen. In allen nachaufklärerischen Vorläufer-Ephebe-Beziehungen liegt der Imitation des Vorläufers als Paradigma die Bürde zugrunde, es einem Doppel-Gott gleichzutun, denn diese Zwei-Götter-in-Einem waren auch in Miltons Gott weiterhin präsent. Milton selbst hatte Collins oder Gray oder sogar Blake die gegensätzlichen Aspekte eines Wesens zu bieten, das so einheitlich ist, sich selbst genügt und in sich ruht, *daß es keiner Nachfolger bedurfte*, und zugleich so vielschichtig, so selbst-transzendent und fruchtbar, *daß es vielfache Nachahmung erzwang*. Was Milton, das heilige Wesen oder der sterbliche Gott, »ausstrahlt«, sind nicht miteinander vereinbare Erscheinungsformen des Guten. Denen, die seine Erben sein wollen, zeigt sich jeder einzelne seiner Limitationsakte als mächtige Repräsentation und jeder seiner Repräsentationsakte als eine weitere Limitation. Wie Lurias *En Sof*, zwingt auch Milton seine Nachfolger, aus ihren schöpferischen Bestrebungen eine Reihe kontinuierlicher Restitutionsakte zu machen.

In der Einleitung habe ich eine Verschiebung der Lurianischen Dialektik der Schöpfung in die ästhetische Triade der Limitation, Substitution und Repräsentation skizziert. Im folgenden möchte ich diese Dialektik zu einer Karte des Mißverstehens (*map of misprision*) erweitern, das heißt vermessen und nachzeichnen, *wie* in der starken Dichtung der Nach-Aufklärung durch das substitutive Zusammenspiel von Redefiguren und Bildern, also durch die Sprache, deren sich starke

Dichter in Abwehr gegen und in Reaktion auf die Sprache früherer starker Dichter bedienen, *Sinn hergestellt wird.* Will ich Lurias Schöpfungsgeschichte als revisionäres Paradigma nutzbar machen, muß ich zwischen zwei Arten von Tropen unterscheiden – eine Unterscheidung, die sich weder auf die antike noch auf die moderne Rhetorik berufen kann, wenngleich Kenneth Burke, wie ich ihn lese, schon sehr weitgehend die Grundlage für eine solche Unterscheidung zwischen *Tropen der Limitation* und *Tropen der Repräsentation* geschaffen hat. Zudem bedingt mein Vorhaben – das auf diese Weise zu meiner Freud-Revision wird – eine Unterscheidung zwischen zwei Arten der psychischen Abwehr, wofür ich wiederum in der psychoanalytischen Theorie keine Anhaltspunkte finde. So wie meiner Ansicht nach die Reihe Ironie, Metonymie und Metapher eine Reihe von Tropen der Limitation ist und die Reihe Synekdoche, Hyperbel und Metalepsis eine Reihe von Tropen der Repräsentation, so scheinen mir auch die entsprechenden Abwehrmechanismen zwei antithetische Reihen zu bilden. Die *Abwehrformen der Limitation* wären demnach die Reaktionsbildung, die Trias Ungeschehen-Machen, Isolierung, Regression und schließlich die Sublimierung; die *Abwehrformen der Repräsentation*: das Duo der Wendung gegen die eigene Person und der Verkehrung ins Gegenteil, die Verdrängung und schließlich das Duo Introjektion und Projektion. An dieser Stelle muß ich auf *The Anxiety of Influence* zurückverweisen, um zu erklären, warum ich die Analoga der Tropen und Abwehrvorgänge als austauschbare Formen dessen behandle, was ich die »revisionary ratios« nenne, die verschiedenen Erscheinungsformen der revisionären Ratio. Da ich nun zu den Ursprüngen dieses Unterfangens zurückkehre, will ich mit den grundlegenden Fragen beginnen. Was ist eine rhetorische Trope? Was ist eine psychische Abwehr? Welchen Wert hat es, die beiden analog zu setzen? Eine praktisch angewandte Literaturkritik, die antithetisch sein will, muß sich dem Antithetischen in seinen beiden Bedeutungen nähern: dem Antithetischen als Gegenüberstellung rivalisierender Ideen in gleichartigen oder parallelen Strukturen, Wendungen, Wörtern; und dem Antithetischen als dem »Anti-Natürlichen« oder »Imaginativen« im Gegensatz zum »Natürlichen«. Ersteres entspricht dem Antithetischen, wie es Freud in seinen Überlegungen zum »Gegensinn der Urworte« versteht; letzteres dem Antithetischen bei Nietzsche, in der Wendung, die Yeats ihm in *Per Amica Silentia Lunae* gibt, wo er betont, das »andere Selbst, das Gegen-Selbst oder antithetische Selbst, wie immer man es nennen mag, erscheint nur jenen, die nicht mehr im Zustand der Täuschung leben, nur jenen, deren Leidenschaft die Wirklichkeit ist«. Freuds *rhetorische* Auffassung des Antithetischen beruht auf einer Umsetzung von Tropen in Abwehrmechanismen (wie er sie wenig glücklich nannte); Nietzsches (und in der Folge Yeats') *psychologische* Auffassung des Antithetischen hingegen auf einer Umsetzung von Abwehrvorgängen in Tropen. Eine antithetische Literturkritik muß von dem analogischen Prinzip ausgehen, daß Tropen und Abwehrvorgänge austauschbar sind, wenn sie *in Gedichten*, und damit beide in Form von Bildern, erscheinen. Meine »Rationes der Revision« sind Tropen und psychische Abwehrvorgänge, beides zugleich und eines *oder* das andere, und sie manifestieren sich in den Bildern der Gedichte. Ein Rhetorikanalytiker mag den Abwehrvorgang als verschleierte Trope auffassen; ein psychoanalytisch orientierter Interpret mag eine Trope als verschleierte Abwehr betrachten. Der antithetische Kritiker wird lernen, beides wechselweise zu gebrauchen, ausgehend von der Auffassung, daß die Substitution von Analoga eins ist mit dem dichterischen Prozeß selbst.

Willkürlich beginne ich mit den Abwehrvorgängen und wende mich, nach einem kleinen Exkurs über die Notwendigkeiten der Analogie, den Tropen zu. Ich räume gern ein, daß meine Methode auf mißliche Weise assimilativ und meine

Übertragungen Freudscher Theorie auf die Dichtung eigenartig »wörtlich« erscheinen mögen; in Wirklichkeit hole ich mir aber nur von Freud zurück, was er sich von den Dichtern nahm (oder von Schopenhauer oder von Nietzsche, die es ihrerseits von den Dichtern hatten): Freud nannte es *Bedeutungswandel*, bei Geoffrey Hartman heißt es »tropism of meaning« oder »wandering signification«. Da *Deutung* hier die »Interpretation« latenter Bedeutung meint, scheint klar zu sein, daß eine solche Deutung vor allem Erscheinungsweisen des Abwehrkonflikts oder gegensätzlicher Tropen enthüllt, mit dem Ziel, die Welt der *Wünsche* offenzulegen. Rieff verteidigt Freuds analogische Methode als der analogischen Natur der von ihm ermittelten Daten angemessen, weil es sich bei allen diesen Daten (»Gegebenheiten«) um Bilder handle, angefangen beim Selbst. Obwohl bewußter Dualist und stolz darauf, überwand Freud doch den sprachlos machenden Abgrund zwischen Subjekt und Objekt durch seine Revision Schopenhauers, seine Abkehr von der großartigen Hyperbel des Unbewußten, die der Vorläufer geschaffen hatte. Schopenhauer zu entidealisieren bedeutete eine Rückkehr zu Empedokles, zu einer Dialektik der Liebe und des Hasses, und zu einer Auffassung von »Instinkt« oder »Trieb«, als ursprünglichster Realität, die wohl düsterer ist als die irgendeines späteren Philosophen. Dennoch ist Freuds Schopenhauer-Revision synekdochisches Denken, das heißt ein Denken in den Bahnen dessen, was ich hier *tessera* oder die »antithetische Erfüllung« (*antithetical completion*) nenne. Rieff beruft sich bei seinem Versuch, Freuds Triebtheorie zusammenzufassen, auf das synekdochische Verhältnis von Mikrokosmos und Makrokosmos: »Auch die lustvollen Gefühle waren also Triebe, die sich zwischen den ursprünglichen anorganischen Zustand und dessen Wiederherstellung schoben, die unweigerlich in Gang kommt, sobald Materie einmal lebendig geworden ist. Leben war die Abwesenheit eines vollkommenen Gleichgewichts der Triebe und der Tod das Streben nach dieser Vollkommenheit.« Von dieser Teil/Ganzes-Repräsentation ging Ferenczi bei *seiner* großen Revision, dem *Versuch einer Genitaltheorie* (1924), aus, einem Meisterwerk der *kenosis* oder metonymischen Regression zu den Ursprüngen.* Freuds wie Ferenczis Sicht der Ursprünge gründete im »Bedeutungswandel« der Dichter, und bis zum heutigen Tage ist es wesentlich erhellender, Freud und Ferenczi auf dem »Umweg« über Whitman oder Hart Crane in ihren ozeanischen Sehnsüchten zu erklären, als den »Bedeutungswandel« bei Whitman oder Crane durch Rekurs auf Freud und Ferenczi festzumachen.

Um ein antithetisches Denken für die Literaturkritik wiederzugewinnen, müssen wir zunächst eine analogische Formel finden, die Trope und psychische Abwehr im dichterischen Bild zusammenzubringen vermag. Die Formel, die ich wagen möchte, habe ich, durch Implikation, aus *Jenseits des Lustprinzips* und aus Ferenczis *Versuch einer Genitaltheorie* gewonnen.

Freud war Mitte Sechzig, als er *Jenseits des Lustprinzips* schrieb und so die große Phase seines Lebenswerks einleitete, in der die Ratio der *apophrades*, der Wiederkehr der Vorläufer – Empedokles, Schopenhauer, Nietzsche –, dominiert, eine Wiederkehr in den Farben, die *Freud* für sie wählte. Gleich auf der ersten Seite stellt er fest, »Priorität und Originalität« gehörten »nicht zu den Zielen, die der psychoanalytischen Arbeit gesetzt sind«, was wir als Ausflucht verstehen dürfen, genau die Art von Ausflucht, die wir von diesem stärksten unter den modernen Dichtern zu erwarten haben. Aus der Sicht der Literaturkritik liegt Freuds Errungenschaft in seiner Theorie über das Verhältnis zwischen Angst und Abwehr. Angst wird definiert als »ein gewisser Zustand wie Erwartung der Gefahr und Vorbereitung auf dieselbe, mag sie auch eine unbekannte sein«. Diese Angst läßt sich nicht von Abwehr

---

* Der Titel der englischen Ausgabe ist *Thalassa*, in Anspielung auf den von Xenophon überlieferten Jubelruf griechischer Söldner beim Anblick des Meeres: »Das Meer, das Meer!«, d.h.: »Wir sind am Ziel!« (A.d.Ü.)

unterscheiden, denn sie ist in sich schon Schutzschild gegen jede Provokation durch Andersheit. In der Tat kommt solcher Angst selbst Priorität zu, sie steht nicht unter der Herrschaft des Lustprinzips. Diese Erkenntnis führte zu einer drastischen Selbstrevision Freuds, der uns nun erklärt, daß gewisse Träume (in Zusammenhang mit traumatischen Neurosen) doch *nicht* der Wunscherfüllung dienen: »Diese Träume suchen die Reizbewältigung unter Angstentwicklung nachzuholen, deren Unterlassung die Ursache der traumatischen Neurose geworden ist.« Wiederholungszwänge, ob im Reich der Träume, Wünsche oder Handlungen, sind Abwehr gegen Vorausliegendes und, rhetorisch gesehen, den metonymischen Reduktionen verwandt. Als Formen des Ungeschehen-Machens erfordern sie die Rückkehr zu »einem früheren Zustand«. In Freuds kühnster Hypothese, die eine erhabene Hyperbel ist, ein Triumph der Verdrängung, gibt er dieser Forderung den bemerkenswerten oxymorontischen Namen »Todestrieb« – »*Das Ziel alles Lebens ist der Tod*«; »*Das Leblose war früher da als das Lebende*« –, um schließlich zur Formulierung zu gelangen, daß »der Organismus nur auf seine Weise sterben will«.

Es ist anzunehmen, daß jeder Dichter *als Dichter*, wenn überhaupt, nur auf seine eigene Weise sterben will. Vielleicht kann man sagen, daß ein Mensch, als Mensch, den eigenen Tod zu wünschen imstande ist; aber *per definitionem* kann kein Dichter *als Dichter* den eigenen Tod wünschen, denn das käme einer Negation des Dichter-Seins gleich. Wenn der Tod letztlich den »früheren Zustand« repräsentiert, dann auch den früheren *Bedeutungs*zustand oder die reine Anteriorität, das heißt die Wiederholung des Literalen, sprich die wörtliche Bedeutung. Tod ist deshalb eine Art wörtlicher Bedeutung beziehungsweise, aus der Sicht der Dichtung formuliert, *die wörtliche Bedeutung eine Art Tod* – womit wir die antithetische Formel gewonnen hätten, nach der wir suchten.

Ferenczi schreibt im *Versuch einer Genitaltheorie*, man kön-

ne »förmlich von einer kurzen Wiederholung der geschlecht-
lichen Entwicklung in jedem einzelnen Geschlechtsakte sprechen«. Ähnliches könnte man von all den revisionären
Rationes (Abwehrformen oder Tropen oder phänomenalen
Maskierungen beider in sprachlichen Bildern) sagen, die in
wirklich zentralen, sehr starken Gedichten aufeinanderfolgen.
Ferenczi versteht den Geschlechtsakt als Versuch der »Rückkehr in die vor der Geburt genossene Ruhelage«. Analog dazu
können wir das Gedicht als Versuch betrachten, zur reinen
Anteriorität zurückzukehren, während es sich gleichzeitig in
seiner Bildlichkeit gegen das Vorausliegende wendet. Gegen
Ende des *Versuchs einer Genitaltheorie* zitiert Ferenczi Nietz-
sches Polemik gegen die Ursprünge, seine Weigerung, zwischen Organischem und Unorganischem zu unterscheiden.
Ausgehend von dieser Streitfrage, gelangt Ferenczi zu seiner
Version einer Katastrophen-Theorie der Schöpfung, die einige
Verwandtschaft mit der Lurianischen Spekulation aufweist:

[...] Dann müßten wir die Frage nach Anfang und Ende des Lebens
endgültig fallenlassen und uns die ganze anorganische und organi-
sche Welt als ein stetes Hinundherwogen zwischen Leben- und
Sterbenwollen vorstellen, in dem es niemals zur Alleinherrschaft,
weder des Lebens noch des Sterbens, kommt. [...] in der Wirklichkeit scheint das Leben immer katastrophal enden zu müssen,
wie es mit einer Katastrophe, der Geburt, seinen Anfang nahm.

Meiner Ansicht nach spricht Ferenczi, wie Freud in *Jenseits
des Lustprinzips*, eigentlich mehr über Gedichte als über Menschen; zumindest lassen sich beider Einsichten auf Gedichte
besser anwenden als auf Menschen. Jenseits der dichterischen
Lüste liegt der Mutterschoß der Sprache, aus dem alle Gedichte hervorgehen, jene wörtliche Bedeutung, der Gedichte
zu entgehen versuchen und die sie doch zugleich verzweifelt
suchen.

Ich komme auf die eingangs gestellte Frage zurück: Was ist
ein »Abwehrmechanismus«, und was ist eine Trope? Freud
sagt »Abwehrmechanismus«, aber seine Kategorien sind Lu-

rianischen Hypostasen und rhetorischen Tropen sehr viel näher als irgendeiner »Mechanik«, und wir können den platten »Mechanismus« getrost als eine heute nur noch lästige Verbeugung vor der angeblichen Reinheit einer rigoros »wissenschaftlichen« Betrachtungsweise verabschieden. Abwehr ist also ein psychischer Vorgang, der sich gegen *Veränderung* richtet, Veränderung, die das Ich in seiner stabilen Entität stören könnte. Abwehr wird gegen innere Bewegungen des Es gesetzt, die als *Repräsentationen* (Begierden, Phantasien, Wünsche, Erinnerungen) erscheinen müssen. Doch wenn Abwehr auch den Zweck hat zu verhindern, daß das Ich unerlaubten inneren Forderungen nachkommt, so ist tendenziell doch jede Form der Abwehr eine Wendung oder Trope gegen beziehungsweise weg von *einer anderen Abwehr* (so wie jede Trope tendenziell eine Abwehr gegen eine andere Trope ist).

Ihre klassische Ausarbeitung erfuhr Freuds Abwehr-Theorie durch Anna Freud, der ich in ihrer Festlegung von zehn grundlegenden Abwehrformen folge. Allerdings sind die verschiedenen Formen der Abwehr oft schwer voneinander zu trennen, wie ja auch die Tropen ineinander übergehen. Bisher habe ich sechs Rationes der Revision behauptet, und da ich im vorangegangenen Kapitel diese Rationes als sechs Tropen für den Einfluß-Prozeß betrachtet habe, brauche ich nun auch sechs primäre Abwehrformen – und sehe folglich mit Befriedigung, daß sich Anna Freuds Kategorien ziemlich eindeutig auf sechs Arten der Abwehr reduzieren lassen. Die einzelnen Elemente ihrer Triade *Ungeschehen-Machen*, *Isolierung* und *Regression* sind eng verbündet, ebenso die Partner im Duo *Introjektion* und *Projektion*, da es sich um Beinahe-Gegensätze handelt; das Paar *Wendung gegen die eigene Person* und *Verkehrung ins Gegenteil* hingegen ist schwerer auseinanderzuhalten. Ich möchte an dieser Stelle den Leser einladen, noch einmal einen Blick auf meine Karte des Mißverstehens, Seite 111, zu werfen.

Aus meiner Karte ist ersichtlich, daß ich, dem Lurianischen

Modell folgend, bestimmte Tropen, Abwehrformen und Bilder als *Limitationen* klassifiziere, ihre jeweiligen Partner als *Repräsentationen*, und die *Substitution* schließlich als jenen Vorgang, der das Zusammenspiel zwischen ihnen in Gang bringt und hält. Die anschließende Diskussion soll diese Unterscheidungen rechtfertigen, die willkürlich erscheinen mögen. Zuerst bedarf allerdings noch meine direkte Verknüpfung bestimmter Tropen mit bestimmten Abwehrformen und beider mit bestimmten sprachlichen Bildern der Rechtfertigung. Ich muß zu diesem Zweck den Begriff der Trope und in der Folge meine eigenen sechs Rationes der Revision neu definieren, indem ich die gemeinsamen Züge definiere, die aus den einzelnen Tropen, Abwehrformen und Bildern bestimmte Gruppen von Tropen, Abwehrformen und Bildern machen, und ich muß die Reihenfolge meiner Ordnung besagter Rationes in den Strukturen von Gedichten erklären.

»Trope« wird traditionell im Sinne der Quintilianischen *figura* definiert, obwohl dieser zwischen Tropen und Figuren unterscheidet, wobei »Trope« den engeren Begriff darstellt. Eine Trope wäre demnach ein Wort oder eine Redewendung, die in einem nicht-wörtlichen Sinn gebraucht werden, Figur hingegen jede Formung der Rede, die vom gewöhnlichen Gebrauch abweicht. Tropen ersetzen Wörter durch andere Wörter, Figuren müssen nicht von der üblichen Bedeutung abweichen. Diese Unterscheidung zwischen Tropen und Figuren ist nicht sehr zweckdienlich, Quintilian selbst gerät dabei an manchen Stellen in Verwirrung. »Der spätere Sprachgebrauch«, so Auerbach dazu, »hat sich vielfach dafür entschieden, *figura* als den Oberbegriff anzusehen, der den Tropus miteinschließt, und also jede uneigentliche oder mittelbare Ausdrucksweise als figürlich zu bezeichnen.« Als Neudefinition möchte ich die Formulierung anbieten, daß es sich bei einer Trope um einen *willentlichen Irrtum* handelt, eine Abkehr von der wörtlichen Bedeutung, bei der ein Wort oder eine Wendung in einem uneigentlichen Sinn gebraucht wird, von seinem angestammten Platz wegwandert. Eine Trope ist deshalb eine Form der Verfälschung (*falsification*), da jede Trope (wie jede psychische Abwehr, die eine ähnliche Verfälschung darstellt) notwendig eine Interpretation ist und somit ein Mißverstehen. Anders ausgedrückt ähnelt die Trope jenen Irrtümern über das Leben, die möglicherweise, wie Nietzsche sagt, zu den Bedingungen des Lebens gehören. In seinen Darlegungen über Nietzsches Theorie der Rhetorik spricht de Man davon, daß alle Kausalfiktionen kumulative Irrtümer seien, weil alle Kausalfiktionen reversibel sind. Für de Man wie für Nietzsche ist Einfluß eine solche Kausalfiktion; ich selbst hingegen sehe Einfluß als eine Trope-von-Tropen, eine apotropäische oder Abwehrtrope, eine sechsgliedrige Trope, die zu guter Letzt ihre eigenen Irrtümer überwindet, indem sie sich selbst als Figur einer Figur erkennt.

»Trope«, wie ich sie definiere, ist auch hier wieder ganz bewußt Vico näher als Nietzsche. Vicos poetische Logik assoziiert auf höchst anziehende Weise Tropen mit »Ungeheuern und poetischen Verwandlungen«, unumgängliche Irrtümer, notwendig entsprungen aus »einer solchen ersten menschlichen Natur«:

[...] von ihr haben wir in den *Grundsätzen* bewiesen, daß die mit ihr Ausgestatteten die Formen und Eigenschaften nicht von den Subjekten zu abstrahieren vermochten; daher mußten sie nach ihrer Logik die Subjekte zusammensetzen, um ihre Formen zusammenzusetzen, oder ein Subjekt zerstören, um seine ursprüngliche Form von der entgegengesetzten, die eingedrungen war, zu trennen.

Vico sieht somit Figuren als Formen der Abwehr gegen alles *Gegebene*, das eine Herausforderung darstellte für »diese erste menschliche Natur«, in Konflikt geriet mit jener »literalisierenden Divination«, die für ihn das Wesen des dichterischen Dranges ausmacht.

Tropen sind also notwendige Irrtümer über die Sprache, Abwehr letztlich gegen die tödlichen Gefahren der wörtlichen

Bedeutung und, unmittelbarer, gegen alle anderen Tropen, die zwischen die wörtliche Bedeutung und den »frischen« Zugang zur Rede treten. Nach Vico reduziert sich die Gesamtheit der Tropen auf vier Tropen: Ironie, Metonymie, Metapher und Synekdoche, was mit Kenneth Burkes Analyse dessen zusammenstimmt, was er im Anhang zu *A Grammar of Motives* »die vier Meistertropen« nennt. In meiner eigenen Analyse folge ich Vico und Burke, nur daß ich die Klasse der Meistertropen, die die nachaufklärerische Dichtung regieren, um zwei Tropen – Hyperbel und Metalepsis – erweitere, das heißt, Nietzsche und de Man folge, wo ich, um den Darstellungsformen der Romantik jenseits des Prinzips der Synekdoche gerecht zu werden, zweier zusätzlicher Tropen der Repräsentation bedarf.

Burke assoziiert Ironie mit Dialektik, Metonymie mit Reduktion, Metapher mit Perspektivierung und Synekdoche mit Repräsentation. Hyperbel und Metalepsis füge ich als immer stärker »blendende« oder »brechende« Repräsentationsformen hinzu, wobei in den Wörtern »blenden« (*blinding*) und »brechen« (*breaking*) das Lurianische Zerbrechen-der-Gefäße und Ausstreuen-des-Lichts weiterklingen soll, das ich als Substitution in den Bereich der Dichtung übertragen habe. Als Trope der Kontraktion oder Limitation entzieht die Ironie Bedeutung durch ein dialektisches Zusammenspiel von Präsenz und Absenz; reduziert die Metonymie Bedeutung durch ein Entleeren, das eine Art der Bestätigung ist; verkürzt die Metapher Bedeutung durch das endlose dualistische Perspektivieren von Innen/Außen-Dichotomien. Als Trope der Wiederherstellung oder Repräsentation erweitert die Synekdoche vom Teil zum Ganzen, während die Hyperbel steigert und die Metalepsis die Zeitlichkeit überwindet, indem sie Spätheit durch Frühheit ersetzt. Diese allzu geraffte Zusammenfassung wird im folgenden, wie ich hoffe, einige Klärung erfahren.

Ich will bei der Anordnung der revisionären Rationes bleiben, wie ich sie in *The Anxiety of Influence* getroffen habe, da ihre Bewegung sowohl im Lurianischen Modell des Schöpfungsmythos gründet (wenngleich mir das nicht bewußt war, als sie mir in den Sinn kamen) wie auch im Modell des Wordsworthschen Krisis-Gedichts, *dem* Paradigma der modernen Lyrik. Den Begriff »ratio« entnehme ich verschiedenen Quellen. Im mathematischen Sinn bedeutet er das Verhältnis zwischen zwei ähnlichen Mengen und bestimmt sich danach, wie oft die eine in der anderen enthalten ist; im Geldwesen bezeichnet er das quantitative Verhältnis, in dem ein Edelmetall hinsichtlich seines Geldwertes zu einem anderen steht. Dennoch behält das Wort natürlich die Bedeutung von »Denken, Verstand, Vernunft« bei, und ich vermute, ich wählte es ursprünglich wegen Blake – der es verächtlich gebrauchte. Hartman hat darauf hingewiesen, daß Blake »ratio« mit dem Newtonschen Denkansatz assoziiert und einsetzt, um damit ein »reduktives oder unschöpferisches Verhältnis zwischen zwei oder mehr Begriffen von ähnlicher Größe (*magnitude*)« zu bezeichnen. Meine Rationes der Revision sind Verhältnisse zwischen ungleichen Begriffen, weil der spätere Dichter, eben durch den Akt der Verfälschung (der »Interpretation«), den Vorläufer stets vergrößert. Hartman weist zu Recht darauf hin, daß »grauenvolle Symmetrie« in *The Tyger* als »grauenvolle Ratio« zu lesen sei, da *The Tyger*'s Sprecher der Ephebe ist, der Schöpfer des »Tyger« hingegen der Vorläufer. Der »Tyger« wäre, mit Hartman, als eine Art Schreckgespenst, als Lichterscheinung oder Cherub, zu sehen, von der Imagination des Späterkommenden sich selbst aufgezwungen.

Gegen Geisterbilder oder hemmende Faktoren dieser Art – nennen wir sie »Schöpfungsängste« – arbeiten die Rationes der Revision, und ich sehe jetzt (was ich früher nicht sehen konnte), daß sie in zusammenhängenden oder dialektischen Paaren arbeiten – *clinamen/tessera*; *kenosis/Dämonisierung*; *askesis/apophrades* –, wobei jedes Paar wieder dem Lurianischen Muster der Limitation/Substitution/Repräsentation folgt. Ich sehe auch, daß in wirklich umfassenden und ehrgeizigen Gedichten, gleichgültig, wie kurz oder wie lang, alle drei Paare am Werk sein können; ja, ich möchte sogar behaupten, daß Aufeinanderfolge und Wechsel dieser drei *Ratio*-Paare das Grundmuster dessen konstituieren, was alle bedeutendere moderne Lyrik – von ihren Ahnen in Spensers *Prothalamion* und Miltons *Lycidas* über ihre herausragenden Manifestationen in der Krisis-Lyrik Coleridge-Wordsworthscher Prägung und ihre wichtigsten Ableger in den berühmtesten der kürzeren Gedichte von Shelley, Keats, Tennyson, Browning, Whitman, Dickinson, Yeats und Stevens bis herauf zu den besten Gedichten, die heute geschrieben werden – zu einer gemeinsamen Tradition verbindet. So verschieden sie formal eingeteilt sein mögen, eine bemerkenswerte Anzahl zentraler Gedichte in der Romantischen Tradition zerfallen, was ihre Argumentation und ihre Bildlichkeit betrifft, in drei Teile, ganz nach dem Modell der *Intimations*-Ode: erstens eine Initialvision des Verlustes oder der Krisis, die sich jeweils um die Frage der Erneuerung oder des Überlebens durch Imagination dreht; zweitens eine verzweifelte, oder reduktive, Antwort auf diese Frage (Ausdruck des Gefühls, daß die Kraft selbst des größten Geistes niemals den Hindernissen gewachsen sei, die ihm sowohl aus der Sprache wie auch aus dem Reich des Todes, des äußerlichen Sinns, entgegentreten) und drittens eine hoffnungsvollere oder zumindest weiterführende Antwort, wenn auch noch so geprägt vom Wissen um den fortwährenden Verlust. Geschichtlich betrachtet ist dies gewiß die Verschiebung eines protestantischen Musters und führt zurück zu ähnlichen Dreieinigkeiten des Geistes in den Psalmen und bei den Propheten, auch bei Hiob. Aber gleichgültig, wie es dorthin gelangte: das Muster existiert auf jeden Fall; es ist meiner Ansicht nach komplizierter und präziser, als wir bisher erkennen konnten, und es ist das Muster, dem das Mißverstehen folgt, das heißt alles Interpretieren ebenso wie die revisionistische oder »verspätete« Dichtung.

Spielen wir die »vollendete Leistung eines Extremisten in einer Geistesübung« (Wallace Stevens) durch. Stellen Sie sich ein nachaufklärerisches Krisis-Gedicht vor, ehrgeizig und selten gelungen, ein angespannt nachdenkliches Gedicht, von der Art eines imaginären Schachspiels etwa: ein starkes Gedicht also aus der Feder eines Spätkommenden. In Anwendung der Lurianischen Dialektik auf meine eigene Litanei der Evasionen könnte man sagen, daß zwischen jede *primäre* (limitierende) und jede *antithetische* (repräsentierende) Bewegung, die das Gedicht eines Spätkommenden im Verhältnis zum Text eines Vorläufers macht, ein Zerbrechen-der-Gefäße fällt. Wenn sich der Späte zum ersten Mal von seinem Dichtervater wegwendet (*clinamen*), führt er eine Kontraktion oder einen Rückzug der Bedeutung vom Vater herbei und schafft (indem er zerbricht) seine eigene falsche Schöpfung (»frischer« Bedeutungswandel oder Irrtum-über-Dichtung). Die Bewegung, die darauf antwortet, *antithetisch* zu dieser *primären*, ist das Verbindungsglied namens *tessera*, eine Erfüllung, die auch eine Opposition ist oder die Wiederherstellung einiger Differenzgrade zwischen Ahnentext und neuem Gedicht. Es ist dies das Lurianische Muster von *Zimzum* → *Schewirat hakelim* → *Tikkun*, und es kommt (in feinerer Tönung) im nächsten dialektischen *Ratio*-Paar zur Wiederaufführung, in der *kenosis* (oder dem Ungeschehen-Machen als Diskontinuität) und der *Dämonisierung* (dem Durchbruch zu einem persönlich geprägten Gegen-Erhabenen). Das Abschließen des Gedichts folgt einem noch anspruchsvolleren Muster der Kontraktion → Katastrophe → Restitution in Form eines dialektischen Wechsels zwischen einer noch strengeren Selbstbeschränkung (*askesis*) und, in Antwort darauf, einer Wiederkehr verlorener Stimmen und beinahe-fallengelassener Bedeutungen (*apophrades*).

Das *clinamen*, die Eröffnung des Gedichts, ist geprägt durch dialektische Bilder von Abwesenheit und Präsenz, Bilder, die rhetorisch durch die Trope der einfachen Ironie vermittel werden (Ironie als Wortfigur, nicht als Gedankenfigur) und, als psychische Abwehr, die Gestalt dessen annehmen, was Freud »Reaktionsbildung« nannte. So wie bei der rhetorischen Ironie oder *illusio* (Quintilians Bezeichnung dafür) etwas gesagt wird, während etwas anderes, ja sogar das Gegenteil, gemeint ist, arbeitet die Reaktionsbildung einem verdrängten Wunsch entgegen, indem sie dessen Gegenteil manifestiert. Freud nennt es das »primäre Abwehrsymptom« oder »Gegensymptom«, und entsprechend ist die einfache Ironie oder *illusio* die primäre Trope, der Initialumschwung in den Irrtum der Figuration. Ernste neurotische Konflikte äußern sich häufig in einer Rigidität oder Verkrampftheit der Persönlichkeit, einer Art *illusio* des Geistes, etwa wie Lust, die sich auf leicht durchschaubare Weise als erzwungen kontrollierte Haltung maskiert. Dialektische Bilder der Präsenz und Absenz bewahren, wenn sie sich nicht in einem Menschen, sondern in einem Gedicht manifestieren, eine rettende Atmosphäre der »Frische«, auch wenn der verwirrende Bedeutungsverlust noch so intensiv zu spüren ist. Das Gedicht nimmt die Limitation, die an seinem Anfang steht, die Limitation, die es (in jedem Sinn des Wortes) (er)öffnet, mit spürbarer Erleichterung vor. Es ist, als sagte die *illusio*: »Akzeptiere Abwesenheit als Präsenz und beginne, indem du fällst, denn wie sonst könntest du überhaupt *beginnen*?«

Was (im Gedicht) folgt, ist die antithetische Erfüllung seiner ersten Bewegung durch die imagistische Substitution des Teils durch das Ganze beziehungsweise die Verwandlung der *illusio* in Synekdoche durch die Erkenntnis, daß auf irgendeine Weise ohnehin alle Präsenz zumindest Teil eines verstümmelten Ganzen ist. Die analogen Abwehrformen werfen hier durch ihre Gegensätzlichkeit Licht auf die Dinge, zeigen, daß wir uns aus dem psychischen Bereich des neurotischen Konflikts im *clinamen* wegbewegt und das fruchtbarere Feld der Ambivalenz und dessen betreten haben, was Freud die »Triebschicksale« nennt (und deren prominenteste Erscheinungsform der Masochismus ist). Wie die *illusio* ist die Reaktionsbildung eine Kontraktionsbewegung, aber so wie die Synekdoche den Makrokosmos durch den Mikrokosmos repräsentiert, repräsentieren die antithetischen Abwehrformen der *Verkehrung ins Gegenteil* und der *Wendung gegen die eigene Person* eine verlorene Triebganzheit durch einzelne Triebschicksale. Die *Verkehrung ins Gegenteil* ist eine *tessera* oder antithetische Erfüllung, weil es sich um einen Vorgang handelt, bei dem ein Triebziel *durch Verkehrung von Aktivität in Passivität* in sein Gegenteil verkehrt wird, wie etwa beim Umschlagen von Sadismus in Masochismus. Eng verbunden damit ist die *Wendung gegen die eigene Person*, ein Vorgang, durch welchen der bedrohte Trieb ein unabhängiges Objekt durch die eigene Person ersetzt – als müsse der Mikrokosmos leiden, gerade weil er den Makrokosmos repräsentiert. Die Verwirrung, die stets mit dem Masochismus einhergeht, ist zutiefst analog mit der Frage »*Where is it now?*«, die so oft explizit oder implizit die Eröffnungsbewegung von Krisis-Gedichten abschließt.

Mit der mittleren Bewegung betreten wir, im Bereich der poetischen Bildlichkeit wie im Bereich des Psychischen, eine ganz andere Region. Allgemein gesprochen, *limitiert* sich der Geist hier durch den Zwang zur Wiederholung und *restituiert* sich anschließend durch die erschreckenden Repräsentationen, die – bei Menschen, weniger in Gedichten – der Hysterie nahekommen. In der *kenosis* nimmt das Gedicht Zuflucht zu Bildern der Reduktion, häufig einer Reduktion von Fülle auf Leere. Die charakteristische Trope in diesem Zusammenhang ist die Metonymie, ein Namenswandel, oder Ersetzen des Dings selbst durch dessen äußeren Aspekt, eine Verschiebung via Kontiguität, die das Verschobene wiederholt, aber immer deutlich herabgestimmt im Ton. Hier kann sich die Triade der limitierenden Abwehrformen als besonders erhellend erweisen, die uns auch die Affinitäten zwischen Dichtung und magischen Vorgängen erkennen läßt. Was Freud »Ungeschehen-Machen« nennt, ist ein zwanghafter Vorgang, durch den vergangene Handlungen und Gedanken für null und nichtig erklärt werden sollen, indem sie, ins Gegenteil verkehrt, auf eine »magisch« anmutende Weise wiederholt werden, auf eine Weise, die zutiefst durchdrungen ist von dem, was negiert werden soll. Die Abwehr durch *Isolierung* besteht darin, Gedanken oder Handlungen zu isolieren, um so deren Verbindungen mit anderen Gedanken oder Handlungen zu unterbrechen, was meist in Form eines Abbruchs der zeitlichen Abfolge geschieht. Regression, die poetisch und magisch aktivste dieser drei zwanghaften Abwehrformen, ist ein Zurück zu früheren Entwicklungsphasen, das sich häufig in Ausdrucksweisen äußert, die weniger komplex sind als die gegenwärtigen. Wo die Synekdoche der *tessera* eine, wenn auch noch so illusionäre, Totalität herstellte, zerstückelt die Metonymie der *kenosis* diese in diskontinuierliche Fragmente. Wir bewegen uns hier auf die Figur einer Figur zu, bleiben aber noch im Bereich der simpleren Verfälschung, welche die Philosophen wie die Psychologen als Irrealität der Reifikation bezeichnen. Psychologisch gesehen ist *kenosis* keine Rückkehr zu irgendwelchen Ursprüngen, sondern das Gefühl, daß sich die Trennung von diesen Ursprüngen unweigerlich und immer von neuem wiederholen wird. Ihre drei konstituierenden Abwehrformen sind sämtlich Abwehrvorgänge der Limitation, da sie alle fragmentieren und so der überrestituierenden Bewegung der *Dämonisierung* (jener Verdrängung oder Hyperbel, die zu einem verspäteten oder Gegen-Erhabenen wird) die – kaputte – Bahn bereiten.

Ein Loblied auf die Verdrängung zu schreiben ist gleichbedeutend mit der Aufforderung der *antithetischen* Literaturkritik, einen Keil zwischen Sublimierung und dichterischen Sinn zu treiben, und das heißt, einen anderen Weg einzuschlagen als Freud. Das zentrale Argument dieses Buches, wie schon in *The Anxiety of Influence*, lautet, daß Sublimierung eine *Abwehrform der Limitation* ist, so wie die Metapher eine in sich widersprüchliche *Trope der Limitation* ist. Was die Romantiker schöpferische Phantasie oder Einbildungskraft nannten, ist verwandt nicht der Sublimierung und der Metapher, sondern der Verdrängung und der Hyperbel, die eher repräsentieren als limitieren. Freuds *Verdrängung* ist ein Abwehrvorgang, durch den wir versuchen, Triebrepräsentationen (Erinnerungen und Wünsche) unbewußt zu halten. Doch eben dieser Versuch, Repräsentationen unbewußt zu halten, *schafft* das Unbewußte (auch wenn diese Behauptung wiederum ein Abweichen von Freud bedeutet). Niemand, der sich ernsthaft mit Dichtung auseinandersetzt, könnte der Aussage zustimmen, das Wesen der Verdrängung bestehe »nur in der Abweisung und Fernhaltung vom Bewußten«. Hyperbel, die Trope des Übermaßes oder Überschlags und des Umschwungs, findet ihre Bilder wie die Verdrängung in extremer Höhe und extremer Tiefe, im Erhabenen und Grotesken. Tief hinunterzutauchen ins Unbewußte ist derselbe Vorgang wie das Anhäufen von Unbewußtem, denn das Unbewußte hat, wie die Romantische Imagination, *keinen* referentiellen Aspekt. Wie die Imagination läßt es sich nicht definieren, da es eine erhabene Trope oder Hyperbel ist, eine Geisteshaltung. Wenn das Gedicht schließlich einen so weitgehenden Entleerungsprozeß durchgemacht hat, daß seine Kontinuität bedroht ist, verdrängt es seine Repräsentationskraft, bis es entweder das Erhabene erreicht oder auf groteske Schleichpfade verfällt; auf beiden Wegen hat es dann Bedeutung hergestellt.

Glanz und Sieg der Verdrängung, poetisch gesprochen, bestehen darin, daß Erinnerungen und Wünschen, nach unten gedrängt, *in der Sprache* nur ein einziger Weg offenbleibt, nämlich der hinauf in die Höhen der Erhabenheit, zum *Exultate* des Ich angesichts seiner eigenen Mach-Werke.

Sind wir einmal bei dieser Klimax im zweiten Zug des Gedichts angelangt, bewegen wir uns auf die raffinierten Limitationen der *askesis* zu – die perspektivierenden Konfusionen der Metapher, jener meistgeschätzten und zugleich fehlbarsten Trope unserer westlichen Tradition. Wir bewegen uns auch auf einen psychischen Bereich zu, den Freud als »Normalität« charakterisiert, erreichbar durch die Sublimierung, diese eine »erfolgreiche« Abwehr. Ich möchte dazu festhalten, daß »Normalität«, so erstrebenswert sie für Menschen ist, in und für Gedichte nichts zu bieten hat und daß dementsprechend die Metapher, die wir die »Trope der Normalität« nennen könnten, das Gedicht in hoffnungslos dualistische Bilder eines Innen-gegen-Außen treibt. Gedichte triumphieren durch einen Triumph über die Limitationen ihrer eigenen Metaphern; die Gedichte nach Milton scheinen dies auch zu wissen, ihre Muster zeigen es und der Umstand, daß sie Metaphern durch Schemata der Transsumption ersetzen, Versionen der uralten Trope der Metalepsis, die ich im folgenden kurz erläutern will. Doch wird uns dies zur abschließenden Repräsentation unseres abstrakten Gedichts führen, seiner *apophrades* oder dem Versuch, das eigene Spät-Sein in ein Früh-Sein zu verwandeln. Zunächst wäre allerdings noch einiges über die Limitationen der Metapher zu sagen sowie über die allzu rasche, allzu selbstzufriedene dualistische Abwehr durch Sublimierung.

Wie die Metapher durch Ähnlichkeit verdichtet, so überträgt die Sublimierung einen Namen auf ein Objekt, auf den er eigentlich nicht anwendbar ist. Nach Freuds Bemühungen um den Begriff wäre es so, daß die Sublimierung den Namen der Sexualität auf das Denken und die künstlerische Tätigkeit überträgt, denn Freuds *Sublimierung* ist ein Verdichtungsvorgang auf der Grundlage der von ihm angenommenen Ähnlichkeiten zwischen Sexualität und geistiger Tätigkeit, einschließlich der Dichtung. Dichtung wäre, in dieser wenig überzeugenden Trope, der Begriff für das Äußere, die Sexualität jener für das Innere. Keine andere Abwehr preisen Freud und die Freudianer höher – und keine beschreiben sie inkohärenter. Freud hätte besser daran getan, seinen eigenen Hinweis zu verfolgen, wonach nicht so sehr sexuelle, sondern vielmehr aggressive Impulse in Philosophie und Dichtung sublimiert würden; es hätte seine Auffassung der Sublimierung näher an Plato, und in der Tat auch näher an Nietzsche, gerückt. Für das Gedicht sind die Fähigkeit der Perspektivierung und ihre Grenzen von entscheidender Bedeutung, da für die Bildsprache eines Gedichts das simple Innen/Außen-Spektrum unbefriedigend bleiben muß. Die Polaritäten von Subjekt und Objekt besiegen jede Metapher, die versucht, sie zu vereinen, und eben diese Niederlage ist es, was die Metapher definiert und ihr zugleich Grenzen setzt.

Von Milton über die Hochromantiker bis herauf zur besten Dichtung unserer Zeit erfolgt die Wiederherstellung nach den Limitationen-durch-Metapher schließlich in Form einer Repräsentation, die eine Metalepsis oder Transsumption darstellt – die revisionistische Trope schlechthin und wichtigster Aktivposten angesichts der Spätheit oder Nachträglichkeit von Dichtung. Es ist kein Zufall, daß so viele wichtige Gedichte der letzten zweihundert Jahre in Bildern enden, die eine Bewegung von Innen/Außen-Polaritäten hin zu Früh/Spät-Umkehrungen bezeugen. *Apophrades*, das Lurianische *gilgul*, wäre in Freudscher Begrifflichkeit und auf Menschen statt auf Gedichte angewandt eine Art Paranoia. Die entsprechenden Freudschen Abwehrvorgänge sind wohl miteinander verknüpft, aber antithetisch: Projektion (die sich als Eifersucht manifestieren kann) und Introjektion (die sich als Identifikation manifestieren kann). Da die dichterischen Entsprechungen entweder die proleptische Repräsentation (Prophetie) oder die »groteske« Repräsentation (jede Art der Farce, wenn auch noch so apokalyptisch) sind, wird es wohl ratsam sein, uns zunächst Klarheit hinsichtlich der Abwehrvorgänge zu verschaffen, bevor wir uns der komplexeren Trope zuwenden.

Den Begriff der Introjektion führte Ferenczi ein, seine kohärente Darstellung als Abwehrform verdankt sich jedoch zum Großteil Freuds Verbindung des Begriffs mit dem der oralen Einverleibung. Es handelt sich dabei um ein Übertragen von Andersheit auf das Selbst in der Phantasie und, als Identifikation, um den Versuch, (unter anderen) die Gefahren der Zeit und des Raums abzuwehren. Projektion ist der Versuch des Selbst, alles nach außen zu verbannen, was es nicht als ihm eigenes annehmen will. Während Introjektion in der Einverleibung eines Objekts oder eines Triebs zwecks Abwehr besteht (und so Objektbeziehungen überwindet), weist die Projektion in einer nach außen gerichteten Bewegung alle verbotenen Triebe oder Objekte anderen zu. Man sollte festhalten, daß beide Abwehrformen *repräsentieren*, indem beide die Möglichkeit bieten, sowohl Raum als auch die Zeit auszudehnen, vor allem die Zeit. Entscheidender noch: direkter als alle anderen Abwehrformen sind diese beiden Tropen Tropen gegen andere Abwehrformen, insbesondere gegen zwanghafte und wiederholungszwanghafte Abwehrformen. Dies ist das analogische Verbindungsglied zur Trope der Metalepsis, die eine Trope der Tropenumkehr (*trope-reversing trope*) ist, die Figur einer Figur. Bei der Metalepsis wird ein Wort metonymisch für ein anderes Wort in einer früheren Trope substituiert, so daß man die Metalepse etwas nervtötend, aber zutreffend als Metonymie einer Metonymie bezeichnen kann.

Seiner Definition der Metalepsis, der er die lateinische Bezeichnung *transumptio* gab, fügt Quintilian mißbilligend hinzu, sie tauge höchstens für die Komödie. Man könnte nun die neuzeitliche Geschichte der *transumptio* die »Rache der Trope« nennen, denn von der Renaissance über die Romantik bis zum heutigen Tag hat sie sich zum wichtigsten Modus der dichterischen Anspielung gewandelt, zur Redefigur, ohne die Gedichte nicht wüßten, wie sie enden sollen. Die Prävalenz einer transsumptiven Anspielungsweise ist der größte einzelne Faktor, der die Pflege eines Tons bewußter Rhetorizität in der romantischen und nach-romantischen Dichtung ermöglicht. »Transsumieren« bedeutet »hinübernehmen«, und als Transfer von Begriffen können wir die Transsumption als ein »Hinübernehmen« oder Übersetzen »ans andere Ufer« des Gedichts definieren. Quintilian stellte mit einem gewissen Unbehagen fest, daß es sich dabei um eine bedeutungswandelnde Trope handelt, da sie für Übergang von einer Trope zu einer anderen sorgt: »Es ist das Wesen der *metalepsis*, daß sie eine Art Zwischenschritt darstellt zwischen dem Begriff, der übertragen wird, und der Sache, auf die er übertragen wird, wobei sie selbst keine Bedeutung hat, sondern lediglich den Übergang besorgt.« Statt »selbst keine Bedeutung« sage man besser: keine eigene Präsenz oder Zeit, denn die *transumptio* kann durch ihre Preisgabe der lebendigen Gegenwart durchaus komisch wirken.

Manche modernen Rhetoriker betrachten die Metalepsis lediglich als eine erweiterte Metapher, bei der ein zentraler Begriff ausgelassen wird, doch der elisabethanische Rhetoriker Puttenham kommt der Sache näher, wenn er sie die »Weitherholerin« nennt, *the far-fetcher* oder »farrefet«:

[…] als müßten wir ein Wort von weit her holen, anstatt eines zu gebrauchen, das uns viel näher zur Hand ist, um die Sache ebensogut auszudrücken, und verständlicher. Es scheint auch, daß es dem Schöpfer dieser Figur mehr daran gelegen war, den Frauen zu gefallen als den Männern, denn in der Art eines Sprichworts heißt es bei uns: Weit hergeholt und teuer bezahlt, dann taugt es für die Damen; auf diese Weise sprechen wir also, wenn wir über die Köpfe vieler Wörter hinweggehen und eines wählen, das möglichst weit weg liegt, um damit unsere Sache auszudrücken […].

Die Metalepsis geht über die Köpfe anderer Tropen hinweg und wird zu einer gegen die Zeit gesetzten Repräsentation, indem sie die Gegenwart einer idealisierten Vergangenheit oder einer erhofften Zukunft opfert. Als Figur einer Figur ist sie keine Reduktion oder Limitation mehr; sie wird statt dessen zu einer bestimmten Repräsentation, sei es proleptischer, sei es »grotesker« Art im eigentlichen Sinn des Wortes *preposterous*: »etwas Späteres zu etwas Früherem machen«. Als

Abwehrform hat diese *apophrades* die Wahl zwischen Introjektion und Projektion, zwischen einer Art Identifikation und einer Art gefährlicher Eifersucht. Entweder kommt es zu einem »Ausspucken« oder Distanzieren der Zukunft, während die Vergangenheit introjiziert, »geschluckt«, wird (Identifikation mit dem Vergangenen) – was sich in einer Substitution später Wörter für frühere Wörter in einer vorangegangenen Trope äußert –, oder es kommt zu einer Distanzierung, einer Projektion der Vergangenheit und Identifikation mit der Zukunft durch Substitution früher Wörter für späte. In Miltons Schreibweise fließen, wie ich in einem späteren Kapitel des vorliegenden Buches zeigen will, Metalepsis und Allusion auf eine Weise ineinander, die ihn zum beeindruckendsten Beispiel eines englischen Dichters macht, der alle Vorläufer subsumiert *und* die Kraft hat, diesen Subsumierungsprozeß als Programm und Bedeutungsträger erscheinen zu lassen. Nach-Miltonsche Entwicklungen bereiteten den Boden für jene metaleptische Verkehrung, die die Bildlichkeit der Schlußzeilen so vieler wichtiger romantischer und nach-romantischer Gedichte beherrscht.

Nachdem unsere Karte des Mißverstehens nun im wesentlichen skizziert ist, bleiben noch zwei umfangreiche Fragen offen. Erstens die Frage nach der theoretischen Grundlage der Abgrenzung zwischen Rationes, Tropen, Abwehrvorgängen und den Bildern der Limitation sowie jenen der Repräsentation; zweitens die Frage, wieviel Land unsere Karte zu erfassen vermag und welchen praktischen Nutzen sie verspricht. Macht das Prinzip der rhetorischen Substitution, das jedem fähigen Dichter zu Gebote steht, es nicht unwahrscheinlich, daß mehr als eine Handvoll Gedichte unserem abstrakten Modell entsprechen werden?

Die erste Frage läßt sich nur im Sinne und im Kontext einer umfassenderen Psychoästhetik der literarischen Repräsentation beantworten, als sie uns bis jetzt zur Verfügung steht, wenn wir auch Bernheimer und Hartman wichtige Anregungen verdanken. Hartman hat anstelle des traditionellen Freudschen Reiz-und-Reaktions-Modells ein komplexeres Modell vorgeschlagen, nach dem ungleichgewichtige, exzessive Forderungen beim Dichter notwendig zu einem Reaktionsdefekt führen. Indem er das Übermaß der Forderung mit einem »Sprachverlangen« (und einer Sprachangst) in Verbindung bringt, gelangt Hartman zu einer Dreifachformel für die psychische Funktion der Kunst: Forderungseingrenzung, Verstärkung der potentiellen Reaktionsfähigkeit und Substitution, sei es der Forderung, sei es der Reaktion durch das jeweils andere. Das kommt der Lurianischen Dialektik, die ich in der Einleitung zum vorliegenden Buch in den Bereich der Ästhetik verschoben habe, sehr nahe. *Verstärkung der potentiellen Reaktionsfähigkeit* ist eng verwandt mit der Repräsentation: ein Gedicht möchte ein Ganzes sein, hoch oben und früh, und es will sich durch starke Präsenz, durch Fülle und tiefes In-sich-Sein auszeichnen. Die Eingrenzung der Forderung zwingt jedoch eine Gruppe von Rationes zu Bildern der Abwesenheit, der Leere und des Außen. Ich möchte folgendes postulieren: während die Ratio der Limitation wie auch die Ratio der Repräsentation einander substituieren, bedeuten die Limitationen eine Abkehr von einem verlorenen oder betrauerten Objekt und eine Hinwendung, sei es zum Substitut oder zum trauernden Subjekt; die Repräsentationen hingegen sind rückwärtsgewandt, bestrebt, die Kräfte wiederherzustellen, die das Objekt begehrten und besaßen. Repräsentation verweist auf einen Mangel, eine Leerstelle, wie die Limitation auch, aber auf eine Weise, die *wiederfindet*, was diesen Mangel beheben, die Leerstelle wieder füllen könnte; einfacher gesagt: Tropen der Limitation repräsentieren natürlich auch, aber sie limitieren tendenziell die Forderungen an die Sprache durch den Verweis auf einen Mangel in der Sprache wie im Selbst, so daß Limitation in diesem Kontext im Grunde »Erkennen« (*recognition*) bedeutet, ein Anerkennen oder Akzeptieren von Gegebenheiten. Auch Tropen der Repräsentation sind Anerkennung einer Begrenzung, auch sie verweisen auf einen Mangel, doch sie stärken tendenziell sowohl die Sprache wie das Selbst.

Die zweite Frage, nach der Anwendbarkeit unserer Karte des Mißverstehens, muß sich mit einer noch tastenderen Antwort begnügen. Spätere Kapitel des vorliegenden Buches, angefangen mit dem folgenden (über Brownings *Childe Roland*), sollen den Nutzen dieses Modells für die Praxis der Literaturkritik – die Frage, wie ein Gedicht zu lesen sei – erweisen. Es wird sich zeigen, daß eine bemerkenswerte Anzahl von Gedichten, von der *Intimations*-Ode bis zu *The Auroras of Autumn*, dem Modell der sechs Rationes ziemlich genau folgen. Dennoch gibt es natürlich ein Menge Varianten und Verschiebungen, wobei allerdings auch die jeweiligen Neuarrangements nach deutlich unterscheidbaren Mustern verlaufen. Eines dieser Muster, häufig anzutreffen im Zeitalter der Empfindsamkeit, neigt zu einer Umkehr der mittleren Bewegung, so daß die *Dämonisierung* der *kenosis* vorangeht. Ein anderes, spezifisch amerikanisches Muster läßt das gesamte Gedicht mit dieser umgekehrten mittleren Bewegung beginnen und schreitet dann fort zum Paar der *askesis/apophrades*, bevor es mit dem endet, was für ein englisches romantisches Krisis-Gedicht die erste Bewegung wäre. Zudem begegnen wir notwendigerweise vielen Gedichten, die gegen das Modell rebellieren, wenn es sich auch häufig um eine recht mehrdeutige Rebellion handelt. Worauf es ankommt, ist nicht die genaue Reihenfolge der Rationes, sondern das Prinzip der Substitution, bei dem Repräsentationen und Limitationen fortwährend aufeinander antworten. Die Stärke eines Dichters liegt in seiner Fertigkeit und seinem Erfindungsreichtum beim Umgang mit der Substitution – und auch meine Geländekarte des Mißverstehens ist kein Prokrustesbett.

6. Die Karte auf dem Prüfstand: Brownings *Childe Roland*

Mag sein, daß der Leser, wie Brownings verspäteter Sucher, Ursprünge und Ziele gern säuberlich trennte, doch der Preis der Verinnerlichung ist im Roman der Dichtung wie im Roman des menschlichen Lebens die Rückwanderung der Ziele zu den Ursprüngen. Eine Auseinandersetzung mit dem Mißverstehen, wie ich sie in den vorangegangenen Kapiteln umrissen habe, erlaubt dem Leser zu erkennen, daß sich Brownings großartiges Gedicht über jede Interpretation lustig macht, denn Rolands Monolog ist die erhabene und groteske (*preposterous*) Ausübung seines Willens zur Macht über die Interpretation des eigenen Textes. Roland reitet mit uns, als Interpret; jede seiner Interpretationen ist eine wirkungsstarke Fehllektüre, aber in ihrer Gesamtheit befähigen ihn diese Fehllektüren, die Destruktion, die sie bedeuten, in einer Geste zu akzeptieren, die letztlich doch ein Triumph ist, der Triumph der Erkenntnis, daß sein Gottesurteils-Verfahren, seine »Landschafts-Probe«, uns einen Text an die Hand gibt, der zu den mächtigsten gehört, die wir den diversen Schurken-Helden seit Miltons Satan verdanken.

Rhetorisch ist die Eröffnungsgeste des Gedichts durch die Trope der Ironie markiert, in ihrer Bildlichkeit durch ein Zusammenspiel von Präsenz und Abwesenheit, psychologisch durch Rolands Reaktionsbildung gegen die eigenen destruktiven Impulse. Soweit also alles erwartungsgemäß, doch sowie sein Gedicht wirklich losgeht, macht sich Brownings außergewöhnliches Geschick in Sachen Substitution deutlich bemerkbar, denn der starke Dichter zeigt seine rettende Differenz zu sich selbst wie zu anderen schon in den ersten Wendungen. Roland sagt etwas und meint etwas anderes, aber beides zielt darauf ab, eine zu diesem Zeitpunkt unerträgliche Präsenz in einen leeren Raum zu verwandeln. Ein nach-aufklärerisches Gedicht, das diesen Namen verdient, kann gar nicht in Gang kommen, wenn es nicht weiß und kenntlich macht, daß nichts an seinem »richtigen« Platz ist. Diese Verschiebung berührt zugleich den Vorläufer und das frühere beziehungsweise idealisierte Selbst des Dichters, da beide beinahe eins waren. Der Vorläufer jedoch ist, wie das idealisierte Selbst, nicht nur im Über-Ich oder Ich-Ideal lokalisiert. Für einen Dichter residieren beide, der junge Mensch, der er war, und sein imaginativer Vater, auch im dichterischen Äquivalent des Es. Bei der Romantischen Suche oder dem verinnerlichten Roman kann ein Wunschobjekt, ja nicht einmal die sublimierte Hingabe an eine abstrakte Idee, nicht das Vorläufer-Element im Es ersetzen, aber es ersetzt, wie Freud behauptet, das Ich-Ideal. Was Roland betrifft, wurde der Dunkle Turm an die Stelle des Ich-Ideals der traditionellen Suche gesetzt, doch Herr Roland, das besessene »Kind«, wird weiterhin von den Vorläufer-Kräften und von den Spuren seines eigenen, früheren Selbst im Es heimgesucht. Gegen diese Kräfte hat sich die Psyche durch die krampfartige Reaktionsbildung seines *Willens-zum-Scheitern* gewehrt, jene perverse und negative Haltung, die das Gedicht auf den Weg bringt.

Browning bietet uns Edgars Lied im *Lear* als Epigraph für seinen Gedichttitel an; ich möchte statt dessen einen Satz aus Kierkegaards *Tagebüchern* als Motto für Roland vorschlagen:

Der Unterschied zwischen dem, der aus Begeisterung für eine Idee dem Tode entgegengeht, und dem Nachäffer, der das Martyrium sucht, ist folgender: Während der erste gerade im Tode am meisten in seiner Idee lebt, freut sich der andere mehr an dem wunderlichen, bitteren Gefühl, das im Unterliegen liegt; der erste freut sich an seinem Sieg, der letzte an seinem Leiden.   [März 1836]

Ich meine, wir können jede Interpretation von *Childe Roland to the Dark Tower Came* an dieser Kierkegaardschen Unterscheidung messen. Ist Roland letztlich ein Held, der aus Begeisterung für eine Idee dem Tode entgegengeht, und wenn ja, aus Begeisterung für welche Idee? Oder ist er auch noch am Ende, was er zu Beginn schon und während seiner ganzen Reise zum Turm sein will, ein Nachäffer, dem es genügt, sich an der Bitterkeit des Scheiterns zu freuen? Brownings Pfade sind verschlungener, als selbst Browning gewußt haben kann, und die großartige, gebrochene Musik der Schlußstrophen, die *scheinbar* die Freude an einem Sieg besingt, ist vielleicht nur die Apotheose eines Dichters, der als Dichter am apokalyptischen Bewußtsein leidet, daß es ihm nicht gelungen ist, er selbst zu werden. Wir wachsen – Kierkegaard hat es immer wieder betont – im Verhältnis zur Größe, gegen die wir ankämpfen, gleichviel, ob diese Größe einem Menschen, einer Idee, einem System oder einem Gedicht anhaftet. Kämpft Roland, am Ende, gegen eine Größe, und wenn ja, wem oder welcher Sache haftet sie an? Wie haben wir sein Gedicht zu lesen?

> Gleich dachte ich, er lügt, er lügt mit jedem Wort
> Der altersgraue Krüppel, aus bösem Auge
> Schielend, um zu sehn, wie seine Lüge auf mich
> Wirke, der Mund: kaum fähig zu verhehlen
> Den Hohn, der schon um seine Lippen spielte,
> Vorfreude auf den Sieg über ein neues Opfer. [21]

Rolands Bewußtsein gründet in der Erkenntnis, daß *die Bedeutung bereits gewandert ist*, und in der Hoffnungslosigkeit, die ursprüngliche jemals wieder zurückzugewinnen. »Erster Gedanke« steht hier nicht einem zweiten oder späteren Gedanken gegenüber, da kein solcher Eingang ins Gedicht findet; somit ist der Ausdruck »erster Gedanke« selbst schon eine Ironie oder der Beginn einer Ironie. Denn Roland sagt in der Tat etwas anderes, als er meint, und was er meint, ist, daß der Krüppel unweigerlich die Wahrheit sagt. Es bereitet mir nachträglich Vergnügen, daß ich nun, nachdem ich schon früher eine weniger ausgearbeitete Lesart dieses Gedichts veröffentlicht hatte (siehe *The Ringers in the Tower*, 1971), in der wunderbaren Mrs. Sutherland Orr eine kritische Vorläuferin finde. Diese willensstarke Schülerin Brownings hat Betty Miller, George Ridenour und mich selbst in ihren scharfsichtigen Zweifeln an Rolands Glaubwürdigkeit vorweggenommen:

Soweit ist das Bild konsistent; sobald wir jedoch einen Blick unter die Oberfläche werfen, werden Diskrepanzen sichtbar. Der Turm ist viel näher und leichter zugänglich, als Childe Roland dachte; ein finster aussehender Mann, den er nach dem Weg fragte und von dem er dachte, er habe ihn absichtlich in die Irre geführt, brachte ihn in Wirklichkeit auf die richtige Spur; und die Art, wie er das Land beschreibt, durch das er zieht, läßt klar erkennen, daß ein gut Teil der Schrecken Produkte seiner eigenen überhitzten Phantasie sind [...].

Die dritte Strophe zeigt jedoch, daß Roland niemals wirklich glaubte, der Krüppel habe ihn absichtlich irregeführt, denn in dieser Strophe spricht Roland von jener »unheilvollen Wüstenei, welche, nach Ansicht aller, den finstern Turm umschließt«, und der Krüppel hat seine Schritte zu ebendiesem düstern Ort gelenkt. Dennoch kam Mrs. Orr dem richtigen Deutungsprinzip sehr nahe, nämlich allem, was Roland sagt, zu mißtrauen, insbesondere beinahe allem, wovon er behauptet, er *sehe* es – zumindest bis zu seiner Schlußvision.

Nach dem Modell unserer Landkarte des Mißverstehens ist *Childe Roland* ein Gedicht in drei Teilen: Strophe I-VIII, IX-XXIX, XXX-XXXIV. Die Strophen I-VIII bilden die Einführung, in deren Verlauf eine initiale Kontraktion, ein initialer Bedeutungsentzug, schrittweise ausgeglichen wird durch eine Substitution oder Repräsentation der Suche. Auf der rhetorischen Ebene weicht die Ironie der Synekdoche; auf der psychologischen macht eine Reaktionsbildung einer Wendung gegen die eigene Person Platz, und auf der Ebene der Bildlichkeit wird der Eindruck vollkommener Abwesenheit ersetzt durch den Eindruck einer partiellen Wiederherstellung von Bedeutung, wobei die umfassendere Repräsentation, einer verlorenen Ganzheit, außer Kraft gesetzt bleibt:

So lange war ich schon auf dieser Leidensfahrt umhergeirrt,
So oft ward mir Mißlingen prophezeit, so oft schon war ich
                                     aufgerufen
Als Mitverschworener »Des Bundes« – das heißt,
Der edlen Ritter, die vor mir den Schritt gelenkt
Zum finstern Turm –, daß zu versagen, wie sie auch, das Beste
                                     schien,
Und sich nur mehr die Frage stellte – ob ich würdig sei? [22]

Der Wunsch, gut genug zu sein für dieses Scheitern, ist, wenn
auch eine Verkehrung der eigentlichen »Suche«, doch ein Fortschritt zur Eröffnung des Gedichts, eine antithetische Erfüllung jener ironischen Abwendung von den Ursprüngen. Jedes
Verlangen ist eine Synekdoche für das Ganze des Begehrens,
das Verlangen nach dem Scheitern eine Synekdoche für Selbst-
mord. Einzigartig an den Figurationen im ersten Teil von
Brownings Gedicht ist Rolands verquerer Stolz darauf, auserwählt zu sein, zum Bund der Irrfahrer – »the Band« – zu
gehören. Diese erste rhetorische Bewegung endet mit Strophe
VIII:

So wandte ich mich mit der Ruhe der Verzweiflung ab
Vom hassenswerten Krüppel, ihm aus dem Wege,
Dem Pfade zu, den er mir wies. Der ganze Tag,
Matt bestenfalls, und düster-trübe,
Er neigte sich dem Ende zu, doch warf er einen grimmig
Roten Blick noch, um zu sehen, wie das Blachfeld sein irrgeleitet'
                                   Opfer finge. [23]

»Estray« ist eine Wortbildung aus *extra* und *vagare*, »Grenzen überschreiten« oder »vom rechten Weg abkommen«. Roland ist ein Irregeleiteter, ein hyperbolischer Wanderer, sein
vorherrschender Zug: Extravaganz, die Binswangersche *Ver-
stiegenheit*, Zustand dessen, der solche Höhe erklommen hat,
daß ein gefahrloser Abstieg nicht mehr möglich ist. Der
»grimmig rote Blick« des Sonnenuntergangs markiert den
Übergang zur zweiten Bewegung des Gedichts (IX-XXIX),
sein Gottesurteil durch »Landschaftsprobe«.

In dieser Strophensequenz alternieren die psychische Abwehr durch Isolierung und die sublimere Abwehr durch Verdrängung, die hier ins Groteske umschlägt:

Dann kam ein Flecken Erde, gerodet, einst ein Wald,
so schien's, am Rande eines Moors, jetzt bar und kahl,
Trostlos, zu nichts mehr zu gebrauchen; (ein Narr mag so
                    Vergnügen sich verschaffen,
Macht etwas, und zerstört es wieder, solang' die Laune
Währt, und weg ist er!) ein Viertelmorgen weit –
Sumpf, Lehm und Schotter, Sand, ein nacktes schwarzes Nichts.

Bald schwärende Beulen, bunt und schrecklich anzuseh'n,
Bald Flecken, wo die Magerkeit des Bodens sich
In Moos erbrach oder Substanzen, die Geschwüren glichen;
Dann eine Eiche, wie vom Schlag gelähmt, entzweigeteilt durch
                    einen Spalt,
Wie ein verzerrter Mund, die Lippen klaffend weit, dem Tod entge-
                    genstarrt und schaudernd stirbt. [24]

Diese Landschaft ist eine Landschaft der Wiederholung, aber im tödlichsten Sinn, eine, in der alle Fragen des Ursprungs, der Herkunft und Entstehung einem bloßen Vorgang, einem öden Eins-nach-dem-Andern, weichen mußten. Hier, im langen Mittelteil von Brownings Gedicht, befinden wir uns in einer Welt der Kontiguitäten, in der Ähnlichkeiten, so sie sich überhaupt manifestieren, grotesk sein müssen. Roland beschreibt seine Landschaft wie Zola eine Großstadtszene, doch Rolands Welt ist gänzlich visionär, ihr »Realismus« ganz selbstauferlegt. Rolands Landschaft ist ein Art fortgeführte Metonymie, bei der ein einzelner, negativer Aspekt jeweils das Ding selbst ersetzt. Wenn in diesem mittleren Teil des Gedichts die dialektische Wiederherstellung zum Zug kommen will, setzt sie an die Stelle dieser Entleerung-durch-Isolation eine hyperbolische Höhen-Vision; was sie dabei hervorbringt, ist allerdings ein alptraumhaftes Erhabenes:

Denn, aufblickend, wurde ich trotz Dämmerung
Gewahr, die Ebene war ringsumher
Bergen gewichen – wenn sie den Namen denn verdienen,
Die häßlichen Erhebungen, Anhäufungen, die sich den Blick
                                      erschlichen.
Wie sie mich derart überrumpeln konnten – löse du das Rätsel!
Mich ihrer zu begeben war nicht einfacher. [25]

Verdrängung, selbst die unbewußte, ist immer noch ein ab-
sichtsvoller Prozeß, und der Leser kann das Rätsel des »Wie?«
in der vorletzten Zeile lösen, indem er sich die charakteristische Wirkungsweise der Verdrängung vor Augen hält. Roland
hat zwei Dinge (absichtlich) vergessen oder (in einer tieferen
Region seiner Seele) nicht wahrzunehmen beschlossen: einen
nach innen gerichteten Impuls (der selbstmörderischen Be-
strafung) und ein äußeres Ereignis (das Versagen seiner Vorläufer im »Bund«). Beides führt ihn in Versuchung, Triebforderungen nachzugeben, gegen die sein Ich-Ideal Einspruch
erhebt, nämlich: in der von ihm geschaffenen »Mangelland-
schaft« aufzugehen; man könnte diese Triebforderungen nihi-
listisch nennen, in jenem vollen und unheimlichen Sinn, den
Nietzsche am besten definiert hat. Auch Roland würde, vor
die Wahl gestellt, lieber noch im »Mangel« oder in der »Leere«
ein Ziel und einen Endzweck sehen, als überhaupt jeden Ziels
und Zwecks zu ermangeln, und doch wandeln seine unbere-
chenbaren, ungezügelten Impulse ständig am Rande der Ziel-
losigkeit. Denn Roland ist, trotz seiner Gefolgschaftstreue der
Schar seiner Vorläufer gegenüber, ein revisionistischer starker
Dichter und somit ein Böser Held – der Böse Held seines eigenen Gedichts und *in* seinem eigenen Gedicht. Sein Mißverstehen des ererbten Musters der »ewigen Suche« gipfelt in
Strophe XXIX, in der die zweite Bewegung des Gedichts zum
Abschluß kommt:

Halb war's, als sei dies Unheil mir
Schon einmal widerfahren, Gott weiß wann –
In einem bösen Traum vielleicht. Auf diesem Wege jedenfalls
Gab es kein Vorwärtsschreiten. Gerade als ich,
Einmal mehr, mich anschickt' aufzugeben, da rasselt' es,
Wie wenn ein Fallentor sich schließt – und du sitzt drinnen fest!

[26]

Gerade noch rechtzeitig, im entscheidenden Moment kurz vor dem Aufgeben, das in der Verlängerung einer gänzlich negativen Wiederholung bestünde, wird Roland plötzlich zu einer Erkenntnis wachgerüttelt, die eine Klimax darstellt: der Erkenntnis, daß er in der Falle sitzt, wobei jedoch paradoxerweise gerade dies, und dies allein ermöglicht, daß er mit seiner Suche zu einem Ende kommt. Genau hier, wo das Gedicht zu seiner abschließenden Bewegung ansetzt, wird die Schwierigkeit der Interpretation besonders akut. Die Bedeutung von *Childe Roland to the Dark Tower Came* ist am problematischsten in seinen letzten fünf Strophen, die zwischen einer *askesis* durch Sieg über die Metapher und einer großartigen, vielleicht sogar triumphalen metaleptischen Rückkehr früherer Kräfte alternieren.

Wie sollen wir Rolands Perspektivierung verstehen, seine metaphorischen Gegenüberstellungen von innen und außen?

Und brennend heiß durchfuhr's mich plötzlich:
Dies war der Ort! Die beiden Hügel rechter Hand,
Geduckt wie Stiere, Horn in Horn kämpfend verfangen;
Ein hoher kahler Berg zur Linken ... Narr, du,
Du Dummkopf, stehst am Ziel und merkst es nicht,
Nach lebenslanger Vorbereitung auf ebendiesen Anblick! [27]

Metaphern für Kunst als Aktivität kreisen sehr häufig um einen besonderen Ort, an dem sich das gesteigerte Empfinden einer starken Präsenz manifestieren kann. Es ist dies, wie Hartman feststellt, ein Ort sowohl der gesteigerten Forderung als auch eines besonders intensiven Bewußtseins, das bestrebt ist, solcher Forderung durch erhöhte Repräsentationskraft zu entsprechen. Brownings Roland, der jubelnd ausruft: »Dies war der Ort!«, führt die meisten entscheidenden Varianten der Metapher für Kunst als Aktivität in sich zusammen. Roland sieht sich zugleich mit einer Gerichtsszene konfrontiert (dem »Bund« der ebenfalls gescheiterten Vorläufer) und, wahrhaft heroisch, einer Initiation oder purgatorischen Einführung, parallel zur Keatsschen in *The Fall of Hyperion* oder jener in Shelleys *The Triumph of Life*. Zum Teil verdankt sich die starke Resonanz, das ausgeprägte Gefühl der Unvermeidlichkeit in der darauffolgenden Strophe, Brownings gelungener Entscheidung für den »Dark Tower« als ultimativer Metapher für die Szene der Instruktion, die die Kunst ist:

Und mittendrin, was sonst, als der gesuchte Turm?
Der rund gedrung'ne Bau, blind wie das Herz des Narren,
Aus braunen Quadern, einzigartig
Auf der ganzen Welt. So zeigt im Sturm die Elfe
Dem Schiffer höhnisch das verborg'ne Riff,
Auf dem er strandet, erst, wenn krachend Bug und Kiel
                              zerschellt. [28]

Sollen wir, versuchsweise, den finstern Turm und die höhnische Elfe die »ödipalen Notwendigkeiten des Selbstbetrugs in Ausübung der Kunst« nennen? Oder, enger gefaßt, »Turm« und »Elfe« als Metaphern für das Mißverstehen, für die überdeterminierten und unvermeidlichen Bedeutungen, die spätzeitliche Schöpfernaturen der dichterischen Tradition aufzwingen? Der Turm steht für die Blindheit des Einfluß-Prozesses, der dasselbe ist wie der Lese-Prozeß. Neuschöpfung ist eine Katastrophe oder eine Substitution, ein Zusammenfügen und Zerbrechen in einem, vollzogen in Blindheit. Die Elfe verhöhnt den Schiffer, indem sie auf die unsichtbaren Gefahren und Hindernisse erst hinweist, »wenn Kiel und Bug zerschellt«, sprich, nachdem das neue Gedicht durch Blindheit über Blindheit gezeugt wurde. Roland liefert uns eine Parabel für sein Verhältnis zu den Ritter-Brüdern; sie gerät zu einer Parabel für Brownings Verhältnis zu den Dichtern, die vor ihm auf der Suche nach dem finstern Turm waren.

Der Turm *ist* »finster«, weil er für die Möglichkeiten und deshalb auch für die Grenzen der Metapher als solcher steht, das heißt für die Blindheit aller Innen/Außen-Perspektivierungen. Das Paradox der Perspektivierung, ich habe es im vorangegangenen Kapitel umrissen, besteht darin, daß sie vollständig vom Subjekt/Objekt-Dualismus bestimmt wird, während sie doch bessere Sicht, klareres Erkennen ermöglichen möchte. Nicht zufällig ist der größte Perspektivierer in der Dichtung Miltons Satan, denn die Wirkung einer absoluten Perspektivierung besteht in der subjektiven Auflösung allen Wissens, und somit einer Einebnung des Unterschieds zwischen faktischer Wahrheit und Unwahrheit. Im gleichen Maße wie die Tautologien des Solipsisten ist auch Satans (oder Rolands) Perspektivismus notwendig in sich selbst widersprüchlich. Der finstre Turm stand »mittendrin«, doch für Roland kann es keine Mitte geben; und seine Unfähigkeit, den Turm – nach einer lebenslangen Vorbereitung auf diesen Anblick – als solchen zu sehen, ist äußerst instruktiv.

Doch Browning, und Roland, bleiben nicht bei der Limitation, also auch nicht bei der gescheiterten Metapher, stehen:

Nicht seh'n? Weil's Nacht war, etwa? – nun, der Tag
Kam noch einmal zurück! Bevor sie ging,
Lugte die Sonne, sterbend, noch einmal hervor:
Die Hügel lagen, wie Riesen auf der Treibjagd,
Kopf in die Hand gestützt, um das gestellte Wild zu seh'n, –
»Stoßt zu jetzt! Macht dieser Kreatur den Garaus!«

Nicht hör'n? Wo lauter Lärm war allenthalben! immer lauter,
Wie einer Glocke Schall. In meinem Ohr die Namen
All der verscholl'nen Abenteurer, meinesgleichen –
Wie stark dieser gewesen sei, wie kühn ein anderer,
Und wieder einer Lieblingskind des Glücks, doch alle lang schon
Tot, verloren! ein Augenblick das Grabgeläut für jahrelange
Leiden. [29]

Diese Strophen konstituieren, zusammen mit der letzten, die darauf folgt, ein transsumptives Schema oder die Figur einer Figur, welche die ihr vorausgehenden figurativen Behauptungen Rolands im gesamten Gedicht ungeschehen machen, um bei Freuds Begriff zu bleiben. Roland ist eine späte Erscheinung, der Letzte im »Bund«, und doch macht er nun aus seinem Spät-Sein ein Früh-Sein (was zugleich ein Zerbrechen ist), wofür er scheinbar mit seinem Leben bezahlt. Der Akt der Repräsentation ist hier beides: proleptisch, Prophetie einer Zukunft, die gerade jenseits der Reichweite des Gedichtes liegt, und *preposterous*, »grotesk« durch die Umkehrung des Ewige-Suche-Musters, indem vergangenes Versagen als etwas dargestellt wird, was gar kein Versagen ist. Wie sollen wir Rolands »nun, der Tag kam noch einmal zurück« interpretieren? Realistisch betrachtet sagt es uns vielleicht, daß Rolands Zeitgefühl im langen Mittelteil des Gedichts einer Täuschung unterliegt, denn die Sonne, die »sterbend, noch einmal hervorlugt«, ist möglicherweise identisch mit dem »roten Blick« der Sonne am Ende von Strophe VIII. Ob dem nun so ist oder das letzte Aufflammen der untergehenden Sonne eine Art Lapsus der Natur ist: auf jeden Fall baut Roland eine Trope über einer früheren Trope, die er damit zugleich ungeschehen macht. Er lenkt auf diese Weise die Aufmerksamkeit auf die Rhetorizität seines Schlußstatements, indem er sein eigenes Wortbewußtsein ebenso wie das des Lesers weckt – auf eine Art, die Nietzsches *Zarathustra* recht verwandt ist. Seine rhetorischen Fragen »Nicht seh'n?« und »Nicht hör'n?« werden zu Hyperbeln von Hyperbeln und machen die vormals grotesken Erhabenheiten des Gedichts ziemlich zweifelhaft. Was er *sieht*, ist der Ort des Verfahrens, Szene der eigentlichen Probe, der er unterzogen wird, und bei diesem Gottesurteil wird es nicht um Landschaft gehen, sondern um die Wiederkehr seiner Vorgänger. Was er *hört*, sind die berühmten Namen seiner Vorgänger und die Ursachen ihres Ruhmes, das Zusammenklingen von Stärke und Verlust in einem anschwellenden Grabgesang.

Was bleibt, ist die Vision im eigentlichen Sinn, da der einmal-zerstörte Suchende in einen Seher verwandelt wird. Wo wir früher allem mißtrauten, was Roland zu sehen behauptete, sehen wir nun mitfühlend alles, was er uns sagt:

> Dort standen sie, entlang der Hügel aufgereiht, gekommen,
> Den Abschied mir zu geben – wie ein lebend'ger Rahmen
> Für ein letztes Bild! In Flammen sah ich sie,
> und alle kannt' ich wohl. Und dennoch führt' ich
> Unerschrocken das Hifthorn an die Lippen,
> Und blies. »*Zum finstern Turme kam Herr Roland.*« [30]

Die Perspektivierung durch die Metapher vom finstern Turm ist mit dieser Schlußzeile überwunden, in der Herr Roland sich als Maler seines eigenen Nachtstücks präsentiert, als Dichter mehr denn als Gegenstand seines Gedichts. Die Vorläufer-Sucher versammeln sich, um ein letztes Mal wie ein »Außen« zu seinem »Innen« auf Roland zu blicken, doch dieser hat erreicht, was Yeats die *Condition of Fire* nennen sollte, und im Licht dieser Flamme wirft *er* einen letzten Blick auf *sie*, wobei er im Gegensatz zu ihnen nicht nur *sieht*, sondern *erkennt*, was er sieht. Weil er Wissen erlangt und eine Wandlung durchgemacht hat, erkennen sie ihn nicht mehr. Unbesiegt durch sein vollkommenes Wissen, läßt er die Welt des Romans (im Freudschen Sinn) hinter sich und betritt das Reich der Prophetie, indem er in das Horn des tragischen, suizidalen, verfrühten romantischen Dichters Chatterton bläst. Die Melodie, die er spielt, ist sein Gedicht, wie wir es zu lesen haben, die Posaune einer Prophetie aufgrund seines transsumptiven Verhältnisses zur Prophetie der Romantik.

Soweit haben wir, unsere Landkarte des Mißverstehens in der Hand, das Gedicht als revisionären Text gelesen. Vor dem Raster des umfassenderen Modells unserer im dritten Kapitel beschriebenen Szene der Instruktion jedoch ist dies, in der Stufenhierarchie des Gedichte-Lesens, nur die erste Ebene der Interpretation. Als nächstes müssen wir fragen, welche Interpretation der Tradition, insbesondere des oder der zentralen

Vorläufer, uns die revisionären Rationes dieses Gedichts liefern. Auf der nächsten Stufe unserer Interpretationsleiter werden wir dann das Wort, das der spätere Dichter hervorgebracht hat, dem Rivalenwort des Vaters gegenüberstellen, anschließend eine weitere Stufe erklimmen – die Stufe des Kontrasts zwischen rivalisierenden Inspirationen oder Musen –, werden jenseits dieser Stufe zu einer Betrachtung der Übereinkunfts-Liebe zwischen den beiden Dichtern gelangen (oder einfacher: zu jenem ausdrücklichen oder impliziten Pakt, den die Späterkommenden mit dem früheren Dichter schließen) und schließlich über die Wahl-Liebe zwischen den Dichtern nachdenken, das heißt darüber, warum der späte Dichter sich vom früheren auserwählt oder gefunden fühlte und was dies für sein Gefühl des Berufen-Seins bedeutete.

Es ist wichtig festzuhalten, daß ich bisher so gut wie alle Überlegungen zur Dichtungstradition ausgeklammert habe, die Browning prägte, ebenso die Darstellung von Brownings Verhältnis zu einem bestimmten Vorläufer und alles, was man üblicherweise die »Quellen« von *Childe Roland to the Dark Tower Came* nennen würde: ich will damit unmißverständlich den Unterschied zwischen dem, was ich »dichterischen Einfluß« nenne, und den sogenannten »Quellenuntersuchungen« klarmachen. Antithetische Literaturkritik als praktische Lektüredisziplin beginnt mit einer Analyse des Mißverstehens oder des Revisionismus durch die Beschreibung bestimmter revisionärer Rationes, geleitet von einer Untersuchung der Tropen, der Bildlichkeit oder psychologischen Abwehrvorgänge, je nach den Präferenzen des einzelnen Lesers. Die Einbeziehung der Literaturgeschichte, so wünschenswert sie ist, gehört nicht zu den unabdingbaren Voraussetzungen für eine Untersuchung des Mißverstehens. Allerdings sieht man sich, sobald man Literaturkritik in einem tieferen Sinn betreiben will und sich fragt, welche Interpretation ein Gedicht liefert, unweigerlich mit dem Vorgängertext oder -texten im selben Maße konfrontiert wie mit dem späten Gedicht selbst.

Shelley ist der Verborgene Gott des Universums, das *Childe Roland to the Dark Tower Came* schafft. Es ist *seine* Präsenz, die das Gedicht zu entleeren sucht, und es ist *seine* Kraft, die dem Gedicht Kraft gibt. Diesem Kampf und Kräftemessen entspringt die Form von Brownings Gedicht, die letztlich aus der *Differenz* zwischen den rivalisierenden Kräften von Dichter-Vater und Dichter-Sohn lebt. Ich würde Paul de Man darin zustimmen, daß alle starken Gedichte ein authentisch selbstverneinendes Element enthalten, ein genuin epistemologisches Moment, doch würde ich stets darauf beharren, daß dieses Moment in *ihrem Verhältnis zu einem vorausliegenden Gedicht* begründet liegt, einem Verhältnis, das unweigerlich subjektzentriert bleibt, da im Mittelpunkt immer ein Verhältnis von Subjekt zu Subjekt steht. In *Childe Roland* tritt dieses Moment erst ganz am Schluß, in der letzten Strophe, in Erscheinung. Dort verneint Roland den größeren Teil seines Gedichts, eine Verneinung, die das Gedicht eher stärkt als schwächt, weil Roland hier einen einzigartigen Erkenntnisakt erleidet, einen Akt, der sowohl seine persönliche Vergangenheit erhellt wie die Tradition, in der er steht, wenn auch auf Kosten der Präsenz *und* der Gegenwart. Mit »Präsenz« meine ich beides, Rolands Selbst-Präsenz und die virtuelle Existenz aller Gegenkräfte im Gedicht, die nicht aus Rolands Verinnerlichung der Vorgänger erwachsen.

Ich möchte eine ausdrückliche, allerdings reduktive und daher vereinfachte Gesamtinterpretation des Gedichtes vorschlagen, fest verankert im Modell des Mißverstehens, dem ich auf der Spur bin. Kein Ungeheuer, dem sich Roland entgegenstellen müßte, wartet vor oder in jenem finstern Turm; der Turm ist fensterlos und unbewohnt, blind wie Rolands Narrenherz. Narr, *fool*, geht zurück auf lateinisch *follis* für »Blasebalg«, also war der Narr ursprünglich ein *windbag* oder Windbeutel; die Wurzel *bhel* bedeutet etwa »aufblasen, blähen, anschwellen« – was dem Ton, den Roland am Schluß seinem Horn entlockt, einen triumphierenden Klang verleiht.

Im *Rolandslied* ist dieser Akt ein Signal für Rolands Freunde, der tödlich verwundete Roland entlockt den Ton seinem Horn beinahe mit dem letzten Atemzug. Unseres Herrn Rolands Freunde hingegen sind entehrt und tot, und verwundet ist lediglich sein Herz – durch die blinde Narrheit, das Scheitern förmlich herauszufordern. Und doch spüren wir als Leser gegen Ende des Gedichts, daß ein Tod, zumindest ein Kampf auf Leben und Tod, bevorsteht. Wenn Roland am Schluß allein ist, wie er es während des ganzen Gedichts war: wer ist dann sein Antagonist? Gewiß nicht der »Bund« der Brüder und Vorgänger, denn sie stehen am Schluß gut sichtbar vor uns. Möglicherweise fungieren sie als eine Art Gerichtshof, auf alle Fälle jedoch sind sie da, um zu sehen und gesehen zu werden, nicht, um zu handeln.

Allein Roland ist da, allein er kann beides sein, Held und Bösewicht in einem, allein Roland kann Roland durch sein Hornblasen warnen. Er steht vor Gericht, gegen sein eigenes antithetisches Unterfangen und auch, sei es noch so liebevoll, gegen seine Vorgänger, die ihm antithetisch gegenüberstehen. Sein Stoß ins Horn ist eine Interpretation dessen, was seine Vorgänger unternommen hatten, und das bedeutet, daß dieses Gedicht zu Brownings Interpretation eines Gedichts wie Shelleys *Ode to the West Wind*, vielleicht überhaupt der gesamten Dichtung Shelleys, gerät. Roland sieht sich selbst am Schluß endlich als der, der er ist, der einsame Dichter-Sucher, den *penseroso* so gefährlich verinnerlicht, daß er anti-natürlich, sprich: antithetisch geworden ist, ein Gegen-Spieler, eine Figur gegen alle Kontinuitäten, die dem »natürlichen Menschen« das Leben möglich machen. In Roland, einem Verwandten von Tennysons Ulysses, kulminiert die Entwicklung, die seine unmittelbaren Vorfahren durchmachten: Wordsworths Einzelgänger in *The Excursion*, Byrons Childe Harold, Shelleys Dichter-Wanderer in *Alastor* und *Prince Athanase*. Denken wir nur an folgende Verse aus Shelleys *Athanase*-Fragment, die Yeats unaufhörlich verfolgten:

Der Weisheit hatte seine Seele sich vermählt, und ihre Mitgift
Sind Liebe und Gerechtigkeit, in die gehüllt er abseits saß,
Fern von den Menschen, einsam, wie in einem Turm,

Voll Mitleid ob der dunklen Wirrnis ihres Seins. [31]

Rolands Turm ist eher dem weniger idealisierten Turm aus
Shelleys *Julian and Maddalo* verwandt:

Ich blickte auf, und zwischen der Sonne und uns sah ich
Auf einer Insel ein Gebäude; von der Art
Wie sie der Lauf der Zeit zusammenstückelt, für gemeine Zwecke,
Ein fensterloser, trostlos ungestalter Haufen;
Und obendrauf ein offner Turm, mit einer
Glocke, im Glanz der Sonne schwingend, hin und her;
Gerade noch vernahmen wir den heisern Klang der erz'nen
                                        Stimme:
Die breite Sonne sank hinter ihr, die
Stark und schwarz, erleichtert, schlug. [32]

Dem können wir einen Ausschnitt aus Brownings *Essay on
Shelley* gegenüberstellen, in dem Browning das Bild von sich
präsentiert, dem er gern entsprochen hätte, das Bild eines dramatischen, »objektiven« anstelle eines Shelleyschen »subjektiven« Dichters wie Roland:

Stand eine Persönlichkeit dieses Schlags wie ein offener Wachturm
mitten auf dem Gelände, auf dem er errichtet war, um von ihm aus
dieses Gelände zu überblicken [...]? Oder legte irgendeine tiefver-
senkte dunkle Bilderkammer Zeugnis davon ab [...], wie selten
einem, durch einen Spalt hier oder da, Ausblick auf eine Welt jenseits gewährt wird, und wie kostbar solche Ausblicke sind [...]?

Roland ist gekommen – aber nicht zu einem offenen Wachturm, weder von Athanases noch von Brownings »objekti-
vem« Dichter, sondern zum Irrenhaus von *Julian and Maddalo*. Sein Solipsismus, der aufrecht bleibt bis zu seinem
Gottesurteil-durch-Landschaftsprobe, müßte uns lückenlos
und somit als ein Irresein erscheinen, wäre da nicht seine finale
Vision der Vorgänger, eine Vision, die sein Empfindungsver-
mögen für Andersheit rettet, verhindert, daß ihm jede Ab-

sicht, jedes Ziel entgleitet, und damit seinen letzten Akt mit Sinn erfüllt. Und doch verdankte sich die Phatasmagorie seiner Suche am Ende seinem Grauen vor der Vergangenheit, setzte gerade seine Angst zu scheitern, wie die Vorgänger gescheitert waren – eine Angst, die sich dennoch zu jener sympathetischen Antipathie (Kierkegaards Begriff der Angst) wandelt, die seine Suche motivierte. Roland triumphiert letztlich, indem er scheitert, wie seine Vorgänger scheiterten, und indem er erkennt und somit *weiß*, daß auch deren »Scheitern« ein Triumph war. Jeder einzelne von ihnen fand sich allein vor dem finstern Turm wieder, konfrontiert mit sich selbst als Gegner in einer Szene der Instruktion, konfrontiert mit dem Maßstab, der die zusammengesetzte Gestalt der Vorläufer ist. Der finstre Turm ist das selbstverneinde Element der künstlerischen Tätigkeit und Roland das poetische Bewußtsein, wie es nicht gefährlicher sein kann, für sich selbst und für alle anderen, eine lodernde Feuerschneise durch Die Natur und damit durch alles im Selbst, was nicht Die Imagination ist.

Als Ergebnis eines Mißverstehens bedeutet *Childe Roland to the Dark Tower Came* jenes Zusammenspiel von Tropen, Abwehrformen und Bildern, mit dem wir uns auseinandergesetzt haben; als *lidrosch*, »Interpretation«, bedeutet es eine entidealisierende Shelley-Kritik (allerdings eine sehr liebevolle Kritik, die nicht so sehr die verschwenderische Kraft von Shelleys prophetischem Trompetenstoß betont, sondern eher den Preis, den er kostet – und den zuzugeben sich der unerbittlich noble Shelley niemals herabließe). Als geäußertes Schöpferwort Brownings schließlich hebt sich *Childe Roland* deutlich von Shelleys psychologisch weniger erhellendem Wort ab, denn Browning ist eine Ansammlung vieler Personen, während Shelley viel mehr von einem Einzelwesen hat. Ist Shelleys Inspiration eher orphisch, so ist Brownings weniger konditioniert und absoluter, dem Solipsismus und dem Wahnsinn näher. Die Übereinkunft zwischen Shelley und Browning schreit nach der Weigerung, einen Kompromiß mit irgend etwas einzugehen, was nicht in sich selbst solitär und imaginativ ist; diese Übereinkunft hat Browning gebrochen und folglich Schuldgefühle, die im gesamten Monolog Rolands präsent sind. Doch die Wahl-Liebe brennt heftig weiter, in Brownings »Condition of Fire«, wie sie in Yeats' weiterbrennen wird, denn das Gefühl, berufen zu sein, wird in Roland wie in Browning durch Shelleys kompromißloses und somit ebenso inspirierendes wie züchtigendes Beispiel fortwährend erneuert. Eine umfassendere Lektüre von *Childe Roland*, als ich sie hier entwickeln kann, würde sich durch alle diese Kontraste hindurch hocharbeiten müssen. Aber schon jetzt können wir einige Mutmaßungen über die Schlußfolgerung vorwegnehmen, wenn auch vorsichtig und tastend. Rolands zweideutiger Triumph ist mehr ein Beispiel für die Kierkegaardsche »Wiederholung« als für die Platonsche »Erinnerung« oder Hegels »Vermittlung«, allein schon, weil die romantische Transsumption oder Trope-auf-Trope zu einer projektiven oder introjektiven Haltung führt, deren bewußt anti-platonischen und anti-hegelianischen Theoretiker wir in Kierkegaard vor uns haben. Roland verweigert sich gerade dem Golgatha des Absoluten Geistes, das Hegel am Ende seiner *Phänomenologie* verkündet:

[…] Das Wissen kennt nicht nur sich, sondern auch das Negative seiner selbst oder seine Grenze. Seine Grenze wissen heißt, sich aufzuopfern wissen. Diese Aufopferung ist die Entäußerung […]. In ihr hat er ebenso unbefangen von vorn bei ihrer Unmittelbarkeit anzufangen und sich von ihr auf wieder großzuziehen, als ob alles Vorhergehende für ihn verloren wäre und er aus der Erfahrung der früheren Geister nichts gelernt hätte. Aber die *Er-Innerung* hat sie aufbewahrt und ist das Innere und die in der Tat höhere Form der Substanz. Wenn also dieser Geist seine Bildung, von sich nur auszugehen scheinend, wieder von vorn anfängt, so ist es zugleich auf einer höheren Stufe, daß er anfängt. Das Geisterreich, das auf diese Weise sich in dem Dasein gebildet, macht eine Aufeinanderfolge aus, worin einer den anderen ablöste und jeder das Reich der Welt von dem vorhergehenden übernahm. […]

Gegen diese hochidealistische Ansicht dessen, was im wesentlichen den Einflußprozeß beschreibt, können wir eine der zentralen Einsichten Kierkegaards setzen:

[...] Es gehört Jugend dazu, um zu hoffen, Jugend dazu, um sich zu erinnern, aber es gehört Mut dazu, die Wiederholung zu wollen. [...] denn die Hoffnung ist eine lockende Frucht, die nicht satt macht, die Erinnerung ist ein kümmerlicher Zehrpfennig, der nicht satt macht, die Wiederholung aber ist das tägliche Brot, welches satt macht und dabei segnet. Wenn man das Dasein umschifft hat, so wird es sich zeigen, ob man Mut hat zu verstehen, daß das Leben eine Wiederholung ist, und Lust hat, sich an ihr zu erfreuen. [...] Die Wiederholung, sie ist die Wirklichkeit und des Daseins Ernst. [...]

Von Hegel können wir fortschreiten zu Mallarmés *Igitur* und einer erhellenden Beobachtung Paul de Mans dazu, so wie wir von Kierkegaard aus zurückgehen können zu *Childe Roland* und der kritischen Methode, die ich zu entwickeln suche. Im Zuge seiner Gedanken über *Igitur* bemerkt de Man, daß bei Baudelaire und (unter dessen Einfluß) bei Mallarmé *ennui* kein persönliches Gefühl ist, sondern die Folge einer Vergangenheit, die zur Bürde geworden ist. Ein Bewußtsein weiß sich endlich selbst als ein negatives und endliches. Es sieht, daß auch andere sich auf diese Weise wissen, und transzendiert so die negative und endliche Gegenwart, indem es die universale Natur dessen sieht, zu dem es selbst wird. Deshalb sagt de Man über Mallarmés Sichtweise, die er mit Hegels vergleicht, daß wir uns »entwickeln, indem wir die Herrschaft über unsere natürliche Angst und Entfremdung erlangen und sie in die Wahrnehmung und in das Wissen um Andersheit verwandeln«.

Der Unterschied zwischen Hegel und Kierkegaard entspricht auch einem Unterschied zwischen Mallarmé und Browning, wie sich zeigt, und, in literaturkritischer Sicht, dem Unterschied zwischen einer dekonstruktivistischen und einer antithetischen Auffassung der kritischen Praxis. Kierkegaards

»Wiederholung« steht dem wechselseitigen Ausbeutungsverhältnis zwischen starken Dichtern – einer Wechselseitigkeit, die die Toten beinahe so sehr betrifft wie die Lebenden – näher als ihr hegelianischer Rivale (oder ihr nietzscheanisch-heideggerscher Abkömmling). Insofern als ein Dichter authentisch Dichter ist und bleibt, muß er andere Dichter ausschließen und verleugnen. Am Anfang muß jedoch das Einschließen und Anerkennen eines oder mehrerer Vorgänger-Dichter stehen, denn einen anderen Weg, Dichter zu werden, gibt es nicht. Wir können also sagen, daß ein Dichter *als Dichter* nur *erkennbar wird* durch jenes vollkommen widersprüchliche Einschließen/Ausschließen und Verneinen/Bejahen, das sich in der Folge psychischer Abwehrvorgänge als ein Introjizieren/Projizieren manifestiert. »Wiederholung« ist es, mehr noch als Nietzsches »Ewige Wiederkehr Aller Dinge«, was sich rhetorisch im Schema der Transsumption manifestiert, wobei die Opferung des Gegenwärtigen die widersprüchlichen Bewegungen der Psyche kompensiert.

Roland ist nicht durch seine Vorgänger »vermittelt«; sie distanzieren ihn nicht von der Geschichte, um ihn im Geiste zu befreien. Der letzte Akt unerschrockenen Mutes, den Herr Roland vollzieht, liegt darin, die Wiederholung zu wollen, seinen Platz in der Gemeinschaft der Zerstörten anzunehmen. Roland erklärt uns implizit, das Gegenwärtige sei nicht so sehr negativ und endlich als vielmehr gewollt, wenn auch das Wollen niemals das Werk eines individuellen, allein aus sich heraus tätigen Bewußtseins ist, sondern verstrickt in eine dialektische Bewegung von Subjekt zu Subjekt, der das Gegenwärtige zum Opfer fällt – geopfert nicht den Energien der Kunst, sondern für den tragischen Sieg des Beinahe-Solipsisten über sich selbst. Rolands Negativität ist weder ein Moment der Selbstaufgabe noch des Selbstverlustes im Tod oder im Irrtum, sondern die Negativität der Selbsterkenntnis, eines Wissens, das seine Kraft in den Dienst einer schicksalhaften, immer schon überschatteten Liebe zu anderen stellt – in der

Erkenntnis, daß diese anderen, wie Shelley etwa, auf großartigere Weise ihr Wissen und seine Kraft der Liebe unterwarfen, und sei sie noch illusorisch. Oder einfach: Herr Roland stirbt, wenn er denn stirbt, im Glanz eines Spät-Seins, das sich selbst annehmen kann. Er endet in Stärke, weil seine Vision aufgehört hat, die Welt zu zerbrechen und zu deformieren, und begonnen hat, ihre gefährliche Macht den eigenen Abwehroperationen zuzuwenden. Roland ist der moderne Dichter-als-Held und sein anhaltender Mut, dem Ansturm der eigenen Phantasmagorien zu trotzen und heraufzutauchen ins Feuer, ein Vorzeichen für die fortdauernde Lebensfähigkeit starker Dichtung.

Dritter Teil

Benutzung der Karte

7. Milton und seine Vorgänger

Kein Dichter ist Milton vergleichbar in der Intensität seiner Selbst-Bewußtheit als Künstler und seiner Fähigkeit, alle negativen Konsequenzen einer Unternehmung dieser Art zu überwinden. Miltons äußerst absichtsbewußtes und bewußt ehrgeiziges Programm verwickelte ihn notwendig in einen unmittelbaren Wettkampf mit Homer, Vergil, Lukrez, Ovid, Dante und Tasso, neben anderen wichtigen Vorgängern. Es brachte ihn auch, mit stärkerer innerer Beteiligung und stärkeren Angstgefühlen verbunden, in große Nähe zu Spenser, dessen tatsächlicher Einfluß auf *Paradise Lost* tiefer, subtiler und weitläufiger ist, als bisher von der Literaturwissenschaft erkannt. Die tiefgehendste Angst allerdings hängt mit den ultimativen Ambitionen von *Paradise Lost* zusammen, die Milton vor das Problem stellten, die Heilige Schrift zu dehnen, ohne das Wort Gottes zu verzerren.

Ein Leser, der sich Gedanken über Miltons Stil macht, wird vermutlich bald das distinktive Merkmal dieses Stils in der Dichte seiner anspielungsreichen Redeweise erblicken. Nur Gray vielleicht kann sich in dieser Hinsicht mit Milton messen, und selbst Gray ist nicht mehr als eine Fußnote, wenn auch eine wichtige und wertvolle, zur Miltonschen Pracht. Miltons dichterischen Anspielungen liegt ein charakteristischer Entwurf zugrunde, der sowohl die Qualität wie auch die Reichweite seiner Neuerungen zu steigern vermag. Sein Umgang mit der Anspielung ist eine äußerst individuelle und originelle Abwehr gegen die Dichtungstradition, seine revisionäre Schreibhaltung, die hervorbringt, was man wohl, in der Nachfolge von Homers primärer und Vergils, Ovids und Dantes sekundärer Epik, als »tertiäre Epik« bezeichnen müßte. Vor allem aber ist die Anspielung Miltonscher Prägung die entscheidende revisionäre Ratio, durch die sich *Paradise*

Lost von seinem gefährlichsten Vorläufergedicht, der *Faerie Queene*, distanziert – dem gefährlichsten deshalb, weil Spenser damit ein nationales Versepos gelungen war, ein volkssprachliches Epos im Dienste moralischer und theologischer Glaubensinhalte, die sich nicht sehr von Miltons eigenen unterscheiden.

Die Karte des Mißverstehens, die ich im fünften Kapitel skizziert habe, bewegt sich zwischen den Polen der *illusio* – der Ironie als Redefigur beziehungsweise jene Reaktionsbildung, die ich *clinamen* genannt habe – und der Anspielung, *allusio*, insbesondere als Schema der Transsumption oder metaleptischen Umkehr, der ich den Namen *apophrades* gegeben und den Abwehrvorgängen der Introjektion und Projektion analog gesetzt habe. Wie die gemeinsame Wortwurzel anzeigt, sind *illusio* und *allusio* auf eigenartige Weise miteinander verbunden, beide eine Art (unzulängliche) Nachahmung (*mockery*) – etwa im Sinne des Titels von Geoffrey Hills Gedicht auf Campanella: »Men are a mockery of Angels«. Die Geschichte der Bedeutung des Wortes *allusion* im Englischen führt von *illusion* zu *pun* oder »Wortspiel« ganz allgemein in der Frührenaissance. Schon zur Zeit Bacons jedoch bedeutete es jede Art der symbolischen Gleichsetzung, ob in Form einer Allegorie, Parabel oder Metapher: so zum Beispiel, wenn in *The Advancement of Learning* die Dichtung in eine »narrative, repräsentative und allusive« eingeteilt wird. Eine vierte, die noch heute gültige moderne Bedeutung, setzt sich bereits im frühen 17. Jahrhundert durch; sie verweist auf eine mitgemeinte, indirekte oder versteckte Referenz. Die fünfte Bedeutung, die immer noch unkorrekt ist, aber vermutlich bleiben wird, setzt *allusion* gleich mit direkter, offener Referenz. Da die Wurzel des Wortes »spielen mit; verspotten; nachmachen; über etwas scherzen« bedeutet, läßt es sich mühelos mit Wörtern wie *ludicrous* (»lächerlich«) und *elusion* (»schwer festzumachen«, »Unfaßbarkeit«) in Verbindung bringen, woran wir uns später noch erinnern werden.

Thomas McFarland, der Coleridge auf glänzende Weise gegen endlos wiederholte Plagiatsvorwürfe in Schutz nimmt, hat vorgeschlagen, den »Plagiarismus« als eine siebente Ratio des Revisionismus aufzunehmen. *Allusion* oder Anspielung ist jedoch als Ratio umfassend genug, um den »Plagiarismus« auch unter der Bezeichnung *apophrades*, dem *gilgul* der lurianischen Kabbalisten (siehe Einleitung), zu enthalten. Anspielung als verborgene Referenz wurde unter Miltons Kontrolle zur mächtigsten und erfolgreichsten Figuration, deren sich je ein starker Dichter gegen seine starken Vorgänger bediente.

Für Milton, der sich weigerte, den Geist von der Materie zu scheiden, wäre es nicht in Frage gekommen, ein bloßer Empfänger zu sein, Objekt der Beeinflussung durch ein Subjekt. Seine antidualistische Haltung und die Art, wie er dem Einfluß wehrt, stehen beide in enger Verbindung mit seinem Lobpreis einer *Lust* vor dem Fall, seinem Appell nicht so sehr an die Sinne des Lesers als vielmehr an des Lesers Sehnsucht nach dem erweiterten Sinnesempfinden namens Eden. Genau dies ist das Herzstück seines Einflusses auf die Romantiker – und die Ursache dafür, daß er sie an Größe übertraf, denn was er für sich und aus sich selbst heraus zu tun vermochte, machte sie gerade unfähig, dasselbe zu tun. Was ihm gelungen war, wurde für sie Ausgangspunkt und Quelle der Inspiration, zugleich aber der Pfahl in ihrem Fleisch und die Quelle ihrer Pein.

Doch auch Milton hatte seinen Ausgangspunkt, nämlich Spenser, den »sanftesten Hirten, der je […] die Flöte blies«, »weise und ernst«. »Milton hat mir zugegeben, daß Spenser sein Vorbild war«, bezeugte Dryden, doch die Vaterschaft bedurfte solcher Anerkennung gar nicht. Eine dunklere Anerkennung lesen wir aus Miltons erstaunlichem Irrtum über Spenser in *Areopagitica*, entstanden mehr als zwanzig Jahre vor der Vollendung von *Paradise Lost*:

Aus der Schale eines einzigen gekosteten Apfels sprang die Kenntnis von Gut und Böse wie ein zusammengewachsener Zwilling in die Welt. Und vielleicht ist dies das Urteil, dem Adam verfiel, nämlich Gutes und Böses zu kennen, das heißt, das Gute durch das Böse zu erkennen. Wie also jetzt die Natur des Menschen ist, welche Weisheit kann ergriffen, welche Enthaltsamkeit geübt werden, ohne die Kenntnis des Bösen? Nur wer das Laster mit all seinen Lockungen und scheinbaren Freuden erkennen und bedenken und dennoch von ihm abstehen, dennoch klar sehen und vorziehen kann, was in Wahrheit besser ist, nur der ist ein wahrhaft christlicher Erdenpilger. Ich kann die flüchtige Klostermauertugend nicht preisen, die, ungeprüft und unerprobt, niemals sich dem Kampf stellt und ihrem Gegner ins Auge sieht, sondern sich dem Wettlauf entzieht, in welchem um den unsterblichen Kranz gerannt werden soll, nicht ohne Staub und Hitze. Wir kommen sicherlich nicht rein, sondern vielmehr unrein auf die Welt; was uns reinigt, ist der Kampf, und Kampf ist nur durch Gegensatz. Die Tugend daher, welche nur ein Jüngling in der Betrachtung des Bösen ist, und nur in Unkenntnis des Höchsten, was das Laster seinen Anhängern verheißt, es verwirft, ist nur blanke Tugend, keine reine, und ihr weißes Gewand nichts wert. Dies war der Grund, warum unser weiser und ernster Dichter Spenser, den ich offen für einen besseren Lehrer als Scotus oder Aquinas halte, bei der Schilderung wahrer Mäßigung in der Person des Guyon, ihn mit seinem Pilger durch die Höhle des Mammon und die Laube der Wollust führt, auf daß er sehen und erkennen und dennoch entsagen möge.

Spensers Höhle des Mammon ist Miltons Hölle; weit lauter als in den Homerischen und Vergilschen Abstiegen in die Unterwelt, lauter sogar als in Dantes Vision hören wir in *The Faerie Queene* das Echo einer Präfiguration der Bücher I und II von *Paradise Lost*. Gegen Acrasias »Laube der Wollust« erfreut sich Guyon der moralischen Führung durch seinen unbeirrbar standhaften Begleiter, doch in Mammons Höhle muß Guyon notwendig auf sich allein gestellt bleiben, so wie Adam und Eva der Versuchung in Abwesenheit des freundlichen Raphael widerstehen müssen. Guyon bleibt standhaft, wenn es ihn auch einiges kostet, Adam und Eva fallen; beides jedoch, das Durchhalten wie das Scheitern, geschieht in Unabhängigkeit. Es ist dies nicht einfach ein kleiner Irrtum Miltons, eine kleine Erinnerungslücke, sondern eine kraftvolle Fehlinterpretation Spensers und eine starke Abwehrgeste, denn Guyon ist nicht so sehr Adams Vorgänger als Miltons eigener, das riesenhafte Vor-Bild, das der Abdiel des *Verlorenen Paradieses* nachahmt. Milton schreibt Spenser um und schafft auf diese Weise *größere Distanz zwischen seinem Dichtervater und sich selbst*. Der heilige Augustinus setzte Erinnerung mit dem Vater gleich; wir dürfen also wohl in einer so außergewöhnlichen Erinnerungslücke wie dieser Miltonschen eine Bewegung gegen den Vater vermuten.

Miltons Verhältnis zu Spenser in seiner Gesamtheit und Fülle ist zu komplex und verborgen für jeden Versuch einer schnellen Beschreibung oder Analyse, selbst im Rahmen der in diesem Buch abgesteckten Ziele. Im Augenblick will ich lediglich die Behauptung wagen, daß Miltons transsumptive Haltung gegenüber allen seinen Vorgängern, einschließlich Spensers, in Spensers einfallsreicher und verwirrender (geradezu Joyceschen) Art gründet, seine Vorgänger, vor allem Vergil, durch seinen labyrinthischen Synkretismus zu subsumieren. Spensers Anspielungsweise hat Angus Fletcher als »Collage« beschrieben: »Collage ist Parodie, die das Augenmerk auf die *Materialien* der Kunst und des Lebens richtet.« Fletcher folgt dabei Harry Bergers Beschreibung der Spenserschen Technik als »augenfälliger Anspielung«, als »Aufnahme literarischer Standardmotive, Charaktere und Genres auf eine Weise, die deren Konventionalität betont, sofort enthüllt, daß sie sich einem Klima der Konventionalitiät – klassisch, mittelalterlich, romantisierend etc. – verdanken und in einem solchen existieren; einem Klima, das von Spensers retrospektivem Blickwinkel aus archaisch ist«. Diese allusive Collage oder Augenfälligkeit läßt sich mühelos mit Spensers eigenartig metamorphem Elegismus in Verbindung bringen, der zum bezeichnenden Erbe Spensers an alle seine Dichternachfahren von Drayton und Milton bis zu Yeats und Stevens wird. Denn mit Spenser begann jene Verinnerlichung des Suche-Romans (*quest-romance*), die in der Romantik mündet beziehungsweise in dem, was wir heute mit dem Begriff *Romantik* fassen. Der Vater von Miltons *Il Penseroso* ist der Colin Clout aus Spensers Buch VI, und auf Miltons Visionär gehen die späteren Spenserschen Transformationen des Wordsworthschen Solitärs sowie alle Kinder dieses Solitärs in all den Wanderern von Keats und Shelley und Browning und Tennyson und Yeats, bis zu ihrer parodistischen Klimax in Stevens' Komödiant Crispin zurück. Fletcher ist der Genealogie dieser Introspektion in seiner Spenser-Studie *The Prophetic Moment* nachgegangen, wobei er Shakespeares »Mittlerposition« zwischen Spenser und Milton betont: Milton habe nämlich von Shakespeare gelernt, den Spenserschen Elegismus, seine »prophetische Ader« in »transzendentale Formen« zu fassen, wie Fletcher es nennt. In *The Transcendental Masque*, seiner Abhandlung über *Comus* als eine solche Form, betont Fletcher die »umfriedete Weite«, in der Milton, wie Shakespeare, Spenserschen Klängen ein Echo gestattet, eine stark vom anspielenden Widerhall der Vorgänger geprägte poetische Diktion. *Comus* ist erfüllt von *apophrades*, der Wiederkehr der toten Dichter, allen voran Spenser und Shakespeare. Mit Berger und Fletcher möchte ich auch die Anspielungstechnik in *Comus* noch »augenfällig« nennen, also noch in der Art Spensers, noch Teil des Echo-Prinzips. Mit *Paradise Lost* jedoch hat sich die Miltonsche Anspielungsweise in einen Modus der Transsumption gewandelt, was eine radikale Veränderung der dichterischen Tradition zur Folge hatte.

Fletcher, der dämonischste und erfindungsreichste moderne Allegoriker, ist auch der beste Führer durch die Geheimnisse der *transsumptiven Anspielung*, insbesondere in einer der brillanten Fußnoten seines frühen Buches *Allegory. The Theory of a Symbolic Mode* (S. 241, Anm. 33). Im Gefolge seiner Überlegungen zum »schwierigen Redeschmuck« und dem Übergang zur Allegorie im modernen Sinn macht sich Fletcher Gedanken über Johnsons ambivalente Haltung zu Miltons Stil. In seinem *Life of Milton* bemerkt Johnson, die »Hitze von Miltons Geist« habe »seine Gelehrsamkeit sublimiert«. Laut Hazlitt, einem sehr viel weniger ambivalenten Bewunderer Miltons, hatte dessen Gelehrsamkeit denselben Effekt wie sonst die Intuition. Und doch erweist Johnson, obwohl so viel widerwilliger, Milton die größere Ehre, da dessen Hunger nach Imagination Johnsons eigenen, immensen, bei weitem übertraf, wie er selbst einräumt:

Was immer sein Gegenstand war, er erfüllte damit unweigerlich die Einbildungskraft. Doch seine Bilder und Beschreibungen von Schauplätzen oder Handlungen der Natur scheinen nicht immer nach dem Original entstanden zu sein, oft fehlt es an Frische, an Ursprünglichkeit oder unmittelbarer Beobachtung. Er sah die Natur, wie Dryden sich ausdrückt, *durch die Brille der Bücher*, und ruft in den meisten Fällen die Gelehrsamkeit zu Hilfe. [...]

[...] Doch er läßt sich nicht von den engen Grenzen des strengen Vergleichs einschränken: seine Stärke ist der große Radius, und er erweitert das Nebenbild über die Notwendigkeiten des Anlasses hinaus. So bestürmt er zum Beispiel, wenn er Satans Schild dem Mond vergleicht, unsere Vorstellungswelt mit der Entdeckung des Teleskops und allen Wundern, die das Teleskop uns entdeckt.

Johnsons Hervorhebung der Anspielung bei Milton inspiriert Fletcher, Miltons Art der Anspielung mit der Trope der Transsumption oder Metalepse, Puttenhams »Weitherholer«, zu vergleichen:

Johnson betont die Anspielung bei Milton: Die »Brille der Bücher« ist ein Instrument der Erhabenheit, denn der Leser wird überall von einer Szene zu einer allusiven zweiten Szene geführt, von dort zu einer dritten und so fort. Johnsons Milton schreibt, so könnten wir sagen, einen »transsumptiven« Stil. [...]

Hier der Abschnitt aus *Paradise Lost*, der Johnsons Beobachtung in Gang brachte (I, 283-313); Beelzebub hat Satan gedrängt, das Wort an seine gefallenen Legionen zu richten, die immer noch, »Erstarrt durch grausen Wechsel des Geschicks«, auf dem Flammenmeer liegen:

> Kaum schwieg er, als der Feinde Haupt dem Ufer
> Sich zubewegte. Sein gewicht'ger Schild,
> Von härtstem Stoff, gediegen, breit und rund,
> Hing auf den Schultern ihm, dem Monde gleich,
> Nach dessen Scheibe der *toscan'sche* Künstler
> Nachts von *Valdarno* oder *Fiesole*
> Durch das geschliffne Sehrohr forschend schaut,
> Um auf der fleck'gen Kugel neues Land
> Mit Strömen und Gebirgen zu entdecken.
> Sein Speer, verglichen dem die stärkste Tanne,
> Gefällt auf *Norwegs* Bergen, die als Mast
> Von einem großen Admiralschiff ragt,
> Ein Stab nur ist, stützt seine Schmerzensschritte
> Auf brennendem Gestein: fürwahr kein Gang
> Auf himmlischem Azur, denn glüh'nde Luft
> Umschloß ihn rings wie feuriges Gewölb.
> Er aber schritt hindurch bis an den Rand
> Des Flammensees; hier stand er still, und rief
> Den Legionen seiner Engel zu.
> Sie lagen dicht wie Herbstlaub, hingestreut
> Auf *Vallombrosas* Bäche, wo die Schatten
> *Hetruriens* sie umlauben, oder wie
> Gehäuftes Schilfgras, wenn mit Sturm *Orion*
> Das Rothe Meer gepeitscht, deß Wogenfluth
> *Busiris* und sein stolzes Heer verschlang,
> Als treulos sie von *Memphis* her dem Volk
> Aus *Gosen* folgten, das vom sichern Strand
> Im Wasser ihre Leichen und die Trümmer
> Zerbrochner Wagenräder schwimmen sah.
> So dicht die Fluth bedeckend lagen sie,
> Erstarrt durch grausen Wechsel des Geschicks. [33]

Die Transsumption der Vorgänger wird hier dadurch erreicht, daß Milton die »Weitherholung« von Homer, Vergil, Ovid, Dante, Tasso, Spenser, der Bibel einer einzigen beinahe-zeitgenössischen Referenz – Galileo, dem »Toskanischen Künstler«, und seinem Teleskop – gegenüberstellt. Miltons Ziel ist es, das eigene Spätkommen in ein Früh-Sein zu verwandeln und den zeitlichen Vorsprung der Tradition, in der er selbst steht, in etwas Späterkommendes. Die kritische Frage, die wir an diese Stelle zu richten haben, lautet, warum Johnsons »Nebenbild«, Galileo und das Teleskop, überhaupt da ist. Johnson impliziert die richtige Antwort: weil die Erweiterung dieses anscheinend extrinsischen Bildes die Vorstellungswelt des Lesers bestürmt, wobei es Milton die wahre Priorität – nämlich der *Interpretation* – verleiht, die Kraft der Lektüre, die auf ihrer eigenen Einzigartigkeit und Richtigkeit beharrt. Indem er Tropen über die Tropen der Vorgänger baut, zwingt uns Milton, zu lesen wie er, seine Haltung und seine Vision als unseren Ursprung zu akzeptieren, seine Zeit als die wahre Zeit. Seine Art der Anspielung introjiziert die Vergangenheit und projiziert die Zukunft, aber paradox auf Kosten der Gegenwart, die nicht entleert wird, sondern aufgegeben, wie wir sehen werden, für eine erfahrungsweltliche Dunkelheit, eine Mischung aus Staunen (über die Entdeckung) und Wehklagen (weil die Gefallene Kirche den Entdecker einsperrt). Wie Frank Kermode bemerkt, ist *Paradise Lost* ein ganz und gar zeitgenössisches Gedicht, doch ist sein Gegenwartsempfinden gewiß, und notwendigerweise, mehr Trauer über das Verlorene als Freude am Vorhandenen.

Miltons gigantisches Simile, das Satans Schild dem Mond vergleicht, spielt auf das Schild des Achilles in *Ilias* XIX, 373-380 an:

[…] und nahm alsdann den wuchtigen großen
Schild; der leuchtete weit hinaus mit dem Glanze des Mondes.
So, wie draußen im Meer der Glanz des brennenden Feuers
Segelnden Schiffen erscheint – hoch auf den Bergen entzündet,
Brennt es im einsamen Hof –, indes mit Gewalt sie die Winde
Fern von den Freunden entführen auf fischdurchwimmeltem
                                     Meere:

Also stieg von dem schöngeschmiedeten Schild des Achilleus
Auf zum Äther der Glanz.

Milton hat aber auch den Schild der Radigund in *The Faerie
Queene* (V, v, 3) im Auge:

> Und über ihrer Schulter hing der Schild,
> Verziert mit Steinen, funkelnd, strahlend hell,
> So wie der schöne Mond im vollsten Rund,
> Diesem in jeder Hinsicht wohl vergleichbar. [34]

Radigund, Prinzessin der Amazonen, ist wie Achilles beherrscht von Stolz und Zorn. Satan, der beiden den Rang als
böse Eminenz abläuft, wird folgerichtig durch die Linse der
transsumptiven Vision des englischen Künstlers betrachtet, so
wie Galileo auf der Mondoberfläche sieht, was niemand vor
ihm gesehen hat. Als Milton ihn besuchte (wie er in *Areopagitica* sagt), arbeitete Galileo unter Hausarrest, verhängt durch
die Inquisition, eine Lage nicht unähnlich der Lage Miltons in
den frühen Tagen der Restauration. Homer und Spenser heben
hervor, daß die Schilde des Achilles und der Radigund hell
leuchten wie der Mond; Milton dagegen betont Größe, Form
und Gewicht als allgemeine Charakteristika des Achilleischen
Schilds und des Mondes, denn sein nach-Galileischer Mond
ist mehr Welt als Licht. Milton und Galileo kommen *spät*,
doch sie sehen mehr, und signifikanter, als die *Frühen*, Homer
und Spenser. Milton vermittelt seinen Lesern das Licht, aber
auch die richtigen Maße und Züge der Wirklichkeit, obwohl er
wie der toskanische Künstler umgeben von lebensweltlicher
Dunkelheit, gefangen in einem Jammertal von Welt, seine Arbeit vorwärtsbringen muß.

Milton bleibt nicht bei seiner wirklichkeitsnahen Vision von
Satans Schild stehen, sondern transsumiert seine Vorgänger
auch hinsichtlich Satans Speer und hinsichtlich des »Herbstlaub«-Aspekts der Satanischen Heerscharen. Satans Speer evoziert Abschnitte aus Homer, Vergil, Ovid, Tasso und Spenser –
Anspielungen, die durch den zeitgenössische Hinweis auf ein

»Admiralschiff« mit einer norwegischen Tanne als Mast transsumiert werden. Die zentrale Anspielung ist vielleicht jene auf Ovids Vision des Goldenen Zeitalters (I, 94 ff.):

Fichten fällte man nicht, um die Stämme hernieder von ihren
Höhn in die Meere zu rollen, nach fremden Ländern zu fahren;
Außer den ihrigen kannten die Sterblichen keine Gestade.
Keinerlei steil abschüssige Gräben umzogen die Städte;
Keine geraden Posaunen, nicht eherne Hörner, gekrümmte,
Gab es, nicht Helme noch Schwert, des Soldaten bedurften die
                                                           Völker
Nicht: sie lebten dahin sorglos in behaglicher Ruhe.
Selbst die Erde, vom Dienste befreit, nicht berührt von der
                                                           Hacke,
Unverwundet vom Pflug, so gewährte sie jegliche Gabe [...].

Die »Fichte«, Ovids Emblem des Übergangs vom Goldenen zum Eisernen Zeitalter, wird reduziert zu: »ein Stab nur [...]«, denn erst Satan wird in Wahrheit den Fall vom Goldenen zum Eisernen Zeitalter verursachen. So wie Satan vorher schon Achilles und Radigund subsumierte, umfaßt er nun Homers und Vergils Polyphemus, Tassos Tankred und Argante sowie Spensers stolzen Riesen Orgoglio, die er alle zugleich metaleptisch umkehrt:

                                                        Es lag da
Grad vor den Pferchen der riesige Knüppel unsres Kyklopen;
Ölbaum war er und frisch noch vom Schneiden, den wollte er
                                                        trocknen.
Dann erst ihn tragen. Wir schätzten ihn ab mit den Augen: da
                                                        schien er
Etwa der Mast eines schwarzen, zwanzigrudrigen Lastschiffs
Breitesten Baus, das die großen Schlünde der See überwindet.
                                            [*Odyssee* IX, 318 ff.]

[...]
Ihn, Polyphemus, den Hirten: er schritt zum vertrauten Gestade,
Ungetüm, grausig, unförmig, gewaltig, das Auge geblendet.
Faustumklammerter Fichtenstamm lenkt sicher die Schritte.
                                            [*Aeneis* III, 657 ff.]

Die knotenreichen Lanzen legten ein
Und richteten empor die beiden Krieger.
Nie war ein Flügelschlag von solcher Schnelle,
Nie eine Wut der Wut des Ansturms gleich,
Mit dem hier Tankred, dort Argante losfuhr.
Die Lanzen brachen an den Helmen, Splitter,
An Tausend, Stümpfe, helle Funken stoben.

[*Die Befreiung Jerusalems* VI, 40]

Riesengroß gewachsen im überheblichen Entzücken
Ob seiner hochgebor'nen Herkunft,
Und im Glauben an seine unerreichte Macht,
Blickt' er verächtlich nieder auf jede andre Macht und
                                                                          Ritterschaft.
Dergestalt ging er auf diesen Mann zu, verloren
Und dem Untergang geweiht: den stolzen Schritt gestützt
Auf eine Eiche, alt und knorrig, die er
Aus seiner Mutter Schoß gerissen und ihm nun
Die Waffe war, mit der er seine Feinde in tödliche Bedrängnis
                                                                          brachte.

Faerie Queene I, vii, x [35]

Alle diese Wilden Männer – der Kyklop Polyphem, der ungeschlachte stolze Orgoglio, Tankred und Argante, der katholi-
sche und der Zirkassische Held – werden zu späten und
geringeren Versionen von Miltons früherem und größerem Satan. Baum und Mast werden austauschbar mit dem »Knüppel«, und alle drei werden zum Emblem der Brutalität Satans
als Antichrist, gefallener Sohn Gottes, der in der Dunkelheit
seines Scheinglanzes wandelt und die Natur zum Zweck des
Krieges (zu Wasser und zu Land) pervertiert, Hiobs Leviathan
und Behemot. Miltons eigenes Zeitalter ist wieder eine lebens-
weltliche Dunkelheit – der Seekriege –, doch sein Blick zurück
auf die Satanischen Ursprünge enthüllt die volle Wahrheit, die
Homer, Vergil oder Tasso nur unvollständig spiegeln. Frag-
licher ist, ob die Transsumption Spensers Orgoglio tatsächlich
überwindet, denn er bleibt beinahe so Satanisch wie Miltons
Satan, nur daß Satan – ein Sohn des Himmels, kein Kind der

Erde, wie der ungeschlachte Orgoglio – komplexer und tief-
gründiger ist.

Die dritte Transsumption dieses Abschnitts, die Herbst-
laub-Fiktion, ist gewiß die subtilste, Miltons Größe am wür-
digsten. Er baut seine Trope hier auf Tropen des Jesaja,
Homer, Vergil und Dante, und mit der Orion-Anspielung auf
Tropen des Hiob und Vergil. Milton krönt diese Serie mit Verweisen auf *Exodus* und Ovid, läßt sie in der Gleichsetzung von
Busiris und Satan gipfeln. Diese Bewegung von gefallenem
Laub zu sternengleichem Einfluß auf die Stürme zur Überwindung eines tyrannischen Feindes ist selbst eine Art Transsumption, da Milton sich hier von Metonymie zu Metonymie bewegt, bevor er seine abschließende Reduktion durch-
führt.

Satans gefallene Heerscharen, die immer noch seine »Engel«
genannt werden, verweisen ganz unverhohlen auf ein Prophe-
tenwort des Jesaja (34,4):

Wie eine Buchrolle rollt sich der Himmel zusammen, sein ganzes
Heer welkt dahin, wie Laub am Weinstock verwelkt, wie Früchte
am Feigenbaum schrumpfen.

Milton hütet sich, dies zum Ausgangspunkt der Transsumption zu machen; seine Trope bearbeitet eine Serie von Homer,
Vergil und Dante:

> [...] was fragst du nach meinem Geschlechte?
> Gleichwie Blätter im Walde, so sind die Geschlechter der
> Menschen;
> Siehe, die einen verweht der Wind, und andere wieder
> Treibt das knospende Holz hervor zur Stunde des Frühlings:
> So der Menschen Geschlecht, dies wächst, und jenes
> verschwindet. [...]
> [*Ilias* VI, 145-150]

Zahlreich, wie in Wäldern beim ersten Froste des Herbstes
Blätter taumeln im Fall, oder wie landeinwärts vom hohen
Meere die Vögel schwärmen zuhauf, wenn Kälte des Jahres
Über die See sie jagt und treibt in sonnige Lande.

Bittend standen sie da, als erste überzusetzen,
Und sie streckten die Hände voll Sehnsucht zum anderen
Ufer.
Aber der düstere Ferge nimmt auf bald diese, bald jene,
Andere hält er weit entfernt vom sandigen Ufer.

[*Aeneis* VI, 309 ff.]

Die Seelen, nackt und müde an dem Orte,/Sah ich erbleichen, klappern mit den Zähnen,/Sobald vernommen sie die wilden Worte.

Gott und den Eltern ward geflucht von jenen,/Der Menschheit, Ort und Stunde, und dem Samen/Der Sippe und Geburten unter Tränen.

Dann sammelten sich alle, die dort kamen,/Laut weinend an dem niederträchtigen Strand,/Der aller harrt, die schmähen Gottes Namen.

Charon, der Dämon mit der Augen Brand,/Versammelt sie, ein Zeichen gebend allen;/Schlägt mit dem Ruder, wer nicht kommt gerannt.

Gleichwie im Herbste, wenn die Blätter fallen,/Das eine nach dem andern, bis der Ast/Dem Grunde abgibt alle seine Schalen,

So sah ich Adams schlimme Saat voll Hast/Sich stürzen nacheinander von der Schwelle,/Gleich Vögeln, welche ihren Pfiff erfaßt.

So gleiten sie dahin die braune Welle,/Und ehe sie erreicht die andre Seite,/Ist wieder schon ein neuer Schwarm zur Stelle.

[*Die Göttliche Komödie*, Hölle, III. Gesang]

Homer akzeptiert die grimmige Unerbittlichkeit des Prozesses; Vergil akzeptiert, doch er wehklagt mit jenen, die in seiner unvergeßlichen Vision die Hände voll Sehnsucht zum anderen Ufer strecken. Dante, den es in Vergils Nähe drängt, ist schrecklicher, denn seine Blätter fallen wie Adams schlimme Saat. Milton erinnert, wie er, in jüngeren Jahren und noch im Besitz des Augenlichts, in den Wäldern von Vallombrosa dem Herbstlaub zusah, das sich über die Bäche streute. Seine bezeichnende Metonymie von »Schatten« für »Wälder« spielt mit Vergils und Dantes Bildern der Schatten, die sich um Charon sammeln, und bringt, vermittels einer Metalepsis, Dante und Vergil ans andere Ufer, zu ihrem tragischen Homerischen Ursprung. Und wieder werden die Vorgänger projiziert, »nach vorne geworfen«, so daß sie als Späterkommende erscheinen, während Milton die prophetische Quelle Jesaja introjiziert. Das Laub fällt von den Bäumen, Generationen von Menschen sterben, weil einst ein Drittel der himmlischen Heerscharen fielen. Auch hier besteht Miltons Gegenwart aus der Grunderfahrung des Verlusts; er betrachtet keine Herbstlandschaften mehr, aber seine optische Linse, seine Kunst, läßt ihn deutlich sehen, was die Vorgänger nur dunkel, oder durch die vegetative Linse der Natur, sahen.

Durch einen Übergang zum »gehäuften Schilfgras« und dem sturmgepeitschten Roten Meer beschwört Milton Vergil wieder herauf, wobei er zwei Abschnitte über Orion zusammensetzt:

> Da stieg auf mit plötzlicher Flut Orion, der Sturmstern,
> Trieb ins Seichte uns blindlings dahin, mit rasenden Winden
> Warf er uns wütend durch Wogengewühl und weglose Klippen.
> [*Aeneis* I, 535 ff.]

> Alle Gestirne [...], die da gleiten am schweigenden Himmel:
> Den Arkturus, das Regengestirn und das Paar der Trionen
> Sieht er genau und die goldgewappnete Pracht des Orion.
> [*Aeneis* III, 515 ff.]

Alastair Fowler hat auf den Kontrast zu den parallelen biblischen Anspielungen hingewiesen:

> Weisen Sinnes und stark an Macht – wer böte ihm Trotz und bliebe heil? [...]
> Er spannt allein den Himmel aus und schreitet einher auf den Höhen des Meeres. Er schuf das Sternbild des Bären, den Orion, das Siebengestirn, die Kammern des Südens.
> [Hiob 9,4; 8-9]

> Er hat das Siebengestirn und den Orion erschaffen; er verwandelt die Finsternis in den hellen Morgen, er verdunkelt den Tag zur

Nacht, er ruft das Wasser des Meeres und gießt es aus über die Erde
– Jahwe ist sein Name.

[Amos 5,8]

Bei Vergil bedeutet der aufsteigende Orion das jahreszeitlich
bedingte Aufkommen von Stürmen. In der Bibel nehmen
Orion und all die anderen Sterne ihren Platz als reines Zeichensystem ein, ihres heidnischen Status als Mächte entklei-
det. Milton sagt *hath vexed* (»gepeitscht«), um anzuzeigen,
daß das Zeichensystem zu seiner Zeit weiterbesteht, doch er
sagt *o'erthrew* (»verschlang«), um zu zeigen, daß die Satanischen Sterne und die Heerscharen Busiris', des Pharaos – eine
Spielart des Satan –, ein für allemal gefallen sind. Vergil, noch
befangen in einer Sichtweise, der Orion als handlungsfähige
Macht galt, wird selbst wiederum in ein Zeichen des Irrtums
transsumiert.

Ich habe die Anspielungen dieses Abschnitts so ausführlich
behandelt, um an einem vollständigen Beispiel das transsumptive Schema in *Paradise Lost* zu erläutern. Johnsons Einsicht
hat sich als gültig erwiesen, denn es zeigt sich, daß das »Nebenbild« der optischen Linse keineswegs extrinsisch ist, vielmehr
ein Stilmittel, das »die Vorstellungswelt bestürmt«, indem es
eine große Menge an Transsumption auf engem Raum zusam-
mendrängt. Indem er seine Vorgänger in Serien anordnet,
verkehrt Milton figurativ sein Verpflichtetsein ihnen gegenüber ins Gegenteil, denn seine Art, sie zu plazieren, drängt sie
an einen Ort zwischen der (sorgfältig mit der biblischen Wahrheit parallel geführten) visionären Wahrheit seines Gedichts
und seiner verdunkelten Gegenwart (die er mit Galileo teilt).
Transsumption löscht die Zeit aus, denn wer Tropen auf Tropen baut, erzwingt einen Zustand der Rhetorizität, des Wort-
Bewußtseins, und negiert den Sündenfall der Geschichte. Milton tut, was Bacon zu tun hoffte: Milton und Galilei werden
zu den Alten, Homer, Vergil, Ovid, Dante, Tasso, Spenser zu
verspäteten Modernen. Der Preis dafür ist ein Verlust an Unmittelbarkeit des lebendigen Augenblicks. Miltons Sinnge-

bung ist bemerkenswert frei von der Last der Anteriorität, doch nur, weil Milton selbst schon eins ist mit der Zukunft, die er introjiziert.

Es würde zu viele Seiten in Anspruch nehmen, noch eines der transsumptiven Schemata Miltons in seinen weitreichendsten und somit wirkungsstärksten Dimensionen zu demonstrieren; ein Beispiel möchte ich jedoch noch in Umrissen erläutern, wobei ich den Text mehr zusammenfasse als zitiere und mehr zitiere, als die Anspielungen auszubreiten. Ich will damit nicht nur zeigen, daß der Abschnitt mit der »optischen Linse« in seiner Bauart keineswegs alleine dasteht, sondern auch Miltons Selbst-Bewußtsein – sein Wissen sowohl um seinen Feldzug gegen den Einfluß wie um seinen Gebrauch der Rhetorizität als Mittel der Abwehr – genauer analysieren. Unter den vielen Möglichkeiten scheint mir Buch I, Vers 670-798 dazu am besten geeignet, denn heimliches Thema dieser Bewegung, die das Erste Buch abschließt, sind die Angst vor dem Einfluß und moralische Ängste in Zusammenhang mit der Zweitrangigkeit aller dichterischen Schöpfung, einschließlich Miltons eigener. Der Abschnitt beschreibt die eilige Errichtung des Pandämoniums, Satans Palast, der aus dem Nichts entsteht, »wie hingehaucht«, und endet mit der Ratsversammlung der höllischen Würdenträger.

Diese Sequenz arbeitet im wesentlichen wieder auf eine Transsumption der Vorgänger – Homer, Vergil, Ovid und Spenser – hin, enthält aber auch triumphierende Anspielungen auf Lukrez und Shakespeare (A. Fowler hat schon darauf hingewiesen). In gewissem Sinne gründet die außergewöhnliche Wirkung, der starke Widerhall dieses »Pandämonium-Maskenspiels« (wie John Hollander es in Anlehnung an Verwandlungsszenen höfischer Maskenspiele nennt) darin, daß es sich um eine Kontinuität und Einheit suggerierende Anspielung auf die Idee der dichterischen Tradition an sich und die damit verbundene moralische Problematik handelt. Metalepsis oder Transsumption läßt sich als erweiterte Trope mit fehlendem

oder abgeschwächtem Mittelteil beschreiben, und für Milton
ist die literarische Tradition eine solche Trope. Die illusionisti-
schen Bühnenarrangements und die komplizierte Maschinerie
der Maskenverwandlung sind, in der Pandämonium-Sequenz,
emblematisch für die Selbsttäuschungen und die moralisch
irreführende Maschinerie der epischen und tragischen Konvention.

Sehr geschickt beginnt Milton die Sequenz mit einer Transsumption hin zur gefallenen Beinahe-Gegenwart, indem er die
königliche Armee des *Civil War* evoziert und mit der Satanischen gleichsetzt. Mammon führt die Vorhut der »Schanzgräber« an (Vers 676) – eine eröffnende Anspielung auf Spensers
Höhle des Mammon, denn beide Mammons leiten Goldgrä-
ber-Operationen. Mit der nächsten wichtigen Anspielung, auf
denselben Abschnitt aus dem Ersten Buch der Ovidschen *Me-
tamorphosen*, der in der Galilei-Sequenz evoziert wird, son-
diert Milton die Moralität der Kunst:

> Verwundre sich
> Niemand, daß in der Hölle Reichthum wächst;
> Des kostbarn Gifts am würdigsten ist sie.
> Und wer der Menschen Werke preist, von Babel,
> Von Memphis' Königsbauten staunend spricht:
> Seh' hier, wie deren größte Ruhmesmäler
> An Stärk' und Kunst leicht übertroffen sind
> Von bösen Geistern, die in Stundenfrist
> Mehr schaffen, als unzähl'ger Hände Fleiß
> In einem Menschenalter kaum vollbrächte. [36]

Milton hätte wohl die *Ilias* oder die *Aeneis* nicht als »kostbares
Gift« bezeichnet, dennoch erstreckt sich die Kraft seiner Verdammung auch auf sie und berührt seine Angst notwendig
auch das eigene Gedicht. In barockem Glanz ersteht das Pandämonium vor uns, mit einer Anspielung zurück auf Ovids
Schloß des Sol, ebenfalls ein Entwurf Mulcibers (*Metamor-
phosen* II, 1-4), sowie einer beinahe zeitgenössischen Anspielung auf St. Peter in Rom und, laut Fowler, auf Berninis

Petersplatz-Kolonnaden. Mulciber, Archetyp nicht nur Berninis, sondern auf dunklere Weise aller Künstler überhaupt, einschließlich der Ependichter, wird zum Angelpunkt der gesamten Sequenz:

> [...] Mulciber
> Vom Volk genannt. Der Heidensage nach
> Warf Zeus ihn von krystallner Himmelszinne
> Im Zorn herab; er fiel vom frühen Morgen
> Bis Mittag, und von Mittag bis zum Thau
> Des Abends, einen ganzen Sommertag,
> Bis endlich er nach Sonnenuntergang
> Auf Lemnos sank, gleich einem fallnden Stern.
> Doch irrt die Sage; er fiel längst zuvor
> Mit Satans Rotte; und nicht frommt' es ihm,
> Daß hohe Schlösser er gebaut im Himmel,
> Nicht konnt' er sich dem Sturz zur Höll' entziehn,
> Wo er mit seiner Schar nun bauen muß. [37]

Das vernichtende *erring* (»Doch irrt die Sage«; Vers 747 im Original) ist ein Seitenhieb gegen Homer, auf dem Umweg über das *errat* des Lukrez, wie Fowler feststellt (*De rerum natura* I, 393). Der Kontrast zu Homers Abschnitt erhellt die transsumptive Funktion der Miltonschen Anspielungsfülle, denn Homers Hephaistos (dessen lateinischer Name Vulkan oder Mulciber war) erzählt eine vergleichsweise harmlose Fall-Geschichte:

> [...] denn schwierig ist's, dem Olympier zu trotzen.
> Denn ein andermal schon, als ich ihm zu wehren begehrte,
> Schwang er mich hoch, an der Ferse gefaßt, von der heiligen
> Schwelle.
> Und ich flog einen ganzen Tag; mit der sinkenden Sonne
> Fiel ich in Lemnos hinab [...]. [*Ilias* I, 589-593]

Zuerst macht sich Milton über Homer lustig, indem er die Idyllik dieser Version des Falls überbetont, dann kehrt er Homer vollkommen um. In der dunklen Gegenwart ist Mulcibers Werk immer noch im Gang, wenn die böse Eminenz barocken

Glanzes den Zwecken einer gefallenen Kirche dient. So wird, in Vers 756, das Pandämonium als Satans »high capital« (»Herrschersitz«) bezeichnet – eine Anspielung auf zwei Zeilen in Vergils *Aeneis* (»Kapitol«: VI, 836 und VIII, 347), aber spezifiziert durch den komplexen Bienen-Vergleich (Vers 768-775), seinerseits eine Anspielung auf *Ilias* (II, 87-90) und *Äneis* (430-36), wo die Achaischen beziehungsweise Karthagischen Helden mit Bienenvölkern verglichen werden. Eine der bemerkenswertesten transsumptiven Wiederkehren zur Gegenwart bei Milton kommt im Gewand einer Anspielung auf Shakespeares *Midsummer Night's Dream* (II, 1, 28 ff.) einher. Ein »später Wanderer« sieht dort die »Märchenelfen« mit dem gleichen Blick, unter dem wir, Miltons Leser, die vormals riesenhaften Dämonen schrumpfen sehen. *Unser* später Blick wird allerdings durch eine metaleptische Umkehrung ausgeglichen, verbunden mit einer Anspielung auf *Äneis* VI, 452 ff., wo Äneas Dido, die »von Schatten Umwogte«, erkennt »wie einer [...] den Mond durch/Wolken steigen sieht oder wähnt, ihn gesehen zu haben«. Anders als der späte Wanderer, der die Elfen »sieht« oder »vielleicht zu sehn nur träumt«, *wissen* wir, so gut wie Milton, daß wir die gefallenen Engel von Riesen in Zwerge verwandelt sehen. Die Pandämonium-Sequenz endet mit dem großen Konklave der »Ein Tausend Halbgötter, auf goldnen Stühlen«, einer deutlichen Parodie auf die nach der Restauration wieder einberufenen Kirchenversammlungen. Wie beim Verweis auf die »Schanzgräber« der königlichen Armee zu Beginn, wird die Gegenwart auch hier als »gefallen« betrachtet – *fallen on evil days*, »ins Unglück gestürzt« –, aber sie ist eine gute Ausgangsposition für Miltons bleibende Vision.

Dieses Schema der literarischen Anspielung prägt das Gedicht so nachhaltig, daß an Absichtslosigkeit nicht zu denken ist. Miltons Strategie ist klar und deutlich, ihre Wirkung besteht in einer Umkehr der literarischen Tradition, auf Kosten der Gegenwärtigkeit der Gegenwart. Die Vorgänger kehren in

Milton wieder, aber nur von seinen Gnaden, und sie kehren wieder, um korrigiert zu werden. Nur Shakespeare, vielleicht, kann mit Milton in seinem Triumph über die Tradition via Anspielung rivalisieren, doch Shakespeare hatte keinen Spenser zu subsumieren, sondern nur einen Marlowe, und Shakespeare steht weniger deutlich in einem offenen Wettkampf mit Aischylos, Sophokles, Euripides als Milton mit Homer, Vergil, Ovid, Dante, Tasso.

Hobbes hatte in seiner *Answer to Davenant's Preface* (1650) Geist (*wit*) dem Urteilsvermögen untergeordnet und damit implizit auch die Rhetorik der Dialektik:

Großes Wissen bringt die bewundernswerte Vielfalt und überraschende Neuheit der Metaphern und Vergleiche, auf die man in einem engen Wissenshorizont nicht kommen kann, und die, wo es an ihnen gebricht, den Schreibenden zu Ausdrücken nötigen, die entweder durch die Zeit entstellt sind oder abgenutzt durch vulgären oder langen Gebrauch. Denn die dichterischen Redensarten werden, wie die Melodien in der Musik, langweilig und schal, wenn man sie zu oft hört: der Leser spürt ihre Kraft nicht mehr, so wenig wie unser Fleisch die Knochen spürt, die ihm Halt geben. So, wie wir unseren Körper erst durch Wechsel und Vielfalt der Sinneseindrücke spüren, so spüren wir auch die Sprache durch vielfältigen und abwechslungsreichen Gebrauch derselben. Damit meine ich nicht den affektierten Gebrauch von Wörtern, die der Reisende frisch aus der Welt nach Hause gebracht hat, sondern die neue (und, vor allem, sinnfällige) Anverwandlung jener Wörter, die schon üblich geworden sind, so daß sie unseren Zwecken entsprechen, und ihre Übersetzung in weit hergeholte (aber dennoch passende, lehrreiche und ansehnliche) Vergleiche. [...]

Hätte Milton dies bewußt als Herausforderung angenommen: er hätte nicht mehr tun können, um Hobbes zugleich zu erfüllen und zu widerlegen, als *Paradise Lost* ohnehin leistet. Was Davenant und Cowley nicht gelang, war die vollkommene Übersetzung oder Anverwandlung der überlieferten Rhetorik, gemäß ihren eigenen Zwecken; Milton hingegen steigerte solche Übersetzung zum Erhabenen – und erhob damit auch die Rhetorik, *contra* Hobbes, über die Dialektik, denn seine Art des »Weitherholens« (*farfetchedness* ist Puttenhams Bezeichnung für Transsumption) verlieh Vergleichen den Rang und die Funktion komplexer Argumentationen. Miltons *wit*, seine Kontrolle über die Rhetorik, war wieder geistige Übung mit aller Kraft der Rhetorik statt einer minderen, dem Urteilsvermögen untergeordneten Fähigkeit. Hätte Hobbes seine *Antwort* zwanzig Jahre später und nach der Lektüre von *Paradise Lost* geschrieben, er wäre sich vielleicht nicht mehr so sicher gewesen, was die Autorität der Philosophie über die Dichtung anbelangt.

8. In Miltons Schatten

Among the hills
He gazed upon that mighty orb of song,
The divine Milton.

Wordsworth, *The Excursion* I, 248-250

Milton ist sein großes Idol, und manchmal wagt er es,
sich mit ihm zu vergleichen.

Hazlitt über Wordsworth

Dieses Kapitel bietet kurze Lektüren zu vier Gedichten:
Wordsworths *Intimations*-Ode, Shelleys *Ode to the West
Wind*, Keats' *Ode to Psyche* und Tennysons *Ulysses*. Wordsworths Gedicht entstand unmittelbar in Miltons Schatten, wir
können es ein Mißverstehen oder die wirkungsstarke Fehllektüre von *Lycidas* nennen; Shelleys Gedicht ist eine starke
Fehllektüre des Wordsworthschen Gedichts, und Keats' dürfen wir als eine überzeugende Fehldeutung mehrerer Texte,
sowohl von Milton als auch von Wordsworth, bezeichnen.
Tennysons dramatischer Monolog wiederum kämpft mit allen
vier Vorgängern und erfüllt seinen eigenen Zweck auf wunder-
volle Weise durch eines der komplexesten Mißverständnisse in
englischer Sprache. Alle vier Gedichte lassen sich deutlich und
nutzbringend auf meiner Karte des Fehllesens einzeichnen,
und keines hat seine beunruhigende Macht eingebüßt, auf die
Dichtung unserer eigenen Zeit einzuwirken. Allein bei Wallace Stevens kann man die Wirkungsspur der *Intimations*-Ode
in einer langen Folge von Gedichten, von *Le Monocle de mon
Oncle* bis zu *The Auroras of Autumn*, verfolgen, während die
Ode to the West Wind durch eine Handvoll Stevensscher Gedichte, von *The Snow Man* über *Notes toward a Supreme
Fiction* bis zu *Puella Parvula* und *The Course of a Particular*,
geistert. Die *Ode to Psyche* äußert sich in Stevens' *Credences*

of Summer und *Ulysses* in Stevens' spätem Gedicht *The Sail of Ulysses*. Entsprechende Muster der Heimsuchung lassen sich bei Yeats ausmachen, und auch bei den weniger bedeutsamen Dichtern unseres Jahrhunderts. Einfluß, im tiefen Sinn des Wortes, ist ein unendlicher Prozeß.

Wordsworths *Ode* wird üblicherweise in drei Abschnitte eingeteilt: Strophen I-IV, V-VIII und IX-XI. Der erste Teil beginnt mit Bildern der Abwesenheit, wir bewegen uns im Reich des »Es war einmal eine Zeit… «. Es ist darin eine *illusio* enthalten, denn wo Wordsworth in Wirklichkeit befürchtet, eine Herrlichkeit sei ihm abhanden gekommen, sagt er: sie sei von der Erde verschwunden. Als psychische Abwehrform tritt diese Reaktionsbildung triebhaften Impulsen entgegen – vermittels jenes Modus mangelnden Selbstvertrauens, der das Über-Ich schafft. Im Bereich der Dichtung sind triebhafte Impulse verinnerlichte Einflüsse durch Fixierung auf einen Vorgänger, Wordsworths Mangel an Selbstvertrauen ist demzufolge eine Reaktion auf Miltons Stärke. Das »*Intimations*« im Titel bedeutet soviel wie »Zeichen« oder *token* (»Pfand«); der Titel legt somit nahe, daß wir es mit einem Gedicht auf der Suche nach Beweisen zu tun haben, beinahe, könnte man sagen, eine Suche nach dem Erwähltwerden. Das Vorläufergedicht, in einem tiefen Sinn, ist Miltons *Lycidas*, und auch Wordsworths *Ode* ist in erster Linie als Widmung an die höheren Kräfte des Dichters gedacht, Prolepsis jenes großen Epos, das er noch zu schreiben hoffte. Doch scheint es, als werde diese Absicht, auch wenn sie letztlich den Versuch des Gedichts bestimmen wird, eine transsumptive Haltung Milton gegenüber zu gewinnen, von einem gut Teil der ersten beiden Gedicht-Züge auf weite Strecken verneint.

Es ist wichtig zu sehen, daß Bilder der Abwesenheit nur die erste Strophe und die sieben Zeilen dominieren, die die vierte Strophe, und damit den ersten Teil, abschließen. In der Hauptsache sind die ersten vier Strophen von Bildern der natürlichen Präsenz geprägt, und die dialektische Bewegung dieser Bilder, eingezwängt zwischen jene der Abwesenheit, geht mehr in Richtung Ohr als in Richtung Auge. Aus dem Hören kann Wordsworth immer Freude gewinnen, wenn ihm auch das tiefste Entzücken, des Sehens, nicht mehr vergönnt ist. Die Freude am Hören ist eine Art Wiederherstellung und liefert zudem den Repräsentationsaspekt der ersten Bewegung des Gedichts, seine noble Synekdoche, in der das Bild des Ganzen (das Lachen des Himmels und der Erde) das Bild des Teiles (das Verlustgefühl des Dichters, was das Sehen anbelangt) ersetzt.

Eine ganze Reihe von Bildern, die verschiedene Aspekte des Entleerens einer vormaligen, schätzenswerten Fülle zeigen, durchziehen die Strophen V bis VIII. Dazu gehören: die vorüberziehenden Wolken, die Schatten, der Drang nach dem Westen, das verblassende Licht, die Imitation des Geringeren durch das Größere, die Dunkelheit und schließlich das Niedergedrücktwerden durch den schweren Frost. Als Bilder der Reduktion zeigen sie eine Subjektivität, die einer Welt der Dinge weicht, der bedeutungslosen Wiederholung, der »realistischen« Welt der Metonymien. Es ist dies Wordsworths *kenosis*, die schmerzliche, schrittweise Preisgabe seiner imaginativen Gottgleichheit, seiner Divinationskraft. Als Abwehrform ist dieses Muster natürlich das der Regression, doch ist die Abwehr nicht erfolgreich, und das Gedicht weiß es recht genau. In Strophe VIII provoziert die Macht der Verdrängung eine Bildlichkeit des Erhabenen, im Wechsel zwischen dem Bild Des Kindes: »noch strahlend in der Kraft/ himmlischer Freiheit auf dem Gipfel deines Seins«, und dem Bild einer noch tieferen Tiefe: »Schwer wie der Frost, und tief beinahe wie das Leben!« Die gesamte Strophe ist hyperbolisch, hart an den Grenzen der Ausdruckskraft, wo sie das kleine Kind als »bester Philosoph«, »mächtiger Prophet! Begnadeter Seher!« apostrophiert.

Es sollte nun schon deutlich geworden sein, wie sehr Wordsworths *Ode* die Grundzüge unserer Landkarte des

Fehllesens festlegt – oder ihnen entspricht. Der dritte Zug des Gedichts beginnt mit der langen Strophe IX, die in der Hauptmetapher des gesamten Gedichts endet:

> Deshalb kann unsre Seele, wenn ruhiges Wetter herrscht,
> So weit wir auch im Landesinnern sind,
> Das unsterbliche Meer erblicken,
> Das uns hierhergeschwemmt,
> Kann jeden Augenblick dorthin zurück,
> Die Kinder sehen, die am Ufer spielen,
> Und hören, wie die Wasser mächtig rollen, in alle Ewigkeit. [38]

Ein gut Teil der neunten Strophe, vor diesem Abschnitt, hat die Bildperspektivierung eines Innen-gegen-Außen gewählt – de Man hat darauf als eine der bezeichnendsten Ausprägungen romantischer Bildlichkeit verwiesen. Als »Zeichen der Unsterblichkeit« preist Wordsworth das »hartnäckige Befragen/ des Sinns und äußrer Dinge«; das wichtigste Zeichen der Unsterblichkeit in diesem Gedicht ist seine metaphorische Vision der Kinder und des unsterblichen Meers. Bilder des Innen oder des Außen? Die Perspektivierung der Metapher, mit ihrem »Landesinnern«, das einer tiefen Region des Bewußtseins gleicht, macht jede Antwort problematisch. Die Ironie der Perspektivierung liegt darin, daß sie so in sich widersprüchlich wie tautologisch ist, ironisch auf eine ganz besondere Weise, da *perspicere* ursprünglich »klar und deutlich sehen« bedeutet. Ein individueller Blickwinkel hängt notwendig von der Kartesianischen Unterscheidung zwischen denkendem Subjekt und extendierten Objekten ab und löst somit Wissen in Subjektivität auf. Wir können hier feststellen, daß Strophe IX, als Abwehr, Wordsworths Sublimierung seiner tiefsten Triebe entspricht und wie alle Sublimierung für ein Gedicht nicht genügen kann, denn auch sie löst die dichterische Divination auf, hat als Gegengabe aber kaum etwas zu bieten. Wohl kann Wordsworth als Mensch »normaler« leben, indem er sich mit wiederholter innerer Rückkehr zu seinem »ozeanischen Empfinden« begnügt; doch kann er so als Dichter weiterleben, stark genug, sich den Wünschen und Sehnsüchten aller Dichter vor ihm herausfordernd zu stellen?

Die Strophen X-XI bewegen sich deshalb zu einer Schlußrepräsentation fort, bei der das Metaphorische durch eine metaleptische Umkehr oder Taktik der Transsumption ersetzt wird. Richard Bernheimer nennt in seinem Buch *The Nature of Representation* – eine Pionierleistung – die Repräsentation »eine magische Abwehr gegen die Zeit und das Dämonische«. Dem verwandt ist Bronislaw Malinowskis allgemeine Theorie der magischen Sprache in *Coral Gardens and Their Magic*, wo er die Schlüsselwörter der Magie auf den Trobriandinseln als »Wörter des Segens« beschreibt, »vorwegnehmende Bekräftigungen des Wachstums und der Fülle, Bannsprüche gegen alle bösen Einflüsse und mythologische Verweise, die sich für das Wohlergehen in der Zukunft auf die Stärke der Vergangenheit berufen«. Was Bernheimer durch Abstraktion gewinnt und Malinowski bei den Bewohnern der Trobriandinseln beobachtet, sind geringere Versionen der Miltonschen Anspielungsweise, die Wordsworth am Schluß der *Ode* für seine eigenen Zwecke adaptiert.

Die Bildlichkeit der beiden letzten Strophen stellt ein scheinbares Sich-Abfinden mit der eigenen Spätheit in Strophe X einer Wiederbelebung des Frühen in Strophe XI gegenüber, einer Wiederbelebung, die ihr Sonnen-Bild anspielend dem Miltonschen, am Ende von *Lycidas*, entgegenhält. Das Sich-Abfinden mit dem Spät-Sein wirkt zunächst restlos:

> Was, wenn der Glanz, der einst so hell erstrahlte,
>   Für immer meinem Blick verhüllt sein sollte,
>   Wenn nichts die Stunde wiederbringen kann
>   der Herrlichkeit im Gras, der Schönheit in der Blume;
>   Wir wollen drum nicht trauern. [...] [39]

Die Schlußstrophe aber proklamiert Frische und Frühe: »Die unschuldsvolle Helligkeit des neugebornen Tages/Ist dennoch schön. [...]«

Lycidas endet mit einem Kontrast zwischen Milton als »Bauerntölpel« – dem Epheben – und der sinkenden Sonne, die einige Zeilen vorher die Wiederauferstehung des ertrunkenen Dichters durch die Kraft des auferstandenen Christus präfigurierte:

> So sinkt der Tagstern in des Ozeans Bett,
> Und hebt doch bald schon wieder den gesenkten Kopf,
> Und putzt die Strahlen blank und prangt in neuem Glanz
> Im Angesicht des Morgenhimmels:
> So auch Lycidas, der tief sank, doch hoch hinaufstieg,
> Durch dessen liebevolle Macht, der übers Wasser schritt. [40]

Am Ende jedoch ist die Sonne nichts weiter als natürlich und der Ephebe, der seine Suche wiederaufnimmt, mindestens so verletzlich wie die Natur:

> Nun, da die Sonne alle Hügel ausgeschritten hatte, .
> Nun, da sie in die große Bucht des Westens sank,
> Da erst erhob er sich, schlang seinen blauen Mantel um:
> Dem Morgen zu, und neuen Wäldern, grünen Weiden. [41]

Wordsworth transsumiert Milton mit einem Blick auf diese Abschnitte:

> Die Wolken, die sich um die Sonne sammeln, die langsam sinkt,
> Nehmen gedeckte Farben durch das Auge an,
> Das aller Menschen Sterblichkeit im Blick gehabt;
> Ein andrer Wettlauf war, und andre Siegespalmen winken. [42]

Der Wordsworth der *Ode* wird sich nicht als »Bauerntölpel« präsentieren, und die gedeckten Farben, die sein reifer Blick den Dingen gibt, sind Substitut für das Blau des Miltonschen Mantels. Die Sterblichkeit im Blick haben bedeutet nicht, sich ihr zu beugen, nicht ganz, und »ein andrer Wettlauf« bedeutet vielleicht den Wettlauf in *Areopagitica*, »in welchem um den unsterblichen Kranz gerannt werden soll, nicht ohne Staub und Hitze«. Wordsworth hat in diesem Wettlauf seine Ausfälle gegen Milton gemacht, und er hat seinen Gegner im Rennen mit liebendem Blick gesehen, doch die transsumptiven »andren Siegespalmen« sind kein erzeugender Ersatz für den Kranz, der dichterische Unsterblichkeit bedeutet. Dennoch, Wordsworth hat, durch die Bilder, in die er seine Abwehr kleidet, zumindest eine Projektion der Vergangenheit versucht, wenn sie auch noch so glorreich gewesen sein mag, und eine Introjektion der Zukunft, wenn ihm dies auch zu seinem Leidwesen nicht gelingen sollte. Der revisionäre Entwurf seiner Großen Ode hat sich auf jeden Fall bewährt, denn Versionen dieser Ode sind immer noch unter uns.

Auf überwältigende Weise ist Wordsworths Gedicht der Engel, mit dem Shelley in seiner *Ode to the West Wind* ringt, in der sich das Strukturmuster der Dreiteilung wie folgt manifestiert: Strophen I-III, *clinamen/tessera*; IV, *kenosis/Dämonisierung*; V, *askesis/apophrades*. Shelley hatte mit seiner *Hymn to Intellectual Beauty* schon früher seine Fehlwahrnehmung der *Intimations* geschrieben, ein Gedicht, das kaum von Wordsworths Modell abweicht. Drei Jahre später, angesichts eines anderen Sonnenuntergangs und der Angst, es könnten überhaupt keine Siegespalmen mehr zu gewinnen sein, jedenfalls nicht für einen gescheiterten Propheten wie ihn selbst, ist Shelley ein weit kühnerer Revisionist. Ein ausgelaugter Seher, überträgt er dem Wind als dem Transportmittel des Wandels die Befehlsgewalt, doch wird er, bevor das Gedicht endet, ein gut Teil dieser Gewalt wieder für sich selbst reklamieren.

Der Wind als »unsichtbare Anwesenheit« ist notwendig das beherrschende Bild des gesamten Gedichts, doch braust derselbe als »Zerstörer und Erhalter« höchst dialektisch durch die ersten drei Strophen. Während der Wind weiterdrängt, werden die Anwesenheiten von Erde, Himmel und Meer im wesentlichen als Abwesenheiten enthüllt. Von Beginn an reagiert Shelley, mit dem »Gelb, und schwarz, und sterbensbleich, und fieberrot« seiner gefallenen Blätter ironisch auf Wordsworths gedeckte Farben. Die zentrale Ironie der ersten drei Strophen liegt darin, daß der Wind, der »Zauberer« oder Exorzist, selbst die Ursache dafür ist, daß nichts, einschließlich Shelley, sich an seinem angestammten Platz befindet, obwohl dies bei Shelley daran liegt, daß die Inspiration ihn zum Propheten gemacht hat, ausgestoßen aus der Gemeinschaft der vielen. Shelley schützt sich hier gegen seine eigene Interpretation von Wordsworths Darstellung des Imaginationsverlustes als letzlichem Erfahrungsgewinn, eine Interpretation, in der Dichter als Meerespflanzen in der Gewalt des Ozeans erscheinen, zitternd vor ihm sich selbst ihrer imaginativen Kräfte berauben.

Durch alle diese Strophen hindurch liegt die restituierende Synekdoche im Mikrokosmos der Handlungen, die der Wind in Gang setzt, wiederum zugleich als Zerstörer (politische Revolution) und als Bewahrer (Wiederauferstehung in der Apokalypse). Der Aufruhr unter den Blättern, den Wolken und den Wellen ist Teil des größeren Aufruhrs, der erst noch bevorsteht. In Abwehr verkehrt Shelley die zerstörerischen Impulse ins Gegenteil, wendet sie aber auch, gefährlicher, gegen sich selbst – mit den Folgen, die in Strophe IV offensichtlicher werden.

Einen Vorteil unserer Landkarte für die Praxis der Kritik können wir unter anderem aus der Deutlichkeit ersehen, mit der sie uns den Kontrast zwischen vierter und fünfter Strophe des Gedichts erkennen läßt. In Strophe IV leert Shelley sein dichterisches Selbst, vermittels Regression (»Wenn ich es dir gleichtun könnte/wie damals, als ich noch ein Knabe war«) und metonymischer Isolierung seiner selbst in seinem berühmten Gebet, seiner flehentlichen Bitte um Reduktion: »Hebe mich hoch, wie eine Welle, wie ein Blatt, wie eine Wolke!« Nach dieser *kenosis* reagiert er mit einer der berühmtesten und am gründlichsten mißverstandenen Hyperbeln englischer Sprache:

Ich stürze in das Dorngestrüpp des Lebens! Sieh mein Blut!

Das Schwergewicht von Stunden hat mich gekettet und gebeugt, Der ich wie du bin: unbezähmbar, schnell und stolz. [43]

In Zeile 245 von *Sleep and Poetry* hat Keats (wahrscheinlich) einen Angriff auf Byron und (möglicherweise) auf Shelley mitgemeint, als er sagte, dichterische Stärke allein sei nicht genug, »denn sie zehrt von den häßlichen Tönen/und Dornen des Lebens«. Shelley spielt auch auf die Schlußzeilen der achten Strophe der *Intimations*-Ode mit ihrer ganz ähnlichen Bildlichkeit der Schwere an. Des Dichters hyperbolischer Fall – auch wenn er in der Tradition einer Abwehr erfolgt, die wir heute »Verdrängung« nennen – findet statt, weil das, was er zu verdrängen sucht, zu stark ist, um unten zu bleiben: Unzähmbarkeit, Behendigkeit des Geistes, Stolz.

Die Stärke jeder Rebellion liegt in der Gestalt, die sie sich gibt, in der Form, die ihre Kraft ist. Wie in einem umfangreicheren Werk, dem *Prometheus Unbound*, rebelliert Shelley auch in seiner Ode gegen Wordsworth und Milton, aber die Gestalt hat seine Rebellion von den Vorgängern. Wo Wordsworth die dritte Bewegung der *Intimations* mit »Glut« beginnt – ein Bild der Sublimierung –, schließt Shelley mit »Asche und Funken«, seine Version von »etwas, was Leben in sich trägt«. Das herausragendste Bild der Sublimierung ist Shelleys Umwandlung der Innen/Außen-Metapher, die so fest zur Romantik gehört:

> Mach mich zu deiner Lyra, gleich dem Wald:
> Was macht's, wenn meine Blätter fallen wie die seinen!
> Der Aufruhr deiner mächtgen Harmonien
> Wird beiden den tiefen Ton des Herbsts entlocken,
> Traurig zugleich und süß. [44]

Der »tiefe Ton des Herbsts« spielt sowohl auf die »gedeckten Farben« der *Intimations* als auch auf die »leise, traurige Musik« in *Tintern Abbey* an, doch verknüpft Shelley diesen Appell an die »Ursympathie« mit einer gescheiterten Metapher, hier: des Dichters als Äolsharfe. Die Limitationen der Metapher gipfeln in den vergeblichen Qualen seiner Gebete: »Sei du, gewaltger Geist/*Mein* Geist! Sei eins mit mir, *ein* Un-

gestüm!«, wo das Innen und das Außen, Dichter und West-
wind, in dem Maße auseinanderfallen, wie der Dichter die
Vereinigung erfleht. In den letzten acht Zeilen erst kommt die
zumindest teilweise rettende Repräsentation, als der späte
Dichter endlich doch zum Propheten wird und mit einer eher
transsumptiven als rhetorischen Frage schließt:

> Sei du der unerweckten Erde, Wind,
> Posaune einer Prophetie, durch meinen Mund!
> Wenn Winter naht, kann dann der Frühling fern sein? [45]

Die Prophetie wird *nicht* im gegenwärtigen Augenblick geäu-
ßert, der schließlich der herannahende Herbst ist; die Gegenwart ist aus dem Gedicht gegangen, so wie sie sich in Miltons
Art der seriellen Anspielung verflüchtigt hat. Wörtlich ist der
Frühling sechs Monate »hinterdrein«, doch Shelley baut hier
Trope über Trope, und seine Introjektion der Zukunft gibt
einen Hinweis auf seine Antwort. Miltons »grüne Weiden«
und Wordsworths »geringste Blume, die da blüht«, werden
beide als Teile nur der »unerweckten Erde« gesehen, wenn
Shelley in Jeremias Prophetenruf – »Oh Erde, Erde, Erde,
höre das Wort des Herrn« – einstimmt: Weder christliche
Hoffnung noch Natur-*Sympathie* genügen; Shelley bietet an
ihrer Statt »den Zauber dieser Verse«, sein eigenes Wort-Be-
wußtsein vielleicht, aber durch den gekonnten Pinselstrich
eines großen Revisionisten mit Jesaias »Glut« in Berührung
gebracht.

Shelley war der geborene Revisionist, seinem Intellekt wie
seinem Temperament nach. Keats war, wenngleich kampfeslu-
stig, doch kein Polemiker und wurde wohl ausschließlich
aufgrund der Notwendigkeiten eines rein dichterischen Mißverstehens zum Revisionisten. Die erste seiner großen Oden,
Ode to Psyche, macht Spätheit zu ihrem ausdrücklichen Gegenstand und kämpft mit den Schatten Miltons und Wordsworths, allerdings nicht, um ihren Segen zu erlangen, wie
Shelley. Keats ist vielmehr damit beschäftigt, Raum für seine

eigene Imagination zu schaffen, in der Hoffnung, eine Land-karte mit blinden Flecken zu finden, die er selbst ausfüllen könnte. Doch seine einzige Nährquelle ist, wie Wordsworths auch, die fortgesetzte Verinnerlichung, was ihn dazu ver-dammt, ziemlich genau den Wegen auf unserer Karte des Mißverstehens zu folgen. Wir müssen an dieser Stelle ein we-nig abschweifen und eine kleine Meditation über die Verinner-lichung einschieben, wenn wir die Überwindung von Hinder-nissen erst bei Keats und anschließend bei Tennyson richtig bewerten wollen, der auf Keats' Spuren wandelt.

Verinnerlichung des Vorgängers ist die Ratio, der ich den Namen *apophrades* gegeben habe und die in der Psychoana-lyse kaum von der Introjektion zu unterscheiden ist. Tropen auf Tropen zu bauen heißt sie verinnerlichen, so daß Verinner-lichung im Ästhetischen jener Art der Anspielungspraxis sehr nahe zu sein scheint, die Milton perfektionierte, die die Ro-mantiker erbten und die Joyce in unserem Jahrhundert zu neuer Vollendung führte. Doch auch Konflikte lassen sich ver-innerlichen, und die Freudsche Über-Ich-Theorie scheint ab-hängig von der Vorstellung, daß die Autorität eines Vaters vom Über-Ich verinnerlicht wird. Die spezifisch romantische Ver-innerlichung erfolgt, wie ich in einer anderen Studie, »The Internalization of Quest Romance«, gezeigt habe, in erster Li-nie nach intra-subjektiven Gesichtspunkten, da der Konflikt ein Konflikt zwischen zwei gegensätzlichen Prinzipien *inner-halb des Ich* ist. Weitere Verinnerlichung mag somit dem Dichter helfen, sich von Über-Ich-Ängsten (etwa von Ein-schränkungen durch die religiöse oder moralische Tradition) zu befreien oder von der Ambivalenz sich selbst gegenüber; sie hat jedoch keinerlei Initialnutzen als Abwehr gegen Vorgänger oder Es-Ängste, obwohl sie in der letzten Phase des Einfluß-kampfs eine Rolle spielt. Keats, der in der *Ode to Psyche* und danach seine Themen auf programmatische Weise verinner-licht, ist sich deshalb, selbst für einen starken Dichter der zweiten Romantikergeneration, der Einfluß-Angst ganz besonders und besonders unverhohlen bewußt. Darin vermute ich den Grund dafür, daß die *Ode to Psyche*, zutiefst ein Gedicht der Selbst-Entdeckung, der Topographie des Fehllesens rigoroser entspricht als beinahe alle anderen. Jede von *Psyche*s ersten vier Strophen rückt eine bestimmte Ratio in den Vordergrund, während sich die fünfte und letzte Strophe ziemlich genau in die beiden abschließenden Rationes teilt. Keats verschiebt nicht auf irgendeine formale Weise sein Milton-Wordsworthsches Modell, sondern vertraut ausschließlich darauf, noch unberührte imaginative Räume in sich selbst zu finden.

Die milde ironische Eröffnungsstrophe scheint zunächt gegen den Beginn von *Lycidas* gerichtet, und gewiß gehört Keats' hochgestimmter »Humor« zu den prägenden Zügen des gesamten Gedichts, doch seine Ironie ist auch eine persönliche Form der Abwehr. Keats schenkt uns Bilder von überraschender Präsenz, etwa das Bild einer »geflügelten« und somit göttlichen Psyche, die sich aber auch mit Cupido, hier auf Erden, vereinigt. Die Anspielung ist in dieser Anfangs-*illusio* verinnerlicht, und Keats läßt selbst erkennen, daß seine Rolle als Voyeur der Rolle des Miltonschen Satan überraschend nahesteht. Er sieht »zwei schöne Wesen, eng umschlungen«, wie Satan unsere Ur-Eltern sah: »Seite an Seite hingelagert«, und wie, rund fünfzig Zeilen später, der Engel Gabriel, der seine Untergebenen auffordert, in allen Winkeln zu suchen, vor allem dort, wo »jene beiden holden Wesen wohnen«. In gewisser Weise sagt Keats »Cupido und Psyche« und meint Adam und Eva; und in gewisser Weise verurteilt er sich selbst für diese Beteiligung an Satans Augen-Lust, wenn es ihm gewiß auch hier wieder nicht ganz ernst ist mit dieser Selbstverurteilung.

Das dichterische Dilemma hingegen ist sehr wohl ernst. Psyche ist eine späte Göttin und Keats ein verspäteter Dichter, weshalb die Synekdoche der zweiten Strophe in einem so bewegten Erkennen der Psyche kulminiert: es ist dies zugleich der Moment der dichterischen Selbst-Erkenntnis, in dem Keats wiederum seine wahre Muse entdeckt, wenn auch in leicht idealisierter Form – im Gegensatz zu jener großartigen, feuergereinigten Form, die sie als Moneta in *The Fall of Hyperion* annehmen wird. Die wiedervereinigten Liebenden, Cupido und Psyche, sind ein Bild jener Ganzheit, nach der Keats' reife Dichtung streben wird.

In der nächsten Strophe reduziert Keats Mythologie zu einem metonymischen Katalog der Leere, und obwohl die Reduktion einen bemerkenswert leichten Ton anschlägt, eignet ihr doch ein defensives Element, denn ihr Motiv ist die Abwehr dichterischer Frühe durch einen Prozeß der Isolierung. Aus so gutmütig skizzierten Tiefen wird man vielleicht nicht erwarten, ein Starkes, Dämonisches sich erheben zu sehen; doch Keats erreicht Erhabenheit, eine Erhabenheit des Hellen, Strahlenden, in der er schließlich die wunderbare Hyperbel äußern kann: »Ich sehe und singe, inspiriert von meinen eignen Augen.« Allein durch den Wechsel von »kein« zu »Dein« im folgenden macht er sich bereit, die Einzelheiten mythologischer Verehrung aus der fragmentarischen Diskontinuität zu erlösen, in die er sie eine Strophe vorher aufgelöst hatte:

> So laß mich denn dein Chor sein und
> mitternächtlich klagen;
> Deine Stimme, deine Laute, deine Flöte, dein süßer Weihrauch
> Aus dem geschwungnen Kessel strömend;
> Dein Schrein, dein Hain und dein Orakel, deine Hitze
> Im Traum des Sehers mit den blassen Lippen. [46]

Die Steigerung verdankt sich hier mehr einer Intensität des Tons als der Bildlichkeit, doch liegt die Abwehr durch Verdrängung hier so schön auf der Hand, daß sich jeder Kommentar erübrigt. In der Metapher, die nun folgt, überschreiten die aus der romantischen Tradition vertrauten Konzetti einer verinnerlichten Natur beinahe die Grenzen ihrer Perspektivierung, so außerordentlich ist Keats' Kunst:

Dein Priester will ich sein, und einen Tempel dir errichten
In einer nie betretnen Gegend meines Geistes,
Und dann solln Zweige von Gedanken, frisch erblüht in gern
                              empfangnen Schmerzen,
im Winde murmeln, wo einst Bäume ächzten:
Weit, weit umher soll dieses dunkle Baumgebüsch
die Linien der wildgefurchten Berge ziern, Abhang für Abhang;
Und laue Winde sollen dort und Bäche, Vögel, Bienen
Den Dryaden, die im Moose lagern, ein Schlaflied singen. [47]

Verinnerlichung hat ihn in nie betretne Gegenden geführt, und
die Erkenntnis, daß diese Landschaft, und diese oxymoronti-
sche Intensität, gänzlich innerhalb seiner Psyche siedeln, ist
immer eine Überraschung. Die Landschaft ist wie eine von
Wordsworth, und die Sublimierung einer preisgegebenen äußeren Natur scheint restlos vollzogen, insbesondere in jenem
schönen, aber ungültigen Bild der moosgebetteten Waldnym-
phen: eine pastorale Sinnlichkeit, die, rein geistig, wie sie ist,
doch einen recht realen erotischen Notstand vermuten läßt.
Keats vollendet das Gedicht in glänzender Rhetorizität, die an
die Stelle des früheren Refrains »zu spät« tritt, aber es geschieht dies so wissentlich, daß sie sich unmöglich selbst
belügen kann:

Inmitten dieser weiten Stille
Will einen Rosenschrein ich schmücken
Mit Rankengittern, Geschöpfen eines schaffenden Gehirns,
Mit Knospen und Kelchen und namenlosen Sternen,
Mit allem, was *Phantasie*, die Gärtnerin, uns je vorgaukeln kann,
Die, da sie Blumen züchtet, niemals dasselbe züchten wird:
Dort sollst du all das zärtliche Entzücken finden,
Das schattendunkles Denken schenken kann,
Ein strahlend helles Licht, ein Fenster, das nächtens offensteht,
Die Liebe einzulassen! [48]

Vergangenheit kommt hier zum Ausdruck, in den Vorstellun-
gen der Gärtnerin Phantasie, die dem »Geschehen« vorauslie-
gen, und auch das Versprechen einer Zukunft, in der Keats

vielleicht die Stelle Cupidos einnehmen wird, doch eindeutig keine wie immer geartete Gegenwart. Keats projiziert Vergangenheit als »Vorgaukeln« und introjiziert Zukünftiges als Liebe, doch wie es hier keinen gegenwärtigen Augenblick gibt, so gibt es auch keinen Raum für Präsenz, und wird es vielleicht nie geben. Die Wordsworthsche »weite Stille« und das Wordsworthsche »schattendunkle Denken« spielen auf den »schattigen Grund« des menschlichen Geistes an, den Wordsworth im *Einsiedler*-Fragment (*The Recluse*) zur zentralen Region seines Gesangs erklärte – Keats hatte einen Teil davon als »Prospectus« zu *The Excursion* gelesen. Was verspricht Keats seiner Psyche? Eine Frühheit, die sich der ihren vermählen sollte, ein Licht, so hell, daß es dem ihren gleichkäme (»O Lichteste! [...]«, beginnt die vierte Strophe). Doch was ist die Realität solcher Frühheit? In aller Aufrichtigkeit gibt Keats nur, um zu nehmen, denn welches zärtliche Entzücken hätte das schattendunkle Denken zu vermitteln? Das offene Fenster ist, wie in Zeile 69 der *Ode to a Nightingale*, das genuine Versprechen von Frühe, und doch spielt es hier wie dort transsumptiv auf die Spensersche Romanzen-Welt an. Wenige Gedichte sind so überzeugend wie die *Ode to Psyche* in ihrer Interpretation der Vorläufer; wenige Gedichte wissen so viel über sich selbst und sind trotz dieses Wissens imstande, sich selbst zu erfüllen.

Ich beschließe dieses Kapitel mit einem heroischen Wissenden, Tennysons Ulysses, dessen mit Herrn Roland verwandten dramatischen Monolog ich als Akt des Urteilens lese, Urteil des späten starken Dichters über die romantische Tradition und auch über sich selbst. In gewissem Sinne ist Tennysons Ulysses der Ewig-Suchende der Romantik, alt geworden und vollkommen in seinem Solipsismus, ein Childe Harold, der zu lange gelebt hat und nun, im Verborgenen, seine eigene Spätheit haßt. Im Gegensatz zu Roland ist er alles andere als ein Versager, aber der eigene Ruhm quält ihn in seiner Inaktivität. Vielleicht lassen sich die unstimmigen Eigenschaften dieses Ulysses, zugleich wahrhaftig auf der Suche nach heroischem Wissen und liebloser Egomane, im Kontext des umfassenden Mißverstehens, mit all den ihm anhängenden Ambivalenzen, miteinander versöhnen. Die Zeit, nicht die Sprache, wie Nietzsche dachte, ist der eigentliche Antagonist der Romantiker. Ulysses kann sowenig wie Herr Roland beides zugleich: wissen und lieben, denn in einer zu bewußt späten Welt sind diese Dinge antithetisch. Kants Bemerkung, Kunst sei Zweckmäßigkeit ohne Zweck, läßt sich auf diesen Ulysses so gut anwenden wie auf Herrn Roland. Von den beiden ist Ulysses dem Nihilismus näher, aber weniger dämonisch und somit für den Leser unmittelbarer akzeptabel, auch wenn man sowenig mit ihm in einem Boot sitzen wie an Rolands Seite reiten möchte.

Ulysses beginnt mit einer komplexen und einer einfachen Ironie, doch nur die einfachere Form, die Ironie als Wortfigur, ist strukturell bedeutsam. Die Bitterkeit des Sprechers ist komplex und offenkundig – Ironie als Gedankenfigur – und hat keine Abwehrfunktion. Die Ironie als Abwehr ist jene *illusio*, in der Ulysses »müßiger König« sagt, aber meint, was wir einen »verantwortungsbewußten König« nennen würden, einen, der sich mit *anderen* beschäftigt und nicht mit dem verinnerlichten Unterfangen, das Wissen um seine eigene Größe zu erwerben. Wenn er sagt, er könne auf seiner Reise nicht rasten noch ruhen, dann meint er, was alle großen Solipsisten meinen, die es zu dieser Erkundungsreise drängt, nämlich, daß er nicht ruhen kann, bis er endlich mit sich selbst allein gelassen ist. Sein eigentlichster und größter Ahne ist Miltons Satan im zweiten Buch von *Paradise Lost*, wo dieser grandiose Solipsist zum ersten und grandiosesten Reisenden durch ein Chaos wird, das ein genaues Abbild seiner Seele ist. So spricht Ulysses über seine eigene Größe, voller Freude, voller Leid, und sowohl »mit denen/Die mich liebten, wie auch allein«. Besteht irgendein Unterschied? Nirgends im Gedicht ist die Rede davon, daß *er* jemanden liebe, und wir dürfen sein Empfinden der eigenen Größe als die einzige synekdochische Repräsentation deuten, deren er fähig ist: »Ich bin ein Teil von allen, die ich traf.« Für ein so gottähnliches Bewußtsein ist *kenosis* eine schreckliche Leere und Abwehr durch Ungeschehen-Machen ein nahezu fortwährender Prozeß. Ulysses selbst sagt, voller Stolz, doch auch im Wissen um den Preis: »Ich bin, bin ein Name geworden«, oder eine wandernde Metonymie, einer, der alles katalogisiert, das Selbst und das, was außerhalb des Selbst liegt. Unablässig streift er umher, immer »mit *hungrigem* Herzen«, denn sein Herz ist immer leer, und keine noch so große Menge von Dingen, die er »gesehen [hat] und weiß«, vermag es je zu füllen. Sein ständig vor ihm zurückweichender Horizont ist einfach ein endlos regressiver Prozeß, eine Zwangswiederholung, die zweifellos heroisch ist und uns sein bemerkenswertes Raunen – »Als ob zu atmen schon das Leben wäre« – wohl bewundern läßt, aber auch unseren Widerspruch auslöst. Es ist nicht unbedingt das Schlechteste in uns, das entgegnen möchte: »Atmen ist auch leben.« Doch sind wir keine erhabenen, ewig suchend Umgetriebenen; wir ergeben uns der *Dämonisierung*, die er anschließend zum Ausdruck bringt, der hochgestimmten Leidenschaft seiner Verdrängungskraft:

Leben auf Leben getürmt
Wär' immer noch zu wenig, und wenig nur bleibt mir
Von einem: doch jede Stunde ist
Dem ewigen Schweigen abgetrotzt, ein Mehr,
Ein Überbringer neuer Dinge; und armselig wär's,
Nur wegen ein paar Sonnenauf- und -untergängen mich selbst zu
                                      horten,
Und diesen grauen Geist, der sich verzehrt in Sehnsucht,
Dem Wissen nachzufolgen wie ein Stern im Fallen,
Bis jenseits aller Grenzen, die Menschen denken können. [49]

Die Topographie des Mißverstehens läßt uns die zwanghafte Verzweiflung dieser heroischen Hyperbel erkennen, Verzweiflung, weil keine Höhe hoch genug ist, seinem Bedürfnis zu entsprechen, selbst wenn er Leben auf Leben türmen könnte.

»Die Grenzen, die Menschen denken können«, beginnen uns als eine Weisheit zu erscheinen, die Ulysses so unzugänglich ist wie Miltons Satan.

Für eine derart hoffnungslos angespannte Empfindsamkeit ist die Perspektivierungsweise der Metapher eine Sublimierung, die nie auch nur ansatzweise genügen kann, sowenig, wie sie Satan je genügen könnte. Es ist faszinierend zu sehen, wie die Innen/Außen-Opposition, sobald die Metapher offenkundig wird, die unumgänglichen Keatsschen Akzente bekommt, denn Keats ist Tennysons wichtigster Vorläufer:

Der Tod setzt allem hier ein Ende: doch etwas, vor dem Ende,
Etwas, was Größe hätte, läßt sich vielleicht noch tun,
Es stünde dem wohl an, der einst mit Göttern rang.
Die Lichter funkeln schon über den Felsen:
Der lange Tag neigt sich dem Ende zu: der Mond steigt langsam:
                                                    die Tiefe
Stöhnt überall, mit vielen Stimmen. [50]

Tennyson, der begnadete Wortmaler in der Nachfolge Keats', opfert hier, sublimierend, seine Kunst durch die Ich-hauche-meinen-Geist-aus-Geste, die in dieser selbstmörderischen Letzten Reise seines Suchenden liegt. Den Leser berührt aber wahrscheinlich weniger die gescheiterte Limitation, die wir hier vor uns haben, als die wunderbar transsumptive Repräsentation, die an ihre Stelle tritt und das Gedicht großartig beendet, im Tonfall Satans auf der Höhe seiner schillernden Größe:

Wenn vieles nicht mehr ist, so ist doch vieles noch geblieben; und
                                                    obgleich
Wir nicht mehr jene Kraft sind, die in vergangnen Tagen
Den Himmel und die Erde in Bewegung setzte: Was wir jetzt
                                                    sind, das sind wir;
Ein Heldenherzen ebenbürtiges Gemüt,
Geschwächt durch Zeit und Schicksal, ja, aber im Willen stark,
Zu kämpfen, und zu suchen, zu finden und nicht aufzugeben.
                                                    [51]

Wann ist »jetzt«, für einen Ulysses, der bereit ist zur Weiterreise? Dieses »Jetzt« existiert nur, bis der Sprecher es hinter sich lassen kann, denn mit »vergangnen Tagen« meint er: in früheren oder jüngeren Tagen, und das heißt, »vergangne Tage« ist die Figur einer Figur. Die Vergangenheit wurde projiziert und aufs Altenteil verbannt, die Gegenwart drängt vorwärts in die Zukunft und introjiziert die endlose Frühe, die Ulysses haben muß, wenn er sich selbst weiterhin stark wissen will. Was ist er dann aber anderes als eine späte Version jenes Aspekts von Miltons Satan, der eine Allegorie des Dilemmas darstellt, in dem der moderne starke Dichter steckt? Satan ruft nach dem »Mut, niemals sich zu beugen oder zu ergeben«, und Ulysses wird kämpfen, suchen, finden (was, außer sich selbst?), vor allem aber wird er sich nicht ergeben. Nur ein paar Schritte weiter spielt Stevens in *The Sail of Ulysses* transsumptiv auf Tennysons Suchenden an; Ulysses beginnt sein Unternehmen mit den Worten: »Da ich weiß, bin ich und habe/Das Recht zu sein.« Dieser Ulysses sucht »eine Ahnung« zu empfangen, eine »langsame Erkenntnis/Die sich schließlich klärt in blendender Entdeckung«. Der starke Dichter, der zu stark gegen die eigene Spätheit ankämpft, wird möglicherweise durch die Notwendigkeiten des Mißverstehens auf den Zustand reduziert, den Stevens in den *Poems of our Climate* beschreibt, wo die Abwehr durch Isolierung als gescheitert gilt und der Dichter ein »bös gefügtes, lebendiges Ich« bleibt, nicht zu retten durch Transsumption; einer, für den es keine Erneuerung gibt, der nicht »erneuert [werden kann] in einer Welt aus Weiß«. Den Schatten bei Stevens wirft vor allem Emerson, der amerikanische Milton, und auch der Schatten wird ständig erneuert.

9. Emerson und Einfluß

Wallace Stevens verkündet am Schluß von *It Must Change*, dem zweiten Teil der *Notes Toward a Supreme Fiction*, den »Willen zum ständigen Wandel, ein Bedürfnis/Und eine Art der Gegenwart, Vergegenwärtigung«, welche die »Frische der Verwandlung« herbeiführen würden. Obwohl, wie es heißt, »wir selbst« diese Verwandlung sind, ist der Seher von Hartford doch viel zu gewieft, um dem nicht folgende gängige Einschränkung hinzuzufügen:

Diese Notwendigkeit, und dieses Gegenwärtigmachen

Sind Rubbelbilder eines Glases, in das wir fragend schaun.
Zu den Neuanfängen, fröhlich und grün, wähl du
Die passenden Liebschaften. Aufschreiben wird die Zeit sie. [52]

Stevens starb 1955, und viele passende Liebschaften in Zusammenhang mit den unterschiedlichsten Neuanfängen wurden seither vorgeschlagen. Pound, Eliot, Williams, Moore, neben anderen wichtigen Dichterpersönlichkeiten, sind nicht mehr; Crane und Roethke in einer darauffolgenden Generation fanden ein vorzeitiges Ende. Auf Jarrell und Berryman, deren Leistungen weniger eindeutig sind, hat sich etwas von jenem seltsamen Glanz übertragen, der den Umständen solcher Tode anhaftet. Die zeitgenössische amerikanische Dichtung bietet ein äußerst vielfältiges Panorama, reich an Schulen und Programmen, mit Anhängern für alle und Lesern – für einige wenige. Selbst die besten unserer zeitgenössischen Dichter, ob sie einer bestimmten Gruppierung angehören oder nicht, leiden an einer Bürde, die dem Tal der Vision, das sie gewählt zu haben hoffen, vollkommen angemessen ist, eine Bürde, die letztlich wichtiger ist als die unmittelbare Besorgnis über dichterische Überbevölkerung und den Hinschwund eines literarisch gebildeten Publikums. Wenn sie in den Spiegel starren, in dem sie die Vision zu erblicken hoffen, sehen sich unsere zeitgenössischen Dichter mit ihren riesenhaft erscheinenden Vorläufern einer allzu nahen Vergangenheit konfrontiert, die ihnen ihrerseits ins Gesicht starren und eine tiefe Angst einflößen, die sich zu verstecken sucht, der sie aber doch nicht gänzlich ausweichen können. Die, partiellen, Ergebnisse dieser Vermeidungsversuche lassen sich ganz einfach als die Stilformen und Strategien der zeitgenössischen Versdichtung identifizieren, trotz aller offenen Manifeste des Gegenteils, zu denen sich Dichter unserer Tage mehr denn je verpflichtet zu fühlen scheinen. Die Einfluß-Angst, eine melancholische Grundstimmung, ausgelöst durch das Gefühl zu versagen, was die Einlösung der Forderung nach imaginativer Priorität angeht, wütet immer noch wie der Hundsstern in der jüngsten Dichtung – mit den Ergebnissen, die Pope seinerzeit feststellte. Was die Dichtung anbelangt, können wir unser Zeitalter das Zeitalter des Sirius nennen, das real existierende kulturelle Äquivalent zum fiktiven kulturellen Gegen-Zeitalter des Aquarius:

Der Hundsstern wütet! Zweifellos,
Ganz Bedlam, sprich Parnaß, ist losgelassen:
In jedem Auge Feuer, Papier in jeder Hand,
Sie reden irr, und rezitieren, und spieln verrückt im ganzen Land.

[53]

Ich schreibe diese Zeilen, nachdem ich eine lehrreiche Stunde vor dem Fernsehapparat damit verbracht habe, den Gesängen einer ganzen Reihe revolutionärer Barden, schwarzer wie weißer, zu lauschen, und siehe da, die gesamte fröhlich zur Schau getragene Scheinbar-Freiheit von jeder Einfluß-Angst befreit doch selbst den blutigsten Neuen unter diesen Rhapsoden nicht von der so bitter nötigen Krankheit. Mit der Gischt der rhetorischen Woge kamen die leicht erkennbaren Bruchstücke der Vorläufer, vom Erhabenen amerikanisch-Whitmanscher Prägung bis zum erhabenen Bathos des Imamu Baraka – aber auch einige Überraschungen: der Glanz Edna Millays bei einer schwarzen Dichterin, Edgar Guests bei einem revolutionären Balladensänger, Ogden Nashs bei einem besonders überschwenglichen Adepten der offenen Form.

Wenn wir uns dem anderen Extrem zeitgenössischer dichterischer Leistungen zuwenden, sagen wir: Ashberys *Fragment* oder Ammons' *Saliences*, begegnen wir, als Leser, weit ernsteren Fällen von Einfluß-Angst, denn Ashbery und Ammons und einige andere aus ihrer Generation sind zu starken Dichtern gereift. Ihre besten Werke, etwa Roethkes oder Elizabeth Bishops, fangen an, dieselbe immense Anstrengung zu fordern – ganz zu absorbieren und ganz sich zu widersetzen –, die die stärksten amerikanischen Dichter gefordert hatten, die in den letzten dreißig Jahren des 19. Jahrhunderts zur Welt kamen: Robinson, Frost, Stevens, Pound, Moore, Williams, Eliot, Aiken, Ransom, Jeffers, Cummings, Crane. Vielleicht bewundert kein Leser jeden einzelnen dieser zwölf – ich tue es nicht –, doch ihr Werk scheint von bleibender Bedeutung, ob bewundert oder nicht. Pound und Williams in erster Linie, Stevens in neuerer Zeit, Frost und Eliot heute eher weniger: diese Dichter haben den wichtigsten Einfluß auf amerikanische Dichter ausgeübt, die im 20. Jahrhundert geboren sind, und jeder dieser zwölf Dichter hat Nachfahren, und jeder einzelne weckt massive Einflußängste, auch wenn die Pound-Williams-Schulen (es gibt eindeutig einige solche) ihren Vorläufern nacheifern, indem sie sich bemerkenswert vehement und ganz offen (und mit schädlichen Folgen) weigern, solche Ängste gelten zu lassen. Aber schließlich haben Dichter seit nunmehr mindestens dreihundert Jahren unisono diese Ängste verleugnet, die sich zugleich in ihren Gedichten immer deutlicher manifestierten.

Der Krieg der amerikanischen Dichter gegen die Macht des Einflusses ist Teil unseres Emersonischen Erbes, das zuerst in der großen Triade der Essays *The Divinity School Address*, *The American Scholar* und *Self-Reliance* Gestalt gewann. Die

Spuren dieses Erbes lassen sich bei Thoreau, Whitman, Dickinson und recht unvermittelt wieder bei Robinson und Frost verfolgen, in den Schriften der Architekten Sullivan und Wright, in den *Essays before a Sonata* von Charles Ives. Bedeutsamer für ein Nachdenken über die negativen Aspekte des dichterischen Einflusses ist jedoch das weniger unmittelbare Erbe; es kreist zum Teil um Pound und Williams (gebrochen durch Whitman), zum Teil um Stevens, der die bloße Vorstellung eines möglichen Einflusses schon nicht mochte.

Diese Abneigung ist ein spezifisches Kennzeichen aller modernen (im Sinne von: nach-aufklärerischen oder romantischen) Dichter, gilt jedoch ganz besonders für amerikanische Dichter, die nach unserem Propheten Emerson kamen, sowenig Ehre ihm heute auch erwiesen wird. Mir gefällt Charles Ives' Bemerkung über Emersons Ambitionen: »Sein Essay über die präexistente Seele (den er nicht geschrieben hat) handelt vom Einfluß dieses Teils der Über-Seele auf noch ungeborene Zeitalter und versucht das Unmögliche nur, wo er aufhört, es zu versuchen.« Nennen wir Emerson die Über-Seele und machen wir uns Gedanken über seinen Einfluß auf amerikanische Dichter, die ihn selbst lasen (wie Jeffers) oder vermittelt durch seine Dichter-Nachfahren (Crane etwa, der seinen Emerson bei Whitman las). Man kann es als den einzigen dichterischen Einfluß bezeichnen, der gegen sich selbst das Wort erhebt und gegen die Einfluß-Idee insgesamt, und vielleicht ist er gerade deshalb der bisher weitreichendste, wenn auch vielfach nicht bemerkte, Einfluß in der amerikanischen Dichtung gewesen. Im 19. Jahrhundert vollzog sich dieser Einfluß ebensosehr durch Verneinung (Poe, Melville, Hawthorne) wie durch Bejahung (Thoreau, Very, Whitman) oder eine dialektische Mischung aus beiden Beziehungsarten (Dickinson, Tuckerman, die beiden James).

In einer Tagebucheintragung (vom 21. Juli 1837) hielt Emerson eine Einsicht fest, die seine drei Anti-Einfluß-Essays (beziehungsweise *Reden*) der Jahre 1837-40 ermöglichte:

Mut ist die Überzeugung, daß die Gegner im Wettkampf auch nicht mehr sind als man selbst. Glaubten wir an *Individuen* im strengen Sinn, das heißt Naturen, die nicht im letzten Grunde gleich sind, sondern nie dagewesen, unfaßbar, unermeßlich: wir würden den Kampf erst gar nicht wagen.

Dieser erstaunliche Gebrauch des Wortes »Individuen« zeigt Emersons akutes Schmerzempfinden, was die Leiden des dichterischen Einflusses angeht, obgleich er vehement behauptet, solche Leiden nicht zu kennen. Wenn sich der Dichterneuling der Vision des Vorläufers als eines Erhabenen – »nie dagewesen, unfaßbar, unermeßlich« – unterwirft, vergibt er sich jede Chance auf einen Sieg im großen Ringen mit dem toten Vater, denken wir nur an solch ambivalente Titanen der Intratextualität wie die Quasi-Naturgottheit Wordsworth im späteren 19. Jahrhundert oder, in unserem Jahrhundert, an die gnostische Gottheit Yeats und an Stevens, den Dämon des amerikanischen Erhabenen unserer Tage. Emerson, der scharfsinnigste aller Visionäre, hat den wahren Feind auf dem Pfad des Jung-sein-Wollens früh erkannt: »Genie ist immer in ausreichendem Maße der Feind des Genies durch überstarken Einfluß.«

Wenn wir auch Emerson zu Recht für unsere kapitalistischen Reaktionäre ebenso verantwortlich machen wie für unsere Schamanen der Revolution, die gesamte Palette, die von Henry Ford bis zum *Whole Earth Catalog* reicht, so sind doch seine eigenen Überlegungen unseren Beobachtungen längst zuvorgekommen. Sein Wettern gegen den Einfluß, von 1837 an, entsprang der großen Wirtschaftskrise dieses Jahres. Konfrontiert mit dem Individualismus in seiner schrecklichen Freiheit, entwickelte Emerson einen bezeichnenden, antithetischen Begriff des Individuums: »Jeder Mensch ist eine Weltenkugel, von der immer wieder alles abprallt, und er hält seine Stellung als individuelles Wesen unter dieser Bedingung.« Bemerkenswert, wie sich die Tagebuch-Gedanken am 26. Mai 1837 auf eine großartige Selbsterkenntnis zubewegen:

Wer kann mir definieren, was ein Individuum ist? Mit Schrecken und Entzücken nehme ich eine Vielzahl von Erscheinungsformen des *Einen, allumfassenden Geistes* wahr. Ich sehe mein eigenes Wesen darin eingebettet. Wie eine Pflanze im Erdreich, so wachse ich in Gott. Ich bin nur eine Form von Gott. Er ist die Seele meines Ich. In riesenhafter Überhebung kann ich sogar sagen, ich *sei* Gott, indem ich mein *Ich* aus dem dürftigen & unreinen Bezirk meines Körpers, meines Schicksals, meines Privatwillens herausnehme. [...] Aber warum nicht immer so? Wie kam es zu diesem Individuum, so gut gerüstet und so voller Leidenschaft zum Vatermord, so voller mörderischer Neigung, das göttliche Leben zu durchkreuzen & zu töten? Ich glaube an die Einheit, ich sehe sie vor mir und künde von mir, und bin doch eine Zweiheit. [...]

Der gewaltige Zwiespalt, der sich hier offenbart, ist zentral bei Emerson, durchzieht seine widerstreitenden Gedanken über den Einfluß und ist für zeitgenössische Dichter so relevant, wie er es für Whitman, Robinson, Stevens, Crane oder Roethke war. Nach besagter Fernsehsendung schlage ich die sonntägliche Buchbeilage meiner Zeitung auf, in der mir ein Brief von Joyce Carol Oates, der Romanschriftstellerin, Dichterin und Kritikerin, ins Auge fällt; sie antwortet darin einem Rezensenten:

Es ist ein Irrtum unserer Zeit, dessen Zeit hoffentlich bald abgelaufen sein wird, daß es »Individuen« nur zu Wettbewerbsbedingungen gibt, daß, was die einen tun, notwendig die Möglichkeiten anderer beschränkt. [...] Ich glaube, daß eines Tages [...] all dieses nutzlose Hin und Her, wem was gehört, wem ein bestimmter Teil der Kunst »gehört«, zu Ende sein wird. [...] Wir hier in Amerika müssen zurück zu Whitman als unserem geistigen Vater, müssen Romane schreiben, die den »Leaves of Grass« entwachsen sein könnten. Whitman verstand, daß menschliche Wesen nicht wirklich im Wettkampf gegeneinander, voneinander ausgeschlossen, sind. Er wußte, daß es die Aufgabe des Dichters ist, zu »verklären« und zu »klären« – und, auf diese Weise, zu heiligen. [...]

Diese bewegenden Sätze, aus der Feder einer ambitionierten Schülerin Dreisers, stehen in der Tat in der Tradition Whitmans und somit auch Emersons. Die Überidealisierung der Literatur ist normal und notwendig für den *Schriftsteller im Schriftsteller*, der unter dem Zwang steht, das eigene Selbstsein zu leugnen. So bemerkte auch Blake großartig, nachdem er Wordsworth gelesen hatte, dies alles sei »im höchsten Maße Imaginativ und jedem Dichter ebenbürtig, aber nicht überlegen. Ich kann nicht glauben, daß Wahre Dichter im Wettstreit miteinander liegen. Keiner ist der Erste im Himmlischen Reich, so auch nicht in der Dichtung«. Kritiker aber, Menschen auf der Suche nach Bildern für Akte des *Lesens*, und nicht des Schreibens, haben eine andere Bürde zu tragen und sollten aufhören, es an Überidealisierung der Dichtung den Dichtern gleichtun zu wollen.

Blake hätte darauf bestanden, daß ausschließlich der Geist von Urthona, und nicht der »Reale Mensch der Imagination«, in ihm irgendwelche Ängste bei der Lektüre von Wordsworth oder ihrem gemeinsamen Vater, Milton, verspürt haben könnte – und Blakesche Kritiker, wie Frye, gehen allzu willfährig mit ihm. Doch das Handwerk des Kritikers besteht nicht darin, die Haltung des Dichters anzunehmen. Vielleicht gibt es tatsächlich eine Kraft oder Fähigkeit der Imagination, und gewiß *müssen* alle Dichter immer weiter an ihre Existenz glauben, doch der Kritiker ist besser beraten, wenn er zunächst einmal Hobbes recht gibt, für den Imagination »Vernunft im Verfallsstadium« ist, und sich bewußtmacht, daß Dichtung von »natürlichen Menschen« geschrieben wird, von Männern und Frauen, die täglich all die unausweichlichen Wettbewerbsängste durchleiden. Das soll nicht heißen, die Imagination verweise auf eine Welt der Dinge, sondern vielmehr, daß eines Dichters Bewußtsein von einem Dichter, mit dem er im Wettstreit liegt, selbst ein Text ist.

Emerson war aufgebrochen, um sich »in Göttlichkeit« hervorzutun, womit er von Anfang an »Eloquenz« meinte – was noch heute gewisse amerikanische Moralisten von Andrews Norton bis Yvor Winters skandalisiert –, denn Emerson war fest verankert in der Tradition der Mündlichkeit, anders als Nietzsche, der ihm unter den Zeitgenossen am ehesten gleichkommt. Am 18. April 1824, einen Monat vor seinem 21. Geburtstag, erzählt Emerson seinem Notizbuch: »Ich kann nicht verhehlen, daß meine Fähigkeiten hinter meinem Ehrgeiz zurückbleiben [...]«, doch fügt er vertrauensvoll hinzu: »Was wir leidenschaftlich lieben, lernen wir nachzuahmen«, und so hofft er, sich »den Mantel der Eloquenz umzulegen«. Das hat er zweifellos auch getan, und er hat dabei gelernt, was seine Idee der »Selbständigkeit« (*Self-Reliance*) in erster Linie bedeutet: »Jeder hat seine eigene Stimme, seine eigene Seinsart und Beredsamkeit. [...]« Er spricht dann weiter von jedermanns eigener »Art der Liebe und des Leidens und der Imagination und des Handelns«, doch sind dies nachträgliche Gedanken. Der amerikanische Redner-Dichter fordert Einzigartigkeit in »Stimme, Seinsart und Beredsamkeit«, und hat er sie, so glaubt er zuversichtlich, daß er alles hat, oder beinahe alles.

Primär ist Emerson dieser zuversichtliche Redner, der noch 1839 in seinen Tagebüchern sagen kann, es entspreche der inneren Notwendigkeit seiner Natur, »allen Einfluß abzuschütteln«. In diese Primärklänge mischt sich eine Sehnsucht danach, *beeinflußt zu werden*, allerdings nur durch einen – künftigen – »Central Man«. 1845, ein Jahr vor der bacchantischen Intensität seiner Reaktion auf den Mexiko-Krieg, tauchen bezeichnenderweise diese Erwartungen eines neuen Gott-Menschen auf, die 1846 deutlicher sichtbar werden. Den Ton der Tagebücher von 1845 könnte man als den Ton der apokalyptischen Wehmut bezeichnen:

Wir sind, und wir wissen, daß wir es sind, Kandidaten eines Einflusses, subtiler und höher als jener des Talents oder des Ehrgeizes. Wir wollen einen Führer, wir wollen einen Freund, den wir noch nicht ausmachen konnten. In der Gesellschaft eines Gottes und angefeuert durch sein Beispiel würden diese Fähigkeiten erwachen, die sich in ihrem Traumschlaf unruhig hin und her werfen. Wo ist der Genius, der uns den Weg weisen soll, den wir gegangen sind? Immer bleibt ein großer Rückstand, eine offene Rechnung.

Die Großen inspirieren uns: wie sie locken, wie sie reizen und ihre legitime Macht zur Schau tragen – durch nichts mehr als durch ihre Macht, uns irrezuleiten. Denn die unechten Großen verwirren uns, drücken uns nieder, bringen ganze Zeitalter durcheinander mit ihrem Ruhm. [...] Das ist das Feld, das der Genius bearbeitet; die Regionen des Schicksalhaften, der Aspiration, des nie Gekannten. [...]

Mit Nietzsche, einem Bewunderer Emersons, könnten wir sagen, daß so, wie Apollo offensichtlich die Individuation jedes neuen Dichters repräsentiert, Dionysos emblematisch sein sollte für die Rückkehr eines jeden Dichters zu den Vorläufern, die ihn in sich aufnehmen. Etwas von einer Erkenntnis dieser Art speiste Emersons Dilemma, denn seinem Glauben nach entströmte Dichtung ausschließlich Dionysischem Einfluß, und doch predigte er ein apollinisches Selbstvertrauen und fürchtete zugleich gerade die Individuation, die es mit sich bringen würde. »Wenn er nur *sieht*, so wird die Welt sichtbar genug sein«, ist eine der Emersonschen Formeln, die solche Individuation in die Grenzgebiete eines erhabenen Solipsismus befördern. Hier eine größere Formel, seine Darlegung der vermeintlichen Verfahrensweise der Natur:

Seine Gesundheit und Größe liegen darin, daß er der Kanal ist, durch den der Himmel auf die Erde flutet, kurz, in der Fülle, in der ein ekstatischer Zustand in ihm Platz greift. Es ist jämmerlich, Künstler zu sein, wenn wir durch den Verzicht darauf Gefäße sein könnten, gefüllt vom Überfluß des Göttlichen, reich durch den Kreislauf von Allwissenheit und Allgegenwart. Gibt es nicht Momente in der Geschichte des Himmels, da die menschliche Rasse nicht nach Individuen gezählt wurde, sondern nur das Beeinflußte war, Gott im Zustand der Verteilung, Gott, in viele Gestalten gestürzt, zum Wohle aller? Erhaben ist es zu empfangen, und zu lieben, doch diese Lust mitzuteilen, als käme das Gegebene aus *uns*, dieses Begehren, geliebt zu werden, der Wunsch, als Individuum erkannt zu werden, das ist endlich, und Ausdruck einer niedrigern Gesinnung.

Emersons schöne Verwirrung *ist* schön, weil der Konflikt ein Gefühlskonflikt zwischen gleichrangigen Impulsen ist und unlösbar. Einfluß würde uns zu bacchantischen, aber *nicht* individuierten Dichtern werden lassen; Selbst-Vertrauen hilft uns, Dichter zu werden, aber Dichter von »niedrigerer Gesinnung«, weniger hochgestimmte, nicht im Besitz des Ekstatischen. Dieser Konflikt verursacht Emersons relatives Scheitern als Versschreiber (»Scheitern« nur gemessen an seinen enormen Aspirationen) und auch seine Überschätzung jener Dichtung, die *noch nicht geschrieben war*, wie er häufig klagt. Es verlangt ihn nach einer Haltung, die zugleich dionysisch und selbständig wäre, weiß aber nicht, wie dies zu erreichen wäre – und wir wissen es auch nicht. Ich vermute, daß die tiefere Ursache für seine unmögliche Forderung in seiner inneren Gespaltenheit hinsichtlich der Bürde des Einflusses liegt, zugleich insgesamt wünschenswert und vollkommen abzulehnen, wenn er uns (wie es nicht anders sein kann) von einem Vorläufer zuströmt, der sowenig wie wir selbst jener letztgültige *Central Man* ist, und nicht weniger Text als wir selbst.

Das alles ist nicht nur spezifisch Emersonisch; es ist die amerikanische Bürde. Sie fiel ihm zu, weil er sich ihr zur rechten Zeit in der Geschichte unserer Kultur öffnete; doch indem er sich ihr mit einer erstaunlichen Empfänglichkeit für Gegensätze öffnete, machte er auch alle nachfolgenden amerikanischen Künstler offen und zugänglich für dieselbe unüberwindliche Akzeptanz von Negationen. Amerikanische Dichtung nach Emerson ist, verglichen mit englischer Dichtung nach Wordsworth oder deutscher Dichtung nach Goethe, in einzigartigem Maße offen für Beeinflussungen und widerständig gegen alle *Ideen* über den Einfluß als Phänomen. Von Whitman bis zu unseren Zeitgenossen beteuern amerikanische Dichter, es liege ihnen fern zu verwerfen, was wirklich gut sei an der Dichtung vergangener Zeiten – und ergeben sich doch allen möglichen dichterischen Abwehrmechanismen, oder Selbstverstümmelungen, all den wildgewordenen Tropen gegen die lähmende Einfluß-Angst. Es bleibt noch viel nachzu-schlagen bei Emerson, dem Quell unserer Qualen – nicht so sehr, um eine Arznei gegen die Krankheit zu finden, sondern, um den gebührenden Respekt vor ihr zu entwickeln. Die Crux der Sache ist eine fundamentale Frage für amerikanische Dichter, die man etwa folgendermaßen formulieren könnte: Tritt man, indem man zum Dichter wird, in eine Gemeinschaft mit anderen ein, oder wird man dadurch zu einem wahrhaft Einsamen, einzelnen, einzigen? In gewissem Sinne geht es um die Angst, *ob* man überhaupt wirklich Dichter *geworden ist*, genauer, die doppelte Angst: ob man wirklich Mitglied dieser Gemeinschaft geworden ist und ob man wirklich zu sich selbst gefunden hat.

In seinem Essay *Character* betont Emerson die Furcht vor dem Einfluß:

Höhere Naturen überwältigen niedrigere, indem sie sie in eine Art Schlaf versetzen. Fähigkeiten werden blockiert und bieten keinen Widerstand. Vielleicht ist dies das universale Gesetz. Wenn das Hohe das Niedere nicht zu sich erheben kann, betäubt es dieses, wie der Mensch den Widerstand niedrigerer Tiere bannt. Auch aufein-ander üben Menschen eine ähnliche okkulte Macht aus. Wie oft hat nicht der Einfluß eines wahren Meisters alle Zaubermärchen Wirk-lichkeit werden lassen! Ein zwingender Strom schien aus seinen Augen in alle einzufließen, die ihn erblickten, ein Strudel starken traurigen Lichtes, gleich einem Ohio oder einer Donau, der sie mit seinen Gedanken erfüllte und allen Ereignissen die Färbung seines Geistes gab.

Diese Lichtflut, die Emerson seine Nachfahren zu fürchten lehrte, floß ihnen ausgerechnet aus *seinen* Augen zu. Wie er selbst in seinem Essay *Politics* sagt: »Es ist unmöglich, die Grenzen persönlichen Einflusses festzumachen, da Personen Organe von moralischer oder übernatürlicher Kraft sind.« Be-sitz, ergänzte er listig, verfüge über dieselbe Kraft. Da Elo-quenz für Emerson identisch war mit persönlicher Energie, war sie notwendig persönlicher Besitz, und damit wurde die

Dialektik der Energie auch zu einer Dialektik des Warenaustausches. Für Emerson, kann man sagen, *war* die Imagination linguistische Energie.

Wo er am eindeutigsten apokalyptisch gestimmt war, wie etwa das gesamte schwierige Jahr 1846 hindurch, in dem er seine besten Gedichte schrieb, wies Emerson neuerlich alle Einflußängste weit von sich; zum Beispiel hier in »Uses of Great Men« aus *Representative Men*:

Wir brauchen uns nicht vor einem Übermaß an Einfluß zu fürchten. Ein großzügigeres Vertrauen ist erlaubt. Diene den Großen. Schrecke vor keiner Demütigung zurück. Verwehre keinen Dienst, den du leisten kannst. Sei Glied ihres Körpers, Atem aus ihrem Mund. Mach dir deine Selbstgefälligkeit verdächtig. Wen kümmert es, da du doch dafür etwas weit Größeres und Edleres gewinnst? Fürchte nicht die Verspottung als Boswellist: es kann sehr gut sein, daß die Verehrung mehr Größe hat als der elende Stolz der Selbstbeschränkung. Sei getrost ein anderer: nicht du selbst, sondern Platoniker; nicht eine Seele, sondern Christ; nicht Naturalist, sondern Kartesianer; nicht ein Dichter, sondern ein Shakespearianer – denn die Räder deiner Neigungen werden nicht stillstehen, noch werden all die Kräfte der Trägheit, der Furcht oder selbst der Liebe imstande sein, dich festzuhalten. Vorwärts, und immer weiter vorwärts!

Bei allem Übermaß an Protest geistert durch diese Sätze doch überall die unerfüllbare Maxime: »Ahme niemals nach.« Hat Emerson seine eigene Einsicht vergessen, daß man Erfinder sein muß, um richtig zu lesen? Was immer das »Wir« in diesem Abschnitt bedeuten mag, es kann nicht dasselbe bedeuten wie in jener großartigen Notizbucheintragung, die hinter dem Essay *Self-Reliance* steht: »Wir sind eine Vision.« Wir werden Emerson am ehesten gerecht, wenn wir nicht so sehr die vielfältig rätselhaften Erscheinungsformen Emersons an allen Ecken und Kanten dieser dunklen, zentralen Vorstellung in den Vordergrund rücken, sondern vielmehr der Balance nachspüren, die er letztlich erreicht, dort, wo wir nach ihr suchen müssen, in seinem großartigsten Essay, *Experience*. Wer diesen Knoten löst, hat Emerson-und-sein-Verhältnis-zum-Einfluß in der Hand – wenn wir denn überhaupt bei Emerson von »Lösung« sprechen können:

So trägt denn das Universum unweigerlich unsere Farben, fällt jedes Objekt eins nach dem andern in das Subjekt selbst. Das Subjekt existiert, das Subjekt vergrößert; alle Dinge rücken früher oder später an ihren angestammten Platz. Wie ich bin, so sehe ich; dreh die Sprache, wie du willst, nie können wir etwas anderes sagen, als wir sind; Hermes, Kadmos, Kolumbus, Newton, Bonaparte sind die Gesandten des Geistes. Anstatt uns gering zu fühlen, wenn wir einem großen Menschen begegnen, laßt uns den Neuankömmling behandeln wie einen fahrenden Geologen, der durch unsere Besitztümer kommt und uns zeigt, wo in unseren Künstlerpfründen guter Schiefer zu finden sei, oder Kalkstein, oder Anthrazit. Der ausschnitthafte Eingriff eines jeden starken Geistes in *eine* Richtung wirkt wie ein Teleskop für die Gegenstände, auf die es gerichtet ist. Aber jeder Teil des Wissens muß bis an dieses Äußerste getrieben werden, ehe die Seele ihre wahrhaft sphärische Dimension erlangen kann.

Die Blindheit der Starken, so impliziert Emerson, führt notwendig zu Einsicht. Ist die Einsicht der Starken auch Blindheit? Kann eine wahrhaft sphärische Seele denn genug von einer *blinden* Seele haben, um weiterhin zu dichten? Hier das gnomische Gedicht, das den Essay *Experience* einleitet:

> Die Herrn des Lebens, die Herrn des Lebens, –
> Ich sah sie vorüberziehn,
> In ihren Kostümen,
> Ähnlich und nicht,
> Stattlich und streng,
> Überraschung und Nutzen,
> Oberfläche und Traum,
> Nachfolge, die wendige, Unrecht und Irrtum, geisterhaft,
> Temperament, ohne Zunge,
> Und den Erfinder des Spiels
> Allgegenwärtig, namenlos; –

Manche sichtbar, manche Ahnung,
Marschierten sie von Ost nach West:
Der kleine Mensch, Geringster unter ihnen,
Zwischen den Beinen der riesigen Wächter,
Lief er herum, mit ratlosem Blick.
Da nahm Natur ihn bei der Hand,
Die Gütige, freundlich und stark,
Mein kleiner Liebling, flüstert sie, Mach dir nichts draus,
Denn morgen schon sehn sie ganz anders aus,
Du bist ihr Ahnherr, sie sind dein Geschlecht! [54]

Dies ist Emerson um 1842, und wenn er um diese Zeit auch kein Mann des Primären mehr war, so doch auch keiner des Sekundären. Die *lords of life* (und *Life* war der ursprüngliche Titel von *Experience*) sind als Inspiration für jeden Dichter eine recht zweifelhafte Siebenfaltigkeit, und *Nature*, die mehr als Wordsworthsche schlichte Amme mit dem großen Herzen, ist auch kein großer Trost. Wenn dies die Götter sind, ist der Mensch gut beraten, der ratlos dreinschaut. All das kommt jedoch in einem teuflisch fröhlichen (wenn auch gewohnt ungelenken) Singsang daher, und der unbetrittene Prophet unseres literarischen Selbstvertrauens scheint so frohgemut und hochgestimmt wie je. Die ganze Prozession führt keine tauglichen Modelle vor, und *deren* Modell ist, wie uns *Natur* versichert, der Mensch; doch wir werden ohnehin zu einem anderen Modus des Selbstvertrauens gedrängt: nicht außerhalb unser selbst sollen wir nach uns selbst suchen – *Ne te quaesiveris extra.* Doch was heißt »nach sich selbst suchen«, auch wenn wir innen suchen? Zeigt uns der Essay *Experience*, in dem uns Emerson, wie ich meine, eine Vision jenseits der Skepsis vermittelt, auch irgendeinen Ausweg aus dem *double bind*, in den uns das Einflußphänomen verstrickt?

»Casualties«, so Emerson, treiben uns voran – und meint damit zufällige, beliebige Ereignisse; er hätte aber ebensogut eine andere Bedeutung des Wortes aktualisieren können, nämlich *Verluste.* Doch wären es dann »beliebige« Verluste gewesen, Opfergaben an jene, »die heimlich mächtig sind, nicht, weil sie offen zuschlagen«? Auf seine einnehmende Art sagt Emerson über diese Meister, daß »der ermunternde Abglanz ihres Lichts [auf uns] fällt, ohne daß wir allzu hohe Gebühren dafür entrichten müßten«. Ein solcher Einfluß hoffte Emerson selbst zu sein, doch haben Thoreau und sogar Whitman sehr teuer bezahlt für das Emersonsche Licht, und ich vermute, daß viele zeitgenössische Amerikaner immer noch bezahlen – ob sie nun Emerson gelesen haben oder nicht –, denn seine besondere Bedeutung besteht darin, daß wir Heutigen ihn anscheinend lesen, einfach weil wir hier leben, an diesem Ort, der immer noch irgendwie der seine ist und nicht unser eigener. Er hat uns in der Hand und erhebt unsre Herzen – durch eine bemerkenswerte Genesung vom Skeptizismus, die den Essay *Experience* plötzlich erleuchtet:

Und wir können nicht zu wenig sagen über unsere konstitutionelle Notwendigkeit, die Dinge ganz persönlich zu sehen. […] Und doch ist der Gott das eingeborene Geschöpf dieser blanken Felsen. […] Wir müssen eisern festhalten an dieser Armut, so skandalös sie sein mag, und müssen, indem wir uns nach den Ausbrüchen ins Handeln wild entschlossen auf uns selbst besinnen, die Achse noch fester im Griff haben, um die wir uns drehen.

Danach ist Emerson frei, uns eine fröhliche Prosaliste der »lords of life« zu liefern – »Illusion, Temperament, Nachfolge, Oberfläche, Überraschung, Realität, Subjektivität« –, und macht uns, indem er diese für sich annimmt, seinen Fluchtweg aus den widerstreitenden Haltungen zum Einfluß zugänglich: »Ich kenne nur das Empfangen; Ich bin, und ich habe: aber ich werde nichts und nehme mir nichts, und immer, wenn ich dachte, ich sei etwas geworden oder hätte mir etwas genommen, entdeckte ich, daß dem nicht so war.« Doch spricht hier das »Geschöpf der Sphären«, der beinahe vollkommene Solipsist, der Thoreau fast zur Verzweiflung brachte und dem Whitman nacheiferte – mit dem Ergebnis, daß er, als wahrer Dichter, in der kummerbeladenen Palinodie seines »As I

Ebbed with the Ocean of Life« enden mußte. Charles Ives, tief beeinflußt von Emersons spätem Essay *Prudence*, bemerkt dazu: »Jeder sollte die Chance haben, nicht über-beeinflußt zu werden.« Stevens, ein weniger erklärter Emersonier, steht dennoch mit der Ekstase seiner Augenblickssiege über den Einfluß Emersons *Experience* sehr viel näher:

Ich habe nicht, aber ich bin, und wie ich bin, bin ich.
[...] Und vielleicht
Ist der Menschenheld nicht die monströse Ausnahme,
Sondern einer, der die Wiederholung besser meistert als die
                                                    andern. [55]

Emerson sagt: »Ich bin, und ich habe«, weil er empfängt, ohne sich selbst etwas anzueignen: »Ich nehme mir nicht.« Stevens sagt: »Ich habe nicht, doch ich bin«, weil er nicht empfängt, sondern sich aneignet, indem er sich zum Herrn der Wiederholung seiner eigenen unaufhörlichen Meditation über das Selbst macht. Emerson ist der vollkommenere Solipsist und doch zugleich der großzügigere Geist und genießt daher die Vorzüge beider Tendenzen. Stevens ist der bessere Dichter, aber mit einem weit weniger transzendenten Bewußtsein und weniger überzeugend in seiner Behauptung letztendlicher Selbständigkeit. Darin unterscheidet er sich übrigens nicht von allen unseren emersonischen Dichtern, ob willentlich wie Whitman, Robinson, Frost oder unwillentlich wie Dickinson und Melville. Auch Stevens, der sich als »neuen Gelehrten« sah, »der an die Stelle eines älteren getreten ist«, wurde zu einem der vielen unwillentlichen Epheben der Leitfiktion, der *Supreme Fiction* unserer Literatur, die in ihrem Individualismus ganz emersonisch ist und auch weiterhin die Trope bleibt, an der wir uns die Zähne ausbeißen.

Vor den Folgen eines alles abstoßenden Individualismus zurückschreckend, optierte Emerson zunächst für einen dionysischen Zustrom und später für die Vorherrschaft jener anderen orphischen Präsenz, Ananke, die sich dem Individuellen widersetzte, wie seine eigenen Limitationen (unter dem Banner einer anderen Ästhetik: der »Schönheit des Schicksalhaften«) erkannten. Denn Emersons Ästhetik war eine *Gebrauchs*ästhetik, eine wahrhaft pragmatische, amerikanische Ästhetik, die gelernt hatte, als schlimmsten Feind des wachen, suchenden Geistes, bestrebt, aus seiner eigenen Nützlichkeit als Eloquenz eine Vision des universellen Guten zu machen, die Entropie der Imagination zu fürchten.

Was gebraucht werden kann, kann auch verbraucht werden; es ist dies, was Geoffrey Hartman die »Anspruchsangst« (*anxiety of demand*) nennt – eine Version davon inszeniert sich in einem grundlegenden romantischen Genre, der »Krisenlyrik«. Rechtfertigt ein gelungenes Gedicht die Hoffnung, daß ein nächstes geschrieben werden kann? Ein idealisierender Kritiker, selbst wenn er ein Meister seines Fachs ist, kann aus naheliegenden Gründen die Meinung vertreten, Dichter seien, als Dichter, ausschließlich mit Formängsten befaßt, und in keiner Weise mit Einfluß- oder Anspruchsängsten; doch alle Form, wenn auch noch so persönlich geprägt, kommt vom Einfluß, und alle Form, so entpersönlicht sie immer erscheinen mag, gewinnt ihre Gestalt gegen die drohende Entleerung und sucht somit einer Forderung zu begegnen. In den Tiefen der Anspruchsangst treibt eine Erscheinungsform aller Vorläufer-Obsessionen ihr Unwesen: die Sorge, die Inspiration könnte den Dichter verfehlen, während die starke Illusion aufrecht bleibt, daß sie den Vorläufer nicht verfehlen konnte, denn dieser hat schließlich den Dichter inspiriert, der sich erst noch abmüht.

Emerson ließ die Inspiration niemals im Stich, teils, weil sie niemals ganz zu ihm gelangte – und wenn doch, immer Hand in Hand mit beträchtlicher Besonnenheit und meist in Gestalt eloquenter Prosa. Wenn die Einfluß-Angst als Vater-Mythos weitergegeben wird, dann dürfen wir annehmen, daß sich die Anspruchsangst wahrscheinlich durch Bilder manifestiert, in denen sich Die Mutter oder Muse verbirgt. Bei Stevens, vor allem in der späten Phase von *The Auroras of Autumn* und *The Rock*, tritt sie aus dem Dunkel: »Abschiedsgruß an eine Idee [...] Das Gesicht der Mutter,/Der Zweck des Gedichts, füllt den Raum [...].«

Doch Stevens war, bei all seiner späten Kargheit, überaus fruchtbar und litt nicht wirklich an Anspruchsangst; auch Emerson litt nicht daran, wohl aber Whitman, dessen diesbezügliche Leiden erst noch von seinen Lesern zu untersuchen wären. Die Angst allerdings, die sich aus einer Vision des imaginativen Vaters nährt, ist bei Stevens stark ausgeprägt, wie etwa hier in den *Auroras*:

> Der Vater sitzt
> Im Raum, wo immer er sitzt, mit düsterm Blick,
> Wie einer, der stark ist in den Büschen seiner Augen.
> Er sagt Nein zum Nein und Ja zum Ja. Er sagt Ja
> Zum Nein; und wenn er Ja sagt, sagt er zugleich Lebwohl. [56]

Dieser jehovagleiche Bejaher, dessen Augen den brennenden Dornbusch ersetzt haben, ist eine zusammengesetzte Figur, mit Emerson und Whitman als wichtigen Komponenten, denn unter allen Vorläufern von Stevens haben sie am extravagantesten »Ja« gesagt. Das Lebwohl-Sagen ist mehrdeutig. Stevens führt uns, gewaltiger als Pound, das »Neumachen« vor, die Frische, die aus der Transformation kommt, und überzeugt uns gründlicher als Williams davon, daß die Schwierigkeiten mit dem kulturellen Erbe nicht durch Vermeidungsversuche zu überwinden sind. Emerson, Ahnherr aller drei, hätte bei Stevens gefunden, was er einst bei Whitman fand: einen rechtmäßigen Erben der amerikanischen Suche nach einer Selbständigkeit auf der Grundlage vollkommener Selbstkenntnis.

Die zeitgenössische amerikanische Dichtung, die im weitreichenden Schatten eines Pound, Williams, Stevens und deren unmittelbarer Nachkommenschaft entsteht, ist ein unmögliches heroisches Unterfangen, gänzlich befangen in der emersonischen Tradition, eine weitere Variation des amerikanischen

Idioms. Die besten unserer zeitgenössischen Dichter reagieren bemerkenswert energisch auf die Einflußleiden, die zu einem so beträchtlichen Teil das heimliche Thema ihrer Werke sind. Als Erben Emersons – manchmal, ohne es zu wissen – ist ihnen auch sein ermutigender Glaube zugefallen, daß die Eloquenz »das angemessene Organ der höchsten persönlichen Energie« sei, und damit die emotionale und intellektuelle Teilhabe an jener edelsten Manifestation der Emersonischen Grundüberzeugung – seines Glaubens an die grundsätzlich Freie Wahl –, nämlich dem Glauben daran, daß Einfluß, für einen potentiell starken Dichter, pure Energie ist, die ihm von einem Vorläufer zufließt, einem (wie Emerson sagt), der »vom gleichen Geiste ist wie er selbst und der auf seinem eigenen Weg viel weiter sieht als er selbst«. Dieser impliziten Emersonischen Theorie der Imagination gemäß wäre die Quelle literarischer Energie die Sprache, nicht die Natur, und somit die Einflußbeziehung eine Beziehung zwischen Wörtern und Wörtern, nicht zwischen Subjekten. Zu meinem Leidwesen muß ich in Emerson hier, wenn auch nur in einem seiner Aspekte, einen Weggefährten Nietzsches als Vorläufer von Jacques Derrida und Paul de Man, dem titanischen Doppelgestirn der Dekonstruktion, erkennen; ich möchte daher dieses Kapitel beschließen, indem ich Derrida und Emerson in der Frage des Einflusses einander gegenüberstelle. Beginnen wir mit Derrida:

Der Begriff der zentrierten Struktur ist in der Tat der Begriff eines *begründeten* Spiels, das von einer begründenden Unbeweglichkeit und einer versichernden Gewißheit, die selber dem Spiel entzogen sind, ausgeht. Von dieser Gewißheit her kann die Angst gemeistert werden, die stets aus einer gewissen Art, ins Spiel verwickelt zu sein, vom Spiel gefesselt zu sein, entsteht.

Dagegen Emerson, in seinem Essay *Nominalist and Realist*:

Denn wenn die Spieler auch sagen, daß die Karten alle Spieler besiegen, selbst die geschicktesten, so sind doch in dem Wettkampf, von dem hier die Rede ist, die Spieler zugleich das Spiel und teilen diese Macht der Karten.

Nietzsche hat, laut Derrida, den Prozeß der Dezentrierung in Gang gesetzt, den Freud, Heidegger, Lévi-Strauss und, am subversivsten, Derrida selbst in Beulah, dem »Wonneland« der Interpretation, vollendet haben. Wenn es mir selbst auch nicht immer wohl ist auf der Suche nach dem verlorenen Sinn, ziehe ich doch letzlich, meine ich, eine Art der Interpretation, die bestrebt ist, Sinn wiederherzustellen und Bedeutungen ins Lot zu bringen, einer Deutungsweise vor, die in erster Linie auf die Dekonstruktion von Sinnbezügen gerichtet ist. Die Ent-Idealisierung unserer Textvision ist ein Gut, aber kein uneingeschränktes, und ich folge Emerson, gegen Nietzsche, in seiner Weigerung, das Entmystifizieren zum obersten Ziel des dialektischen Denkens in der Kritik zu machen.

Marcuse hat im Zuge einer Einführung in Hegels Denken – die durchaus kabbalistisch klingt – betont, das dialektische Denken müsse das Nicht-Gegenwärtige gegenwärtig machen, denn der größere Teil der Wahrheit liege im Nicht-Gegenwärtigen; Rede und »positives« Denken seien notwendig falsch, weil Teil eines »kranken« Ganzen. Ein marxistischer Dialektiker wie Adorno zeigt uns deutlich, was dialektisches Denken in unserer Zeit ist; der Denkende reflektiert auf sein Denken im selben Moment, in dem er sich auf die Objekte seines Denkens richtet. Bei Emerson heißt es in *Nominalist and Realist*, einem Text, der immer noch wirklich zu überraschen vermag, vergleichsweise lapidar: »Kein Satz wird je die ganze Wahrheit enthalten, und die einzige Möglichkeit, gerecht zu sein, besteht darin, daß wir die Lüge bei uns selbst suchen. […]« Es ist dies eine wildere Spielart des dialektischen Denkens, als wir sie bei den meisten post-hegelianischen Europäern finden, und der Grund dafür, warum uns Emerson im selben Maße verrückt macht und für sich einnimmt. Bei ihm erfüllt das dialektische Denken die primäre Funktion nicht, die darin besteht, dem expandierenden Bewußtsein seinen idealistischen Drang auszutreiben. Weder in seinen transzendentalistischen noch in seinen deterministischen Phasen quält Emerson die Sorge, er könnte als Solipsist enden: er ist nur zu glücklich, wenn es ihm gelingt, den Solipsismus, wo er nur kann, transparent zu machen – das heißt, er ist in hohem Maße Wittgensteins Schopenhauerscher Solipsist, der weiß, daß er recht hat mit dem, was er *meint*, und der auch weiß, daß er irrt in dem, was er *sagt*. Der Solipsismus des Emersonischen Transzendentalismus mündet schließlich in den suprarealistischen Determinismus seines letzten großen Buches, des großartigen *Conduct of Life*. Dialektisches Denken ist bei Emerson nicht darauf gerichtet, uns in die Welt der Dinge und der anderen zurückzuholen, sondern nur in eine Welt der Sprache, und somit ist sein Zweck niemals die *Negation* dessen, was direkt vor uns liegt. Aus europäischer Sicht erscheint Emersons Denken möglicherweise nicht so sehr dialektisch als schlichtweg verrückt, und ich vermute, daß selbst Blake – für den eine Negation im Gegensatz zu einem genuin dialektischen Gegenteil stand – geurteilt hätte, Emerson behaupte, ohne Negationen gebe es keinen Fortschritt. Nietzsche allerdings, der so wenige seiner eigenen Zeitgenossen tolerieren konnte, hatte seine helle Freude an Emerson und scheint ihn sehr gut verstanden zu haben. Insbesondere, so meine ich, hat Nietzsche verstanden, daß Emerson (im Gegensatz zu ihm selbst, gefolgt und brillant vollendet von Derrida und de Man) nicht einem *De*zentrieren das Wort redete, sondern einem spezifisch amerikanischen *Re*zentrieren, und damit verbunden einer spezifisch amerikanischen Interpretationsweise, die wir von Whitman und Peirce bis herauf zu Stevens und Kenneth Burke zu entwickeln begonnen haben, wenn wir auch noch am Anfang stehen – eine Interpretationsweise, die intratextuell *ist*, aber beharrlich logozentrisch bleibt und immer noch Emerson folgt, was die Höherschätzung der Beredsamkeit, der inspirierten Stimme vor der »Szene der Schrift« angeht. Emerson, der von sich sagte, er habe alle Fragen neu zur Disposition gestellt, hat zuerst für uns die Literatur in Frage gestellt und lebt nun fort, um jene zu befragen, die heute die entscheidenden Fragen an unsere Literatur stellen.

10. Im Schatten Emersons

Die Philosophie, die wir wollen, ist eine des Flusses
und der Beweglichkeit. [...] In den Wogen, die unsere Wohnung sind, wollen wir ein Schiff. Ein dogmatisch geradwinkliges Haus würde dieser Sturm der
vielen Elemente in tausend kleine Stücke reißen.
Nein, es muß hauteng sitzen, dem Menschen genau
angepaßt, damit er überhaupt leben kann; so wie die
Muschel das Muster sein muß für die Architektur eines Hauses, das seine Fundamente im Meer hat. [...]
Wir sind lauter Goldene Schnitte, willentliche Stabili-
täten, kompensierte oder periodische Irrtümer, Häuser, auf See gebaut.

Emerson, *Montaigne; or The Skeptic*

Die zentralen amerikanischen Gedichte sind Häuser, die ihre
Fundamente im Meer haben. Das folgende Kapitel untersucht
drei repräsentative nach-Emersonische Gedichte – *As I Ebb'd
with the Ocean of Life*, *Because I could not stop for Death* –
und *The Auroras of Autumn* –, ausgewählt, weil sie so stark
sind wie nur irgendein Gedicht aus der Feder unserer stärksten Dichter, Whitman, Dickinson, Stevens. Diese Gedichte
sind Emersonisch in einem doppelten Sinn. Sie folgen dem
Seher in seinem hartnäckigen Behaupten dichterischer Priorität, dichterischer »Frische«, sprich Neuheit durch Transformation, doch auch in seiner eigenartigen dialektischen Forderung, der Dichter müsse zugleich vollkommen individuell sein
und vollkommen Teil der allumfassenden Gemeinschaft. Wie
nun bereits klar sein müßte, hat Einfluß wenig zu tun mit Ver-
haltensweisen und Einstellungen, die offen zutage treten.
Whitman wußte, daß er Emersonier war, und sagte es auch;
Dickinson und Stevens lasen Emerson und blieben in ihrer
wissentlichen Reaktion mehrdeutig, doch ihr tiefes Mißver-

stehen Emersons spielt eine entscheidende Rolle in beinahe allem, was sie schrieben.

Whitman verschiebt das Krisis-Gedicht-Modell der englischen Romantik kaum, auch Stevens nicht, der gegen allen Anschein ein tief whitmanesker Dichter ist, mehr als Hart Crane. Dickinson, die aufgrund der Tatsache, daß ihre zentralen Vorläufer Männer sind, ihren eigenen antithetischen Kampf führte, strebt mit aller Macht von diesem Modell weg, das dennoch überall in ihren Gedichten seine Spuren hinterlassen hat. Alle diese Dichter, angefangen bei Emerson, kennzeichnet ein offenbar spezifisch amerikanischer, starker Akzent auf dem Erhabenen. Das Dämonische ist ihnen nicht unheimlich, sie alle sind große Hyperboliker, und bei allen sehen wir die Abwehr durch Verdrängung heftiger am Werk als bei irgendeinem ihrer englischen Zeitgenossen, sei es im 19. oder 20. Jahrhundert.

Whitman ist zugleich der größte und der am stärksten verdrängte unter den amerikanischen Dichtern. Wenn die Vermutung zutrifft, daß die Dichter alle Abwehrformen erfanden, so wie sie alle Tropen erfanden, dann bleibt noch einiges darüber zu lernen, warum das Verdrängte nicht vollständiger durch eine Lektüre von Whitmans *The Sleepers* wiederkehren kann als durch eine Lektüre von Freuds Studie *Die Verdrängung*. Freuds Auffassung nach kehrt das Verdrängte durch eine Reihe von Vorgängen wieder, vor allem jedoch durch Verschiebung, Verdichtung und Konversion. Whitman ist ein Meister aller drei Operationen, aber bei ihm arbeiten sie zusammen, nicht, um die Verdrängung rückgängig zu machen, sondern um die Verdrängung zum Erhabenen amerikanischer Prägung zu erhöhen.

As I Ebb'd habe ich gewählt, weil es für mich das bewegendste Gedicht Whitmans ist, und wenn es mir, auch vor mir selbst, möglich sein soll, ein antithetisches Verfahren der praktischen Literaturkritik zu rechtfertigen, dann nur, wenn es mir hilft, ein solches Gedicht zu interpretieren. Ich will mich hier wie im Kapitel über Miltons dichterische Nachfahren bemühen, nicht zu vergessen, daß der Leser für gewöhnlich wenig Wert darauf legt, belehrt zu werden, wie man Tropen oder Abwehrformen erkennt. Bilder müssen genügen, und so werde ich mich auf Bilder konzentrieren, aber auf die Trope oder die Abwehrform hinweisen, wenn es mir als Lesehilfe unumgänglich erscheint.

Emerson, Whitmans Vorläufer, schrieb das Motto zu Whitmans Gedicht in sein Tagebuch des Jahres 1823: »Das Schlimmste: die Ebbe ist uns sicher, sie dauert lange an und kehrt häufig wieder, während die Flut nur selten kommt, und schnell vorüber ist.« Ein Seher macht sich selbst immer ungeschehen, und nur selten erreicht er Erhabenheit. Einige Bemerkungen, die Anna Freud in ihrem Buch über Abwehrmechanismen macht, sind hier relevant:

So undurchsichtig die gelungene Verdrängung ist, so durchsichtig wird der Verdrängungsprozeß bei der rückläufigen Bewegung. [...]
Die Verdrängung besteht in der Abhaltung oder Ausstoßung von Vorstellung oder Affekt vom bewußten Ich. Es kann keinen Sinn haben, von Verdrängungen dort zu reden, wo Ich und Es noch ineinanderfließen. [...]

Die erste dieser Bemerkungen läßt uns möglicherweise besser verstehen, was es mit der »Transparenz«, jenem zentralen Emblem des spezifisch amerikanischen Erhabenen bis herauf zu Stevens, auf sich hat. Die zweite mag uns daran erinnern, daß dem Epheben der Aufstieg zum Erhabenen verwehrt ist, solange er sich nicht, soweit er dazu fähig ist, vom verinnerlichten Vorläufer getrennt hat. Zu Beginn der Lektüre von *As I Ebb'd*, das sich in ziemlich komplexer Ironie eröffnet, erweist sich auch noch eine andere Beobachtung Anna Freuds als nützlich:

[...] Ebenso studiert man den Vorgang der Reaktionsbildung am leichtesten am Zerfall von Reaktionsbildungen. Der Vorstoß vom Es her besteht dabei darin, daß die Libidobesetzung der primitiven

Triebregung, die durch die Reaktionsbildung gedeckt ist, verstärkt wird. Dadurch drängt die Triebregung zum Bewußtsein vor, und für eine Weile werden Triebregung und Reaktionsbildung nebeneinander im Ich sichtbar. [...]

Im Bereich des Figurativen entspricht dies dem »etwas Sagen und etwas anderes Meinen«, jener *illusio*, die durch ihre Selbstauflösung einem Gedicht die Starterlaubnis gibt. Noch einmal: es ist ziemlich gleichgültig, ob man eine Abwehr als verborgene Trope auffaßt oder eine Trope als verborgene Abwehr, denn diese Art des Verbergens *ist* Dichtung.

Whitmans Gedicht gliedert sich in folgende Abschnitte: erstens *clinamen* und *tessera*; zweitens *kenosis*; drittens *Dämonisierung*; viertens *askesis* und *apophrades*. Das heißt, der erste Abschnitt bewegt sich von Bildern der Präsenz und Absenz zu Teil/Ganzes-Repräsentationen. Der zweite Abschnitt ist ein radikales, regressives Ungeschehen-Machen, beherrscht von einem umfassenden Bild der Leere. Den dritten Abschnitt prägen Bilder vom Fall in die Tiefe, eine wunderbar groteske Version des Erhabenen. Der vierte und letzte Abschnitt stellt eine Bildopposition von Natur und Whitmans Selbst als Äußeres und Inneres Bildern der Spätheit gegenüber, einer Spätheit, die als solche akzeptiert wird, verbunden mit einer deutlichen Negation des Gegenwärtigen.

Es ist dies nur eine weitmaschige, grobe Anwendung unserer Landkarte des Fehllesens auf ein Gedicht, das in seiner Gesamtheit eine bemerkenswerte Version der *kenosis* darstellt, eines Whitman, der Whitman, den Barden des *Song of Myself*, ungeschehen macht. Dennoch zeigt es uns, wie nahe Whitman dem romantischen englischen Krisis-Gedicht, allen voran Shelleys *Ode to the West Wind*, steht. Für Shelleys Blätter substituiert Whitman die »schmalen Schwaden,/Spreu, Stroh, Holzsplitter, welke Gräser« und den Rest seines bemerkenswerten metonymischen Katalogs, und für Shelleys »Posaune einer Prophetie« bietet er uns »das Schmettern der Wolken-Trompeten«, die uns ein Gefühl von Glanz und Sieg vermitteln, da »auch wir« am Ende des Gedichts »zu deinen Füßen liegen«, »getrieben von der Strömung«.

Whitmans Eröffnungsstrophe mit ihrer machtvollen Abkehr von einer Natur, wie sie bei Emerson erscheint, ist das Gedicht in embryonalem Zustand:

Da ich verebbte, mit dem Ozean des Lebens,
Da ich die Ufer abschritt, die ich kenne,
Da ich spazierenging, wo kurze Wellen ständig dich umspülen, Paumanok,
Wo sie hochschlagen, heiser und zischend
Wo die mächtige alte Mutter ohne Unterlaß nach denen ruft, die
                              sie an Land geworfen,
Da wurde ich, versunken in Gedanken, an einem späten
              Nachmittag im Herbst, den Blick nach Süden gewandt,
Geborgen in jenem elektrischen Ich, das mir den Stolz eingibt,
                              aus dem ich dichte,
ergriffen von dem Geist, der seine Spur hat in den Linien unter
                              meinen Füßen,
Der Rand, das Sediment, Sinnbild für alles Wasser und alles Land
                              auf dieser Welt. [57]

Wie Shelley in einem Wald, der die Ufer des Arno säumt, oder Stevens im Schein der Polarlichter, so hängt auch Whitman »eines späten Nachmittags im Herbst« seinen Gedanken nach. Alle drei Gedichte nehmen eine Haltung des »späten Blicks« ein, wobei Whitman nach Süden schaut, Shelley nach Westen und Stevens nach Norden. Whitman sieht dort das Emblem der Mutter, wie wir es von Ferenczi und aus der Tradition kennen, Shelleys Blick richtet sich auf revolutionären Wandel und Tod, Stevens' auf natürlichen Wandel und Tod. Aber Whitmans Blick richtet sich, kraftvoller als bei den anderen, auf den dichterischen Wandel – und den Tod auch. Seine einleitende *illusio* oder Ironie ist die subtilste dieser drei. Er sagt »*ich* verebbte«, aber er meint »dieses elektrische Selbst«; im Verebben begriffen ist hier der Stolz, der ihn befähigt, Gedichte zu schreiben, das Selbst aus dem *Song of Myself*. Was er zu Recht befürchtet, ist sein Tod als Dichter. Diese Angst ist eng verwandt mit Wordsworths, Shelleys und Stevens' Angst, doch seine Ironie umfassender und durchdringender, da Whitman, in Emersons Fußstapfen, einem stärker empfundenen Monismus das Wort redet und dennoch wissentlich der strengste Dualist unter diesen drei Dichtern ist.

Dennoch bewegt sich Whitman, in der offenkundigen Synekdoche seines »Der Rand, das Sediment, Sinnbild für alles Wasser und alles Land auf dieser Welt«, weit rascher auf eine restitutierende Repräsentation zu als die anderen. Der Strand ist ihm die großartigste aller Synekdochen, steht sie doch für Wasser und Land, für Mutter und Vater, vor allem jedoch für ihn selbst, mehr für Whitman, das leidende menschliche Wesen, als für Whitman, den Dichter. Was uns die Landkarte des Fehllesens hier erkennen läßt, ist, wie das Ganzes/Teil-Bild der Repräsentation unmittelbar an die Stelle des Absenz/Präsenz-Bildes der Limitation tritt. Whitman wandert den Strand als Mensch entlang, nicht so sehr als Dichter, »mit diesem elektrischen Selbst auf der Suche nach Urbildern«, aber nicht *als* dieses Selbst. Was ihm das Gedicht so bemerkenswert schnell wiedergibt, ist die Wiederherstellung, *tikkun*, die darin besteht, daß er zugleich Dem Vater und Der Mutter näher rückt, während er, wo er am meisten Dichter ist (wie in *The Sleepers* und *Out of the Cradle Endlessly Rocking*), am weitesten entfernt ist von seinem Vater.

Das Bild der Entleerung des Selbst, bis es nur mehr »Schwade« ist, findet sich schon im ersten Abschnitt, während es den zweiten vollkommen dominiert; dort tritt die Abwehr durch Ungeschehen-Machen des dichterischen Selbst unmittelbarer zutage als irgendwo sonst in der englischen oder amerikanischen Dichtung, unmittelbarer als selbst bei Shelley:

Auch ich bin bestenfalls ein Häufchen hochgespültes Treibgut,
Ein bißchen Sand und welkes Laub, zu sammeln,
Sammeln, und eintauchen, als Teil des Sandes und des Treibguts.

[58]

So schön die ersten beiden Abschnitte sind, sie erscheinen doch zwergenhaft vor der Großartigkeit des Erhabenen, das in der zweiten Hälfte des Gedichts auf so befremdliche und in der Tat amerikanische Weise Gestalt annimmt. Whitmans *Dämonisierung* ist eine tiefgreifende Humanisierung des Erhabenen, eine Verdrängung, die seine Lebenskraft stärkt, ihn enger und sicherer mit der Erde verbindet:

Ich werfe mich an deine Brust, mein Vater,
Ich klammre mich an dich, so daß du mich nicht los wirst,
So halte ich dich fest, bis du mir eine Antwort gibst.

Küß mich, mein Vater
Berühre mich mit deinen Lippen, wie ich die berühre, die ich
                                liebe,

Hauche mir zu solange ich dich halte das Geheimnis des Gemurmels, das mich mit Neid erfüllt. [59]

Wenige Schriftsteller enthüllen uns so deutlich, was die Verdrängung wirklich abwehrt und warum die Verdrängung der apotropäischen Funktion der Repräsentation, jenes Schutzschildes der Dichtung gegen die drohende Destruktion, so nahesteht. Was Whitman verdrängt hat *und fortfährt zu verdrängen*, hier stärker denn je, ist die enge Assoziation in seinem Inneren zwischen der Urszene der Instruktion (der Übereinkunft mit Emerson) und den eigentlichen Urszenen, Freuds *Urphantasie* und *Urszene* (Verweigerung der Übereinkunft mit Walter Whitman senior). Wie die Übereinkunft mit Emerson, die Quelle der dichterischen Selbst-Schwunde, so wird auch die verweigerte Übereinkunft mit dem tatsächlichen Vater akzeptiert und vollständig gemacht. Emersons »Selbständigkeit« hatte Whitman von den totalisierenden Leiden des Familienromans befreit; nun erlauben die Folgen des dichterischen Analogons zum Familienroman Whitman eine Versöhnung, die er nie fand, solange sein Vater am Leben war. Imaginationsverlust wird hier buchstäblich – so unmittelbar, wie sich dies Wordsworth oder Coleridge niemals hätten vorstellen können – in erfahrungsweltlichen Gewinn verwandelt.

So originell und lebenspendend das ist: Whitman geht im wunderbaren letzten Abschnitt seines Gedichts darüber hinaus. Er beginnt mit der Metapher und ihren Perspektiven, verläßt jedoch die Grenzen eines solchen Dualismus innerhalb von sechs Zeilen seines letzten Abschnittes. Der Ozean des Lebens, die mächtige alte Mutter, ist außerhalb seiner selbst, doch jetzt fürchtet sie seine Berührung mehr, als er sie fürchtet, denn nun ist er eins mit dem Vater. Die Innen/Außen-Relation von Ozean des Lebens/Whitman ist ein zu negatives Wissen, um lange Bestand zu haben. Die erstaunliche letzte Strophe des Gedichts, ein großartiges Schema der Transsumption, baut wieder eine Trope auf jede entscheidende Trope im vorangehenden Text:

Ebbe, Ozean des Lebens, (die Flut wird wiederkehren,)
Höre nicht auf zu stöhnen, du mächtige uralte Mutter,
Ohne Unterlaß rufe nach den Gestrandeten, doch fürchte,
                               verleumde mich nicht,
Schlage nicht hoch, heiser und zornig, mir zu Füßen, wenn ich
           dich berühre, die Dinge sammle, die du mit dir führst.

Zärtlich meine ich's mit dir, zärtlich wie mit allem,
Ich sammle für mich selbst und dies Phantom, das auf unsre
           Schritte niederblickt und mir und meinesgleichen folgt.

Ich und meinesgleichen, lose Schwaden, kleine Leichen,
Schaum, schneeig weiß, und Blasen,
(Sieh, wie meinen toten Lippen am Ende aller Schlick
                               entströmt,
Sieh die prismatischen Farben glitzern und fließen,)
Strohbüschel, Treibsand, Fragmente,
Als eine Boje hergetrieben, von vielen Stimmungen, lauter
                               Gegensätzen,
Vom Sturm, der langen Stille, der Dunkelheit, dem Schwellen,
Sinnend, staunend, ein Atemzug, eine salzige Träne, ein Spritzer
                          Flüssigkeit, ein Klümpchen Erde,

Nicht weniger aus unergründlich tiefem Wirken hinaufgeworfen,
                                                      fermentiert,
Ein, zwei geknickte Knospen, abgerissen, nicht weniger
          schwebend, auf Wellen treibend, ohne Ziel,
Nicht weniger für uns dies Klagelied der schluchzenden Natur,
Nicht weniger, von dort, woher wir kommen, das Schmettern der
                                          Trompeten aus den Wolken,
Wir, die Ergebnisse von Launen, an diesen Ort gebracht, wir
          wissen nicht, woher, vor dir nun hingebreitet,
Du, der dort oben wandelt oder sitzt,
Wer immer du sein magst, auch wir liegen zu deinen Füßen,
                              getrieben von der Strömung. [60]

Die »Nicht-weniger«-Wiederholung ist der treibende Faktor,
durch den die Metonymie des »Ich und meinesgleichen, lose
Schwaden, kleine Leichen« zur Metalepsis des »Wir, die Ergebnisse von Launen, an diesen Ort gebracht, wir wissen
nicht, woher« wird. Als Metonymie einer Metonymie verkehrt das »Wir, die Ergebnisse von Launen« siegreich das
reduktive Grundmuster des Gedichts, denn die Gegenwart, in
der Whitman abgeschnitten ist von seinem Dichter-Selbst,
wird zu einer gänzlich verneinten Zeit, somit zu einer Nicht-
Zeit. Die dichterische Vergangenheit ist introjiziert, die Bilder
der Spätheit werden zu Bildern der Exaltation: »Nicht weniger für uns dies Klagelied der schluchzenden Natur,/Nicht
weniger, von dort, woher wir kommen, das Schmettern der
Trompeten aus den Wolken [...].«
    Übersetzen wir das in den Bereich der Abwehrvorgänge,
der Transformation von Abwehrformen, müßten wir sagen,
daß hier das Ungeschehen-Machen durch Introjektion ungeschehen gemacht wird, daß das Selbst zur Ruhe kommt, in
einer Identifikation mit einer früheren Version dessen, was es
einst war (beziehungsweise seines phantasierten früheren
Selbst). Ich würde es letztlich allerdings lieber ein starkes oder
tiefes Fehllesen von Emersons *Nature* in seiner apokalyptischen Schlußbewegung nennen:

Wisse denn, daß die Welt für dich da ist. Für dich ist die Erscheinung vollkommen. Was wir sind, nur das können wir sehen. [...] Baue also deine eigne Welt. [...] Das Königreich des Menschen über die Natur, welches *nicht so kommt, daß man es an äußeren Zeichen erkennen könnte* [Lukas 17,20] – eine Provinz, wie sie jetzt jenseits seines Traums von Gott liegt –, er soll es betreten, ohne mehr zu staunen als der Blinde, der Schritt für Schritt wieder sehend wird.

Zwischen Emersons »für dich« und Whitmans »nicht weniger für uns« liegt ein langer Weg, wenn »für uns« bedeutet: »für mich und meinesgleichen, lose Schwaden«, und nicht den Geist, der durch Einfluß zum Riesen wächst. Letztlich besteht Whitmans Mißverstehen seines Meisters, des Sehers, in der Behauptung, der Blinde werde durch die Ebbe, nicht durch die Flut, wieder sehend.

Dickinsons Auseinandersetzung mit Emerson ist noch intimer, da sie immer eine Häretikerin blieb, deren einzige wahre Orthodoxie die Emersonsche Lehre – das Hohelied der persönlichen Note – war. Ihre Haltung ist kaum die des Späterkommenden, denn sie hatte das große Glück, daß ihre Vorläufer ausschließlich männlich waren, selbst Emerson, bei all seinem Universalismus. Bei ihrer Auseinandersetzung mit Emerson geht es um (und gegen) sein ehernes Gesetz der Kompensation, das für sie nicht ehern genug war. »Nichts bekommt man für nichts«, wiederholt er hartnäckig, fröhlich dämonisch; »Man bekommt nichts, wenn man alles gibt«, antwortet sie darauf, wobei allerdings ihr »Nichts« mehr umfaßt als das »Alles« aller nachfolgenden Dichter. Was kann unsere Landkarte des Fehllesens ihr anhaben, was kann sie für sie tun? Oder sprengt das Ausmaß ihrer Originalität die Grenzen unseres revisionären Modells?

Oft tut es dies, aber nicht, so meine ich, in ihren berühmtesten und heute am höchsten geschätzten Gedichten, die mehr oder weniger dem traditionalen Modell folgen. Ich ziehe das Gedicht Nummer 712 heran, *Because I could not stop for Death –*, seiner Berühmtheit und seiner dichterischen Stärke wegen. Auch dieses sechsstrophige Gedicht läßt die geläufige triadische Struktur erkennen, mit einigen zusätzlichen, erhellenden Akzenten. Die erste Strophe bewegt sich von der Ironie zur Synekdoche, die folgenden drei Strophen von einer Leerung des Selbst und der Dinge zu einer hyperbolischen Transzendierung der Natur. In der fünften Strophe präsentiert sich die Metapher auf rätselhafte Weise und scheitert, um anschließend in der Schlußstrophe durch eine metaleptische Umkehr ersetzt zu werden, eine Trope des Triumphs über die Zeit.

Dickinsons Eröffnungstrope spielt mit einer gesellschaftlichen Konvention und mit zwei Bedeutungen von »to stop«: Miss Dickinson aus Amherst kann, trotz ihrer Wertschätzung für ihn, natürlich nicht öffentlich »anhalten«, um Herrn Tod einen Besuch abzustatten; der Tod, ganz *New England Gentleman*, zeigt also, daß er weiß, was sich gehört, und fährt in seiner Droschke bei ihr vor – das ist die eine Seite; die andere ist, daß Miss Dickinson, darin Shelley ziemlich ähnlich, ohnehin nie »anhält«, es sei denn, man halte sie auf; aber aufzuhalten ist sie nicht, auch nicht durch den Tod oder ihm zuliebe. Bei all dem sagt Dickinson, die Dichterin, klar und deutlich etwas anderes, als sie meint. Was sie meint, ist, daß der Tod ihr Bewußtsein nicht »aufhalten« kann, sie aber seines, und das tut sie auch – eine ziemlich komplexe Ironie. Der Leser kämpft vermutlich noch mit dieser geistreichen Verdichtung, da muß er sich schon mit ihrer Antwortsynekdoche auseinandersetzen: in der Droschke sind der Tod und die Dame, aber auch deren Begleiterin, Dueña Unsterblichkeit.

Der Tod ist gründlich ausgebootet, und das schon in der ersten Strophe. Seine Höflichkeit setzt der Dame allerdings Grenzen, also kompensiert sie, indem sie sich selbst isoliert – von Arbeit und Muße: »Ich hatte meine Arbeit unterbrochen/ Und meine Muße auch/Die Höflichkeit gebot's«. Diese *kenosis* wird erweitert, und zwar durch Regression (im Bild der spielenden Kinder) und durch Ungeschehen-Machen (im pathetischen Irrtum der »starrenden Ähren«). Doch keiner Selbst-Limitation gewährt die wunderbare Dickinson langes Asyl; ihre *Dämonisierung* in Gestalt einer persönlichen Version des amerikanischen Erhabenen ist so unvermittelt wie originell, und so machtvoll verdrängend wie Whitmans oder Nietzsches Sonnenbahnen:

> Wir ließen die Untergehnde Sonne hinter Uns –
> Oder vielmehr – Sie zog an Uns vorbei –
> Der Tau sank, eiskalt zitternd –
> Denn Hauchdünn nur, mein Kleid –
> Mein Umhang – nur aus Tüll – [61]

Gekleidet, wie es scheint, für eine nachmittägliche Ausfahrt, hat sie sich einem System oder Körper angeschlossen, der größer ist als die Sonne, die sich um ihn dreht, und der doch genug Erde in sich trägt, um sie unter kühlen Abendschauern frösteln zu lassen. Als erhabene Repräsentation, als Hyperbel, die über die Sonne hinausgreift, verbirgt dies (kaum) eine Abwehr gegen den größten Wunsch jeden Dichters, die dichterische Unsterblichkeit. Die Dueña, die Dickinson begleitet, kann nicht der Glaube, muß ihre eigene Dichtung sein, und da eine Dichterin das Männliche auf eine Muse reduziert, wird dem Tod sein Platz in diesem Gesellschaftsspiel zugewiesen, sein Platz als Dickinsons Muse, gefährlich genug, aber doch nicht fähig, sein Begehren zu erfüllen (das auch ihr Begehren ist: er hatte schließlich angehalten, weil *sie* aus gesellschaftlichen Gründen nicht *konnte* – was nicht heißt, daß sie nicht wollte).

In der fünften Strophe begegnet uns wieder die zum Scheitern verurteilte Perspektivierung der *askesis*, doch scheitert Dickinson wissend und glanzvoll:

> Wir hielten an vor einem Haus, das aussah
> Wie Geschwollnes Erdreich –
> Ein Dach war kaum zu sehn –
> Im Boden – das Gesimse – [62]

Weder das »Haus« noch den »Boden« kann man als ein Innen oder ein Außen bezeichnen, und wenn die Metapher für Dickinsons Grab steht (was sie meines Erachtens nicht tut), dann macht sie sich selbst durch innere Widersprüche inkohärent. Ich verstehe die Strophe jedoch so, daß in der Vision, in die sie eingetreten ist, alle Perspektive außer Kraft gesetzt ist, was auf der Ebene der psychischen Abwehr hieße, daß eine Sublimierung – gleichgültig, welcher Begehren – nicht länger möglich ist. Aber auch hier gönnt sie dem Leser keine Rast; sie nimmt sich selbst aus der Zeit heraus und entzieht ihrem Leser die Zeit. Unsere Spätheit ist unsere Frühe. Jahrhunderte schon ist sie mit dem Tod (und der Unsterblichkeit) herumgefahren, und doch ist es weniger als der eine Tag ihrer ersten Selbst-Erkenntnis, des ersten Gewahrwerdens, daß die Droschke ihrer eigenen Dichtung gehörte.

Ein gnomisches Gedicht verlangt nach einem gnomischen Kommentar; der Seher der *Auroras of Autumn* fordert beträchtliche Diskursivität. Sein Gedicht verlangt nach einer eigenen Version unserer Topographie des Fehllesens: die römischen Ziffern verweisen auf die zehn Abschnitte oder Cantos des Gedichts und ordnet ihnen die jeweils dominierenden Bilder zu:

Clinamen I	Schlange als Präsenz und Absenz.
Tessera II-IV	Abschied von einer Idee als Synekdoche eines Abschieds von allem Leben durch das Teil-Bild eines Abschieds von der Dichtung.
Kenosis V	Metonymie des Stammelns und des Atems; Entleeren des Festlichkeit-Bildes.
Dämonisierung VI	Das Amerikanische Erhabene, Theater des Hyperbolischen; Wolkenlandschaft als Bild des Hohen, der Forscher mit der einen Kerze als Bild des Niederen.
Askesis VII	Diamantene Krone Kabbala als gescheiterte Metapher; Sublimierung zu leichtem Geplauder unter dem Mond.

Apophrades VIII-X   Zeit der Unschuld als transsumptive Umkehr; Introjektion der Polarlichter, Projek-
tion des Todes.

Die einfache Ironie des Eröffnungs-Cantos liegt darin, daß
Stevens »Veränderung« sagt, aber »Tod« meint, denn dies ist
die doppelte Bedeutung der Schlange, ihrerseits zugleich eine
restlose Präsenz und eine restlose Abwesenheit:

> Das ist Form, die nach Formlosigkeit schnappt,
> Haut, die aufblitzt, in der Sehnsucht nach Verschwinden,
> Und der Schlangenkörper, der hautlos leuchtet. [63]

Perry Miller, der dem Fortschritt von Jonathan Edwards zu
Emerson nachgegangen ist, liefert in seiner Studie über den
Geist Neuenglands im 17. Jahrhundert ein ausgezeichnetes
Motto für *The Auroras of Autumn*:

Es muß im Universum Raum sein für eine freie und unberechen-
bare Macht, eine gesetzlose Kraft, die in unerwartetem Glanz und
unerklärlicher Majestät durch die Nacht blitzt. In den Augen der
Puritaner war es besser, daß an den meisten Menschen diese Erleuchtung vorüberzöge und sie in hoffnungslose Verzweiflung sin-
ken ließe, als daß alle Menschen ohne jede Hoffnung geboren
würden, sie je zu sehen, oder einige wenige auf die Ekstase der Vision verzichteten.

Wie Emerson dieses Gefühl des Erwählt-Seins verschob, so
verwandelte Stevens, der »neue Schriftgelehrte an der Stelle
eines älteren«, die Erwählung neuanfänglich in das, was er
Imagination nannte. Der Preis dafür ist das, womit sich Stevens schließlich in *The Auroras of Autumn* herumschlägt, wo
er sich, als Fundamentalist seines eigenen Ersten Entwurfs,
mit der freien und unkalkulierbaren Kraft des Polarlichts
konfrontiert sieht, das sich jeder Reduktion verweigert.

   Die Lurianische Dialektik, die ich zum Schema Limitation
→ Substitution → Repräsentation verschoben habe, macht
Stevens vollkommen explizit. Bei ihm heißen die drei Stadien:
Reduktion auf den Ersten Entwurf → Unfähigkeit, allein mit

dem Ersten Entwurf zu leben → Neu-Imagination des Ersten Entwurfs. Die Cantos II-IV der *Auroras of Autumn* zeigen Stevens in seiner Bewegung von einer Reaktionsbildung gegen seine eigenen Impotenz- und Todesängste zu einer Wendung gegen die eigene Person, die er »Abschied von einem Entwurf [...]« nennt, wobei »Entwurf« nicht so sehr den »Ersten Entwurf« meint als vielmehr den gesamten dreifachen Prozeß, jene Dialektik der Stevensschen Wahrnehmung, also auch seines Denkens und seiner Dichtung. Dichtung steht hier für das Leben insgesamt, so daß die Synekdoche sehr dunkel ist:

Sichtbar sein heißt hier weiß sein,
Sein, aus dem Körperkern der Farbe Weiß, Errungenschaft
des Extremisten, in einer Fingerübung [...]

Das Wetter ändert sich. Im kalten Wind fröstelt der Strand.
Die langen Linien werden länger, leerer,
Und eine Dunkelheit ballt sich zusammen, auch wenn sie noch
                                                        nicht fällt

Das Weiß wird weniger lebendig an der Wand. [64]

Der »Extremist« ist Stevens, die »Fingerübung« die Reduktion auf den Ersten Entwurf, die »Errungenschaft« die Strand-Welt, unerträglich, weil sie vollkommen reduziert wurde von dem Nichts, das nicht ist, auf das Nichts, das ist. Der »Erste Entwurf« ist der Entwurf einer Wahrnehmung, dem man alle Anzeichen jenes pathetischen Irrtums vom Leib gerissen hätte, eine Objekt-Welt, die ganz und gar Objekt ist, bar jeder Illusion und alles Menschlichen. Doch die intendierte Funktion des Ersten Entwurfs war, daß sie »das offene Fleisch/Dieser Erfindung« sein sollte, wobei »Erfindung« für »diese erfundene Welt« aus den *Notes Toward a Supreme Fiction* stand. Was dort »diese immer-frühe Ehrlichkeit« hieß, ein weißer Ursprung dichterischer Ernsthaftigkeit und Wahrheit, ist nun zum giftigen »Körperkern der Farbe Weiß« geworden, farblose All-Farbe der havarierten und vielleicht sterbenden Imagination des alternden Stevens.

Da ich hier nur die Umrisse einer Lektüre aufzeichne, werde ich die Schönheiten der Cantos II-IV beiseite lassen, jener Cantos, in denen nacheinander der Unterschlupf (Emersons »Haus, auf Meer gebaut«), Mutter-Imago (»Die sanften Hände sind eine Bewegung, keine Berührung«) und Vater-Imago (»[…] und mit dem Ja sagt er Lebwohl«) auf den verfehlten Ersten Entwurf reduziert werden. In Canto V bringt Stevens alle diese bereits verworfenen Bilder zusammen, nur um sie ungeschehen zu machen, in *einem* umfassenden, aller Bedeutung entleerten Bild: »Wir stehen im Gewoge einer Festlichkeit./Welcher Festlichkeit? Dies laute, völlig ordnungslose Treiben?«

Die Theater-Bilder des Vaters sind jene der Metonymie: »seine Herden, die keine mehr sind,/stammelnd und sabbernd keuchen sie halbe Portionen/Von Atem hinaus.« Was sich freut, wird ungeschehen gemacht oder durch eine Regression zurückgeführt, die ihre eigene Nostalgie nicht aufrechterhalten kann: »Die Kinder lachen und rasseln eine blecherne Zeitlang.« Diese Limitation ist, selbst für Stevens, so extrem in ihren Bildern, daß die Reaktion der *Dämonisierung*, der Verwandlung in ein Amerikanisches Erhabenes, zur gewaltsamsten Hyperbel des Stevensschen Gesamtwerks gerät, völlig ungedämpft und durchgehalten bis zum Letzten. Bilder der Höhe türmen sich zu einem Theater der Wolkenlandschaft, das sich nicht einmal durch die für Stevens so charakteristische defensive Ironie modifizieren läßt: »Groß aufgemacht, weil es die Herrlichkeit mag/Und die solennen Freuden herrlichen Raums.«

Sobald das Theater zwangsläufig einstürzt, erreicht Stevens in jenem einzig dastehenden Abschnitt, der mich mehr bewegt als irgendeine andere Stelle in seinem Werk, die Apotheose seiner eigenen Verdrängung:

> Das ist nichts, bis es in einem Einzelnen enthalten ist,
> Nichts, bis dies benannte Ding namenlos ist
> Und zerstört. Er öffnet die Tür seines Hauses

In Flammen. Der Forscher mit der einen Kerze sieht
Ein arktisch kaltes Flackern an den Rändern
Von allem, was er ist. Und er hat Angst. [65]

Dickinson hätte das bewundert, denn es macht uns den Preis
eines Amerikanischen Erhabenen beinahe so deutlich, wie sie
es getan hatte. Stevens versucht auch hier wieder, ein letztes
Mal, angesichts der Polarlichter den Strafritus seiner Dichtung
zu wiederholen, doch die Nordlichter kann er nicht namenlos
machen. Frühere Triumphe, zu einer Zeit, da er die Macht
hatte, benannte Dinge zu zerstören, geistern noch in seinem
Kopf herum:

Wirf die Lichter weg, die vorgekauten Begriffe,
Und sage von dem, was du siehst im Dunkeln,

Daß es dies sei oder jenes,
Aber benutze nicht die kranken Namen.

* * *

Es gibt ein Projekt für die Sonne. Die Sonne
Darf keinen Namen tragen, Goldsprüherin, sondern muß sein,
In der Schwierigkeit sein, was sie sein soll. [66]

Diese Lichter allerdings werden sich nicht wegwerfen lassen,
und für die Polarlichter gibt es kein Projekt. Stevens' Meer-
Haus öffnet sich in die Flammen hinein, und die Höhe, bis zu
der die höchste Kerze die Dunkelheit erhellt, ist, wie sich zeigt,
nicht sehr hoch. Nach dieser Hyperbel, die versagt hat, nicht
als Repräsentation, aber als Argumentation, versucht Stevens
die Schlußlimitation, seine charakteristische *askesis*, in der
sublimierenden Metapher des Cantos VII.

Dieser Canto kehrt zurück zur Wolkenlandschaft (oder
malt weiter daran), doch ist es jetzt ein ganz anderer Himmel,
beherrscht von einem sterblichen Gott, einer Ananke oder
Schönen Notwendigkeit (wie sich Emerson in *The Conduct of
Life* ausdrückt), deren Imagination ihren Thron hoch droben
in den Gestirnen hat, von wo sie herabsteigt, um unsere Plane-
ten zu zerstören, wenn es ihr Wille ist:

Und hinterläßt, von dem, was unser Ort war, unser Blickpunkt,
                                                                    wo wir

Einander kannten und einer an den andern dachte,
Ein Zittern, einen Rest, eiskalt und aufgegeben,
Bis auf diese Krone und mystische Kabbala. [67]

Diese Krone und mystische oder diamantene Kabbala (wußte
Stevens, daß das Wort ursprünglich »die Überlieferung« bedeutet?) ist die erweiterte Metapher, durch welche der Dichter
hofft, schließlich doch noch seinen Frieden mit den Polarlichtern zu machen, einer platonisch-emersonischen Gottheit, die
Verehrung fordert und verdient, weil sie schön ist und weil die
Auslöschung jener Gewalttätigkeit-des-Geistes, mit der der
Dichter antwortet, auf diese Weise Teil der Notwendigkeit
wird, welche die Gewalttätigkeit-des-Himmels ist. Doch Stevens kann die Metapher mit ihren Subjekt/Objekt-Unter-
scheidungen, die den Geist des Dichters in Selbstwidersprü-
che verstricken, sowenig akzeptieren wie Dickinson. Denn
selbst die Polarlichter, Krone und mystische Kabbala des
Himmels, »wagen es nicht, zufällig aufzuflammen in ihrer eignen Dunkelheit«. Wie Shelley vor ihm ist Stevens Lukrezianer,
findet sein Bild für die Freiheit im *clinamen* oder Um-
schwung, im Wandel »von einem Schicksal zu einer leichten
Laune«. Indem er seine eigene Metapher sublimiert, macht
Stevens, der erdverhaftete Dichter, gebunden durch die praktischen Notwendigkeiten menschlicher Kommunikation, aus
den Polarlichtern seinesgleichen. Die Polarlichter-als-Krone
»sind in Bewegung, um zu finden/Was sie ungültig machen
muß«, und das kann nicht mehr sein als, »sagen wir, eine
leichtfertige Mitteilung unter dem Mond«.

Was folgt, ist einer der gelungensten Einfälle Stevens', die
Wiederkehr einer transsumptiven Anspielung, so blendend,
daß sie Stevens als eine Art kleinerer Milton in unserem Jahrhundert erscheinen läßt. Die Cantos VIII-X beschließen das
Gedicht mit einer restlosen Verkehrung des Frühen in ein

Spätes, eine Umdrehung, deren Achse das Bild einer Zeit der Unschuld ist. Indem er die Polarlichter introjiziert und den Tod von sich weg projiziert, jedenfalls für einen kurzen Augenblick, identifiziert sich Stevens mit dem, was ihn vorher mit Angst und Schrecken erfüllte:

> So wären also diese Lichter nicht Licht-Zauber,
> Nicht Wort aus einer Wolke, sondern Unschuld.
> Eine Unschuld der Erde, und nicht ein falsches Zeichen
> Oder Symbol der Bosheit. [68]

Stevens kombiniert Keats und Whitman und erreicht eine Transsumption beider. Die letzten drei Cantos handeln von einer Unschuld, von der Stevens behaupten kann: »Ihre Natur ist eins mit ihrem Zweck«, und die ihm erlaubt, die tröstende Mutter des *Song of Myself* zurückzuholen. »Das Idiom einer unschuldigen Erde« läßt die Wolkenlandschaft aufleuchten »wie eines großen Schattens letzten Schmuck« und stellt die whitmaneske Ahnung von einem mütterlichen Tod wieder her:

> Es kann morgen kommen, im einfachsten Wort,
> Beinahe als Teil der Unschuld, beinahe,
> Beinahe als der zärtlichste und wahrste Teil. [69]

Der Preis dafür ist, wie bei allen Transsumptionen, ein Realitätsschwund: Realität des gegenwärtigen Augenblicks, der sich auflöst zwischen einer Spätheit, in Frühe zurückverwandelt, und einer verlorenen Frühheit, die jetzt als etwas Spätes erscheint. »Im Licht dieser Lichter«, der Polarlichter, könnte Stevens zum Wissen kommen – aber nur »wie ein Strohfeuer des Sommers, im drohenden Schatten des Winters«; und auch, worin dieses Wissen bestehen könnte, sagt er uns nicht.

11. Im Schatten der Schatten: »Für soeben«

Ich bin den Spuren der visionären Schar gefolgt, die sich im Schatten zweier Einflüsse tummelt, der miltonschen Tradition, die von den Dichtern der Empfindsamkeit zu ihrer Kulmination in Yeats führt, und der emersonischen Tradition von Whitman bis zu ihrer Vollendung in Stevens' letzter Phase. Dieses abschließende Kapitel, eine kurze Spekulation über die zeitgenössische Dichtung, wird um Interpretationsprobleme kreisen, die sich aus etwas ergeben, was mir als eine Wiederbelebung transsumptiver Verfahrensweisen in der jüngsten amerikanischen Lyrik erscheint, insbesondere in der späten Phase von Robert Penn Warrens Werk und in Ausläufern gegenwärtiger Werkphasen von John Ashbery und A. R. Ammons.

Stevens' Wiederbelebung der transsumptiven Anspielung, im Gegensatz zur augenfälligen Anspielung bei Pound, Eliot und ihrer Schule, findet eine Parallele in Warrens jüngstem Werk, obwohl Warren von der rivalisierenden Eliot-Schule herkommt. Warrens *Audubon: A Vision*, so wie anderes, woran er noch arbeitet, zeugt von einer etwa vierzig Jahre langen Entwicklung, dem Werden eines weiteren starken Dichters mit dem Ziel, den Platz einzunehmen, der durch den Tod der bedeutendsten amerikanischen Dichter dieses Jahrhunderts frei wurde. Gut sechzig Jahre alt, war Warren zum wichtigsten zeitgenössischen Revisionisten einer bewußt und spezifisch amerikanischen Dichtung geworden. Hier eines seiner neueren Gedichte, *Sunset Walk in Thaw-Time in Vermont*:

Ratsch, Husch, Flügel-Pfeifen: und
Aus dem Fichtendickicht, Schnee schüttelnd von
Schwarzen Fichtenzweigen, bricht
Es hervor. Das prächtige Rebhuhnmännchen, schwarz auf
                                        flammrot,

Taucht ins Rot der sinkenden Sonne. Weg
Ist er.
In der Stille, die
Eintritt, abrupt im
Rückstoß und Schauer des plötzlichen Schreckens, stehe
Ich. Starre. In schlammgestreiftem Schnee,
meine Füße. Ich,
Die Augen am schwarzen Gefricht vorbei auf den roten Westen
                                fixiert, höre,
In meiner Brust, wie aus dunkler Höhle einer
Nicht-Zeit, das Herz
Schlagen.
Wohin
Sind die Jahre verschwunden?

2

Den ganzen Tag, tauflutend, schäumte der Wasserlauf seinen
                                Graben hinunter.
Jetzt, ohne Himmel außer der hochverästelten Fichtennacht,
                                bewegt
Er sich, und die Schwellung, das seidige Geström von
                        muskulösem Wasser, schaum-
Geschlitzt und flechtenweiß, schimmert jetzt nur in
Dem kalten, selbst sich zeugenden Schneelicht
Stark noch im Dunkel von Felsbänken.
                          Der Steinbrocken
Stöhnt im Strom, der Strom schwillt
In seiner tiefen Gewißheit der Freude, wie
Verhängt über ihn, und Ich,
Die Augen fixiert auf den roten Westen, beginne zu hören –
                              obwohl
langsam und starr, wie beim Erwachen –
Den Klang der Bewegung von Wasser im Dunkeln.
Ich stehe und sehe vor mir
Das glitschige Schwellen von Wasser, schwärzer als Basalt, und
                              darauf
Der strenge Glanz, wie stählern, von schneeiger Dunkelheit.

3

An derselben Stelle im Sommer, zur Drosselzeit, habe ich
Beim Scheitern des letzten Lichts, dieses volle
Schattenbeschimmerte, sattglänzende Flüssigsein gehört, und
werde es wieder hören; aber nicht jetzt.

Jetzt

Hier starre ich westwärts und höre nur
Die Bewegung von dunkler werdendem Wasser, und von welcher
Tiefe des Seins ich sein mag, erbitte
Würdig zu werden meines menschlichen Scheiterns und der
Narrheit, und
Würdig meines menschlichen Unwissens und der Furcht, und
aller
Seelen-Ruhe, die zu erlangen sein mag da ich
Hier stehe im kalten Atem des Schnees, der
Sich hochwindet bis an mein Knie.

Währenddessen

Ballt sich am Osthang des Berges die Dunkelheit, und
Schon entwirft, wo die Sonne seit Stunden nichts mehr berührte,
der neue
Eiskristall seine massige Geometrie.

4

Wenn mein Sohn ein alter Mann ist, und ich
Habe fünfzig Jahre oder länger sein Gesicht nicht gesehen, und
wäre, es sehend
Nicht einmal fähig den Namen zu raten, der ihm gehörte,
welchen
Segen sollte ich für ihn erbitten?

Daß er irgendwann, wenn er zur Tauwetterzeit, bei Einbruch
der Dunkelheit
Auf der Waldseite steht und wenn er
Rot-westwärts starrt, den Klang sich bewegenden Wassers
Im Ohr, daß er dann,
In dieser Zukunft, segnen solle,
Nach vorn, in die Zukunft der Zukunft hinein,
Einen alten Mann, der, da er mein ist, einst
Sein Sohn war.

Denn welchen Segen kann einer erhoffen außer
Einer Unsterblichkeit in
Der liebenden Obhut des Todes? [70]

Wenn wir auf Warrens bewegende Sequenz unsere Typologie
der Vermeidungen anwenden, zerfällt sie in drei Teile, die Abschnitte 1, 2 und 3-4. Abschnitt 1 beginnt mit einem außergewöhnlichen *clinamen*, das der nahezu vorbereitungslosen
Bewegung des Rebhuhnmännchens von seiner überwältigen-
den Präsenz in die vollkommene Abwesenheit folgt. Die
Trope der Ironie leistet hier doppelte Arbeit, denn das Ver-
schwinden des Vogels in den Sonnenuntergang hinein macht
den Sonnenuntergang für Warren erst sichtbar, weil sich dadurch die Fichtenzweige lichten. Mit dem explosionsartigen
Erscheinen des Vogels, das einem Ursprung gleicht oder einem
Sonnenaufgang, kommt keine Zeit des Erkennens, Anerken-
nens von Ursprüngen, sondern nur ein plötzlicher Rückstoß,
eine Rückblende, die Warren in Verwirrung erstarren läßt,
eine der beredtesten seiner obsessiven Visionen der Zeit und
der Unmittelbarkeit seiner eigenen Sterblichkeit. Eine Reaktionsbildung gegen seine instinktive Leidenschaft für den
Tod, weicht Warrens Atem-Seele, das Band zwischen seinem
Rhythmus und seiner Diktion, einer extremen Rigidität, einem krampfhaften Zusammenziehen, Ausdruck einer spezifi-
schen Heftigkeit des Geistes, die diesen Dichter kennzeichnet.
Die Repräsentation, die dem antwortet, die Verkehrung in Gestalt einer Synekdoche, steckt in der offenen Frage: »Wohin/
Sind die Jahre verschwunden?« Sie ist das Ganze, das den Teil
ergänzt, und dieser Teil ist das jähe Ende eines Tages zur Zeit
des beginnenden Tauwetters. Man vergleiche dies mit den Er-
öffnungsabschnitten der *Auroras of Autumn*, eines Gedichts
in der emersonischen Tradition, das Warren zu besiegen
suchte. Auf bezeichnende Weise wird Stevens der Absenz
durch eine überstarke Präsenz – der gewaltigen Schönheit der
Polarlichter – gewahr. Warren, der auf den rotglühenden Westen starrt, ist Absenz im Angesicht von Absenz, eher ein

Kind Melvilles, oder Hawthornes, als Emersons oder Whitmans. Sein unmittelbarer Vorläufer ist Eliot, doch wenige zeitgenössische Dichter wissen wie er um die Stärke aller relevanten Tradition.

Abschnitt 2 bringt uns Warrens *kenosis*, sein metonymisches Ungeschehen-Machen der eigenen Vision. Warrens Modus, das dichterische Selbst zum leeren Raum der Schöpfung zu machen, ist eher Isolierung als Regression. Wo er im ersten Abschnitt sein Herz schlagen hörte, hört er nun die metonymischen Personifikationen einer vorübergehend durch verwundertes Erstarren gestörten Empfindsamkeit. Felsbrocken und Wasserlauf sind Bewußtseinsweisen nach dem Fall, und Warren ist ihnen nahe, dem Schlaf und dem Tod, während er »den Klang der Bewegung von Wasser im Dunkeln« zu hören beginnt. Die Bewegung von reduktivem Hören zu hyperbolischem Sehen in der Abschlußtriade des Gedichts ist Warrens Antwort in Gestalt einer *Dämonisierung*, sein Aufstieg in das Amerikanische Gegen-Erhabene. In Abschnitt 3 wird die Hoch/Tief-Bildlichkeit überblendet von einer Perspektivierung, die eine Art des Schreckens erzeugt, der an Dante denken läßt, da sie die Emerson-Stevenssche Transparenz des Kristalls in etwas verwandelt, was eher dem Kristall der Offenbarung nahekommt:

> Währenddessen
> Ballt sich am Osthang des Berges die Dunkelheit, und
> Schon entwirft, wo die Sonne seit Stunden nichts mehr berührte,
> der neue
> Eiskristall seine massige Geometrie. [71]

Es ist dies Warrens *askesis*, seine Sublimierung vermittels Metapher, Sublimierung des persönlichen Todes zu überpersönlicher Bedeutsamkeit, der »massigen Geometrie« des Eiskristalls. Da dieses Gedicht fortwährend über den Gegensatz meditiert, der den Erscheinungen von Sonnenuntergang und Tauwetter innewohnt, bringt die Geometrie des Kristalls die

Versöhnung, die solche Meditation intendiert, jenen Brennpunkt, in dem die Natur als ein Außen und Warrens *intimations of mortality* (die Zeichen, die für die Sterblichkeit stehen) als ein Innen zur Deckung kommen. Die Metapher »scheitert« in jenem besonderen Sinn, auf den ich im fünften Kapitel hinweise, das heißt, sie versagt, weil die Perspektivierung als Mittel, eine dichterische Sinnkrise vermittels einer Wiederherstellung von Sinn wiedergutzumachen, versagt.

Warrens Originalität und seine Kraft, die das gesamte Gedicht prägen, treten doch besonders im vierten Abschnitt zutage, einer Transsumption, die in der amerikanischen Dichtung seit den *Auroras of Autumn* nicht ihresgleichen hat. In Gestalt einer proleptischen Repräsentation hat Warren eine Vision, die er zeitlich ein halbes Jahrhundert nach seinem eigenen Tod ansiedelt und damit jede mögliche Erkenntnis der Notwendigkeit und der Gewalt des Wandels unterwirft. Sein Segen für den Sohn ist zugleich eine Doppel-Introjektion der Zukunft, die Projektion alles Vergangenen und Aufhebung des »Rot-westwärts«, des gegenwärtigen Augenblicks im Gedicht. Durch den Segen »hinein in die Zukunft der Zukunft« macht Warren seinen *amor fati* manifest, darin Nietzsche verwandt oder solchen Nietzsche-Nachfahren wie W. B. Yeats und Thomas Mann. Was dieser im Alter von vierundsiebzig Jahren über seinen Roman *Der Erwählte* schrieb, könnte auch Warren über seine späte Version des proleptischen Segens sagen:

Amor Fati – ich habe wenig dagegen, ein Spätgekommener und Letzter, ein Abschließender zu sein, und glaube nicht, daß nach mir diese Geschichte und die Josephsgeschichten noch einmal werden erzählt werden.

Wordsworths Schwester-Segen am Schluß von *Tintern Abbey* und Coleridge in vielen vergleichbaren Momenten sind die Ahnen, auf die Warrens Gedicht letztlich zurückgeht, das vielleicht nach ihm nicht noch einmal geschrieben wird. Die Rede

von der »Unsterblichkeit/In der liebenden Obhut des Todes«
bezieht ihren Sinn aus der lateinischen Wurzel *vig*-; Warren,
der kämpferische Anti-Emersonier, erreicht die Frische-
durch-Transformation durch eine bewußte Spätheit, die doch
zugleich Emersons Verweigerung des Spät-Seins wiederbe-
lebt.

Ammons und Ashbery zeigen der Literaturkritik, wie die
Emersonische Tradition zur unmittelbaren Bürde *und* Stärke
wird – was für die Interpreten dieser beiden Dichter nicht weniger gilt als für die Dichter selbst. Über ein Gedicht von Ammons oder Ashbery mit Blick auf Emerson oder Whitman oder
Stevens zu sprechen bedeutet, sich auf etwas zu berufen, was
man als das Menschlich-Analoge im Gegensatz zu Coleridges
Organisch-Analogem bezeichnen könnte. Ein Gedicht kann
sich, sowenig wie wir, mit seiner Flucht in sich selbst hinein zu-
friedengeben. Es muß über uns mit Blick auf andere Menschen
gesprochen werden, denn sowenig wie ein Gedicht können wir
»von uns selbst handeln«. Zu sagen, ein Gedicht handle von
sich selbst, ist eine Tötung; zu sagen, daß es von einem anderen
Gedicht handle, heißt: in die Welt hinaustreten, in der wir leben. Wir idealisieren uns selbst, wenn wir uns isolieren, gera-
deso wie Dichter sich täuschen, wenn sie idealisieren, was
sie die »wahren Themen« ihrer Gedichte nennen. In Wirklichkeit bewegen sich diese Themen im Magnetfeld der Einfluß-
Angst – und oft genug sind sie heute mit ihr identisch.

Während ich hier noch damit beschäftigt bin, die Periphe-
rien und Auffälligkeiten eines Ammons und die willkürlichen
Epiphanien eines Ashbery mit den großen Umkreisungen
und den zentraleren, herausragenden Momenten ihrer tran-
szendentalistischen Ahnen zu verknüpfen, zeichnet sich je-
doch eine noch tiefergehende und offenkundig notwendige
Abschweifung ab. Auf den Kern reduziert, *ist* die Einfluß-
Angst die Angst vor dem Tod, und so schließt eines Dichters
Vision von der liebevoll wachsamen »Obhut des Todes« eine
Einflußfreiheit mit ein. Im alltäglichen Erfahrungsbereich ist

die sexuelle Eifersucht eine verwandte Angst, auch sie reduziert sich auf die Angst vor dem Tod, oder vor der Tyrannei von Zeit und Raum als Kerker und Falle, als Gefahr der Beherrschung durch das Nicht-Ich (das, wie Emerson sagt, den eigenen Körper mit einschließt). Die Einfluß-Angst geht, wie die Eifersucht, teils zurück auf die Angst vor dem natürlichen Körper, aber Gedichte werden von Natürlichen Menschen gemacht, die eins sind mit ihrem Körper. Blake bestand auf der Existenz des *Real Man the Imagination*; vielleicht hat er recht, aber dieser Wirkliche Mensch kann keine Gedichte schreiben – jedenfalls bis jetzt noch nicht.

Das Gedicht ist bestrebt, den Dichter-als-Dichter von der Angst zu befreien, *es bleibe für ihn nicht genug übrig*, sei es, was den imaginativen Raum, sei es, was die Priorität in der Zeit anbelangt. Ein Thema, eine Verfahrensweise, eine Stimme – sie alle führen zur Frage: »Was, außer meinem Tod, gehört nur mir?« Zeitgenössische Verseschmiede der verschiedenen Pound-Williams-Schulen machen sich über die Vorstellung einer »Einfluß-Angst« lustig, bestärkt durch ihren Glauben, Gedichte seien Maschinen, zusammengefügt aus Wörtern. Vielleicht sind sie das auch, aber vor allem in dem Sinne, in dem auch wir, leider, solche Maschinen zu sein scheinen. Menschen machen Gedichte wie Dr. Frankenstein seinen *daemon*, und Gedichte bekommen die menschlichen Unordnungen mit auf die Welt. Die Menschen in Gedichten haben keinen Vater, wohl aber die Gedichte.

Ammons und Ashbery sind sich, wie Warren auch, all dessen bewußt, denn starke Dichter werden stark, indem sie die Herausforderung der Einfluß-Angst annehmen, anstatt sie zu ignorieren. Dichter, die sich im Vergessen ihrer Ahnen hervortun, schreiben auch Gedichte, die man getrost vergessen darf. Sie wollen wie Nietzsche glauben, daß »Vergessen zu allem Handeln gehört«, und Handeln kann für sie nur heißen: ein Gedicht schreiben. Kein Dichter kann jedoch ein Gedicht schreiben, ohne sich in irgendeinem Sinne eines anderen Gedichtes zu erinnern, so wie niemand liebt, ohne sich dabei, und sei es noch so dunkel, an eine frühere Liebe zu erinnern, gleichgültig wie stark phantasiert oder tabuisiert. Jeder Dichter muß notwendig sagen, was Hart Crane in einem frühen Gedicht sagt: »Ich kann mich an eine Menge Vergeßlichkeit erinnern.« Um als Dichter weiterzuleben, braucht der Dichter den Illusionsnebel um sich, der eben das Licht von ihm abschirmt, das ihn am Anfang entflammte. Dieser Nebel ist jener (gleichgültig wie falsch verstandene) Nimbus dessen, was die Propheten seinen *kavod* genannt hätten, seine »Ehre«, das Strahlen der eigenen Majestät (von der er ausgeht).

Es sollten dies offenkundige Wahrheiten sein, aber Dichter idealisieren im Glauben, die Dichtung zu verteidigen, ihre Beziehung zueinander, und die magischen Idealisten unter den Kritikern folgen den Dichtern in dieser Selbsttäuschung. Northrop Frye, zum Beispiel, idealisiert in dieser Hinsicht noch mächtiger als selbst Blake:

Sobald der Künstler in Begriffen des Einflusses denkt statt an die Klarheit, die von der Form kommt, wird die Anstrengung der Imagination zu einer Willensanstrengung und die Kunst zur Tyrannei pervertiert, zur Anwendung des Prinzips der Magie oder einer verdeckten Zwangsausübung auf die Gesellschaft.

Dagegen möchte ich Coleridges Bemerkung zitieren, wonach die Macht, neu zu entstehen und Neues zu schaffen, gerade der Wille *ist* – unser Mittel zur Flucht vor Natur und Wiederholungszwang; und ich möchte hinzufügen, daß in dieser Hinsicht niemand die Kunst erst zu »pervertieren« braucht, denn die nach-aufklärerische dichterische Imagination ist notwendig »ver-kehrt« genug in ihrem immerwährenden Kampf gegen den Einfluß. Frye konstatiert das Ideal; Coleridge wußte, daß wir, wie er sagte, »dem Ideal ein *clinamen*« machen müssen. Wie ich jetzt sehe, hat Colderidge in seinen *Aids to Reflection* das Kritikkonzept inauguriert – er nannte es »*lene clinamen*, die sanfte Neigung« –, von dem ich fälschlich annahm, ich hätte es erfunden. Auch Kritiker sind eben begabte Vergessende.

Ammons hat einmal angemerkt, daß die Einfluß-Angst »Teil des größeren Themas der Hierarchie« sei, ein Thema, das er – aus der Sicht der Dichter wie der Kritiker – um die Prozesse der Kanonbildung kreisen sieht, die letztlich die Entscheidung einer Gesellschaft für bestimmte Texte ist, die sie der Tradierung und der kritischen Auseinandersetzung für würdig hält. Kanonbildung ist weder ein willkürlicher Prozeß noch über mehr als eine oder zwei Generationen hinaus gesellschaftspolitisch bestimmt, auch nicht durch eine noch so intensive Kultur- beziehungsweise Literatur-Politik. Dichter überleben aufgrund der Stärke, die ihnen gegeben ist; diese Stärke manifestiert sich in ihrem Einfluß auf andere starke Dichter, und Einfluß, der über mehr als zwei Generationen starker Dichter hinaus wirkt, wird meist Teil der Tradition, ja sogar die Tradition selbst. Gedichte bleiben lebendig, wenn sie lebendige Gedichte zeugen, auch durch Widerstand, Feindseligkeit, Fehlinterpretation; und Gedichte werden unsterblich, wenn ihre Nachfahren ihrerseits lebensfähige Gedichte zeugen. Das Starke zeugt Stärke, auch wenn der Schmelz der Schönheit fehlen sollte, und wenn sich die Stärke lange genug durchgesetzt hat, lernen wir, sie Tradition zu nennen, ob es uns gefällt oder nicht.

Ammons und Ashbery sind, wie der spätere Warren auch, obschon der Kampf ums Überleben notwendig immer schwieriger wird, wahrscheinliche Überlebens-Kandidaten. Als Beispiel eines neueren Textes von Ammons möchte ich die Widmungszeilen seines langen Gedichts *Sphere: The Form of a Motion* zitieren:

Ich stieg bis zum Gipfel und stand in der Nacktheit der Höhe:
der Wind raste hier-
hin und dorthin, verwirrt, und seine Rede drang
nicht bis zu mir, noch meine zu ihm:
und doch sprach ich wie zu dem Fremden in mir

Ich spreche jetzt nicht zum Wind:
denn da die Natur mich so weit gebracht hat, hat sie
mich aus sich hinausgeführt
und nichts hier zeigt mir das Bild meiner selbst:
für das Wort *Baum* hat man mir einen Baum gezeigt
und für *Fels* hat man mir einen Felsen gezeigt,
für Strom, für Wolke, für Stern
dieser Ort hat für starke Verknüpfung gesorgt und fürs
                                        Antworten
        wo aber ist hier das Bild für die *Sehnsucht*:
Ich berührte also die Felsen, ihre Kruste, voll Interesse:
ich schälte die Rinde verkümmerter Tannen:
in den Raum fiel mein Blick und in die Sonne
und nichts gab Antwort auf mein Wort *Sehnsucht*:
        Adieu, sprach ich, Adieu, Natur, so groß und
schlicht, deine Zungen sind verheilt, hinein in ihr eigenes
                                        Element
und indem du deinen Mund versperrst, sperrst du mich aus:
                                        ich bin
so fremd hier, gelandet, wie ein Besucher,
ich stieg also wieder hinunter, sammelte Lehm
und formte von Hand ein Bild für die *Sehnsucht*:
        ich trug das Bild zum Gipfel: zuerst
stellte ichs hierher, auf die oberste Spitze des Felsen, doch es
                                        erfüllte
nichts: ich stellte es dann zwischen die winzigen Tannen dort
doch wollt es nicht passen:
also ging ich zurück in die Stadt und baute ein Haus, das Bild
dort aufzustellen
und in mein Haus kamen Menschen und sagten
        dies sei ein Bild für die *Sehnsucht*
und nichts werde je wieder sein, wie es war. [72]

Im fünften Kapitel habe ich auf verschiedene poetische Strukturen als Abweichungen vom Modell des Krisis-Gedichts
verwiesen, Abweichungen insofern, als sie unterschiedliche
Anwendungen der rhetorischen Substitution manifestieren,
einschließlich einer Art von Gedicht, das in der Hyperbolik

des Erhabenen beginnt, sich metonymisch ungeschehen macht und durch den Gegensatz zwischen Metalepsis und Metapher geht, um schließlich in einem Oszillieren zwischen Synekdoche und Ironie zu enden. In allen Beispielen wird die Repräsentation durch die Limitation ungeschehen gemacht, und dies ist auch das Muster, das sich Ammons hier vorlegt. Seine letzte Zeile ist, ungeachtet seiner tiefsten Impulse, eine Ironie oder Reaktionsbildung, die Behauptung einer Absenz, und doch zugleich die Anerkennung der fortgesetzten Präsenz jenes zwingenden Bedürfnisses, das ihn ursprünglich zur Dichtung trieb, das Bedürfnis, mit den Zungen der Natur zu sprechen. Sein Abschied von der Natur ist verwandt mit Stevens' *Farewell to Florida*, denn immer, wenn er »haßte« sagt, meint er »liebte«, und immer wenn Ammons »Adieu« sagt, meint er »fang wieder von vorn an«.

So gelesen, bedeutet die letzte Zeile von *I Went to the Summit*, daß nichts an der Sehnsucht sich ändern kann, oder: daß dem transzendentalen Impuls kein Ende gesetzt werden kann (Emerson: »Ich werde unentwegt *besiegt*; und doch bin ich zum Sieg geboren«). Das Bild des Hauses ist die Emersonische Synekdoche aus dem Essay *Nature*, die Stevens im kritischen Moment der *Auroras of Autumn* aufgreifen mußte, da er als amerikanischer »Forscher mit der einen Kerze« entdeckte, daß er die Polarlichter nicht ent-nennen konnte: »Er öffnet die Tür seines Hauses/In Flammen.« Ammons ist Emerson sehr viel näher, auf seine unheimliche Weise, wie Robert Frost; und wie Robert Frost erneuert er den impliziten Kälteschauer, den Emersons Rhapsodien nicht bannen. »Jeder Geist baut sich sein Haus, und jenseits des Hauses eine Welt, und jenseits seiner Welt einen Himmel«; und doch sagt uns Emersons Leitsynekdoche, daß wir Ruinen sind, das Gespött aller Häuser und Welten und Himmel, die wir bauen:

Der Mensch ist der Zwerg seiner selbst. Einst war er durchdrungen von Geist und in ihm aufgelöst. Er erfüllte die Natur mit der Flut seiner Ströme. [...] Da er sich aber diese riesige schützende Schale geschaffen hatte, zogen sich die Wasser zurück; nicht länger füllt er die Adern und Äderchen; zu einem Tropfen ist er geschrumpft. Er sieht, daß die Form ihm immer noch paßt, aber paßt wie ein Koloß. Sagen wir lieber, daß sie ihm einst paßte, jetzt aber nur mehr von weitem und aus großer Höhe. Schüchtern bestaunt er sein eigenes Werk. [...] Manchmal jedoch schreckt er aus seinem Schlummer auf und betrachtet sich voller Verwunderung und grübelt staunend nach über die Ähnlichkeit zwischen ihm und ihr. [...]

Ammons seinerseits grübelt staunend nach über die Ähnlichkeit zwischen ihm selbst und seinen Gedichten, aber psychisch ist die Trope eine Abwehr durch Verkehrung, so daß das Bild für *Sehnsucht* eine angstvolle Selbsterkenntnis ist, die Erkenntnis, daß Ammons nie wieder den Zustand der Einheit erlangen wird, jenes Einfließen von Neuanfänglichkeit, das er in seinen frühesten Gedichten so kraftvoll zelebriert. »Das Schlimmste: die Ebbe ist uns sicher, sie dauert lange an und kehrt häufig wieder, während die Flut nur selten kommt und schnell vorüber ist«, schrieb Emerson 1823 in sein Tagebuch; aber das eigentlich Schlimme ist, daß sie *nie* wieder kommt. Dies ist die Bürde, an der die Ammons Gedicht in seinem Mittelteil trägt, wo er um das eigene Spätkommen weiß (das hier »fremd« oder »ausgesperrt sein« heißt), ohne daß es ihm gelänge, sie durch die Metapher vom Formen des Lehm-Bilds der Sehnsucht ins Gegenteil zu verkehren. Sich nach etwas sehnen bedeutet, etwas zu begehren, während man doch weiß, daß es keine Erfüllung dieses Begehrens geben kann oder, auf der Ebene der Metapher, daß das Bild, selbst wenn es den ganzen Raum zu füllen vermöchte, doch niemals genügen wird.

Die Größe dieses Gedichts liegt teils in der Kühnheit seiner erhabenen Eröffnung, wo die Natur (der Wind) »verwirrt« ist, nicht der unverbrauchte Seher; mehr aber noch in der Kraft, mit der der Seher durch Metonymie ungeschehen macht. Wenn es, wie Emerson weissagte, der Zweck des Lebens ist, die Metonymie zu erlernen, dann will Ammons vom Leben mehr als

das, während er sich gleichzeitig weigert, sich mit seinem Vorläufer auf einen Streit einzulassen: »und nichts hier zeigt mir
das Bild meiner selbst«. Wie bei Warrens Gedicht auf den Sonnenuntergang zur Tauwetterzeit kann der Leser von Ammons'
hohem Gesang durchaus stark berührt sein, sogar eine (vor-
übergehende) Verwandlung durchmachen, und sich dennoch
fragen, ob diese Stärke der bewußten Spätheit nicht letztlich
das Aus für einen weiteren Dichtungsmodus herbeiführt.

Ich beschließe dieses Kapitel, und dieses Buch, mit einem
beklemmenden Gedicht vom Spät-Sein: John Ashberys *As
You Came from the Holy Land*, dessen Titel beziehungsweise
erste Zeile parodierend den Beginn einer bitteren Ballade von
der verlorenen Liebe aufgreift; eine der Strophen dieses Gedichts, das Ralegh zugeschrieben wird, geistert überall durch
Ashberys (milderes) Gedicht:

> Solang ich jung war, hab ich sie geliebt,
>   Nun da ich alt bin, wie man sieht,
> Liebt die Liebe nicht die Frucht,
>   Die vom welken Baume fällt. [73]

»Sie« ist die persönliche Vergangenheit in Ashberys Elegie an
das Selbst:

ALS DU AUS DEM HEILIGEN LAND KAMST

im Westen des Staates New York
ging es den Gräbern gut in ihren Büschen
lag ein Anflug von Panik in der späten Augustluft
weil der alte Mann wieder in die Hose gepinkelt hatte
war da die Abkehr vom grellen Spätnachmittagslicht
als ob auch das sich fortwünschen ließe
war etwas von alldem vorhanden
und wie könnte es
die magische Lösung des Zustandes sein in dem du jetzt bist
was immer so lang dich bewegungslos hielt
die dunkle Jahreszeit hindurch
bis jetzt die Frauen erscheinen in Dunkelblau

und aus der Erde die Würmer zum Sterben
es ist das Ende jeglicher Jahreszeit

du dort der so angestrengt liest
sitzt und keine Störung wünscht
als du aus dem heiligen Land kamst
welche anderen Zeichen der Erdabhängigkeit trugst du
welches unverrückbar festgelegte Zeichen an der Kreuzung
welche Lethargie in den breiten Straßen
wo alles flüsternd gesagt wird
welcher Stimmklang zwischen den Hecken
welcher Ton unter Apfelbäumen
das numerierte Land zieht sich dahin
dein Haus wird morgen eingebaut
doch gewiß nicht bevor überprüft ist
was stimmt und was sein wird
nicht vor der Zählung
und nicht bevor die Namen aufgeschrieben sind

Denke daran du bist frei davonzuwandern
wie von anderen Zeiten und Szenen die stattgefunden haben
die Geschichte von einem der zu spät kam
die Zeit ist reif und das Sprich-Wort
schlüpft aus während die Jahreszeiten sich ändern und beben
es ist am Ende als ob diese Sache von ungeheurem Interesse
am Himmel sich ereignete
aber die Sonne sinkt und nimmt dir die Sicht
aus der Nacht steigt das Pfandmal
seine Blätter landen wie Vögel alle zugleich unterm Baum
hochgehoben aufgewirbelt
abgelegt wieder in kraftloser Wut
wissend wie das Hirn weiß daß es niemals geschehen kann
hier nicht noch gestern in der Vergangenheit
nur in der Lücke des Heute sich füllend
wie Leere verteilt wird
in der Vorstellung davon welche Zeit ist
wenn diese Zeit schon vorbei ist [74]

Ashbery (vielleicht, weil er unmittelbar von Stevens herkommt) folgt wie Stevens im großen und ganzen ziemlich

genau dem Paradigma des Krisis-Gedichts, wie ich es in meiner Karte des Mißverstehens verzeichnet habe. Dieses Wordsworth-Whitmansche Modell stellt, ich habe dies schon an anderer Stelle erwähnt, niemals so viel gegenständliche Bedeutung wieder her, wie es beständig beschneidet oder entzieht. Ashberys Kraftquelle und sein Kunstgriff waren es, die schneidende Bitterkeit des Bedeutungsentzugs zu vertonen. So ist, in diesem Gedicht, »das Ende jeglicher Jahreszeit« am Schluß der ersten Strophe mit Absicht als Synekdoche so partiell, daß es die überall spürbaren Abwesenheiten der Ironien in der gesamten Strophe nicht kompensieren kann. Ashberys Wendungen gegen die eigene Person bleiben auf halbem Wege stehen, und kaum einmal läßt er zu, daß sich eine Verkehrung im psychologischen Sinn wirklich vollzieht. Seine Ursprünge, das heilige Land im Westen des Bundesstaates New York, werden hier wie anderswo in seinem Werk mit einer Art interesseloser Rigidität dargestellt und scheinen weiter keine prägende Bedeutung für den Dichter zu haben, der bezeichnenderweise mit *you* angesprochen wird. Die nächste Strophe betont die für Ashbery bezeichnende metonymische Abwehr durch Isolierung (im Gegensatz zum Stevensschen Ungeschehen-Machen und der Whitmanschen Regression), durch die Zeichen und Impulse voneinander gelöst werden und sich der Katalog oder »die Zählung« im reduktiven *Nieder*schreiben von Namen erfüllt, wobei das »Nieder-« ein überraschendes Maß an Differenz und Kraft freisetzt. Die dritte Strophe (eine der glänzendsten, die wir von Ashbery bisher kennen) markiert die *Dämonisierung* in diesem Gedicht, das Amerikanische Gegen-Erhabene, in dem Ashbery wie Stevens so sehr zu Hause sind. Ashberys Mischung aus Stärke und Schwäche, sein absichtsvolles Pathos, wurzelt in dem Umstand, daß er wissentlich beginnt, wo Childe Roland endete: »frei davonzuwandern«, aber immer im Gefühl, die »Geschichte von einem [zu leben], der zu spät kam«, und gleichzeitig zu spüren, daß »die Zeit jetzt reif ist«. In seinem Prosatext *Three Poems*, wo er sich Gedanken über seine eigenen Ausdrucksgewohnheiten macht, hatte er ausdrücklich sich selbst mit Childe Roland bei seinem Dunklen Turm verglichen, und auch hier wird das Erhabene, Ashberys Empfinden, daß sich eine Stevenssche Wirklichkeit im Krieg des Himmels gegen den Geist ereignet, notwendig von einem Sonnenuntergang verdunkelt, der Rolands letztem »roten Blick« verwandt ist.

Ashberys beachtenswerte Leistung, bisher, liegt in seiner heroischen und fortwährenden Selbst-Aufhebung der Art, daß wir damit auch das vorliegende Buch beschließen wollen, denn solche Selbst-Aufhebung leistet Pionierarbeit beim Ungeschehen-Machen jener Spielart der Transsumption, die Stevens wiederzubeleben half. Ashberys Allusivität ist eher transsumptiv als offen, aber er setzt sie gegen sich selbst ein, als sei er fest entschlossen, aus seinem Spätsein eine hoffnungslose Fröhlichkeit zu machen. In der abschließenden Strophe von *As You Came from the Holy Land* enthüllt sich die charakteristischste aller Shelley-Stevensschen Metaphern, die Blätter-Fiktion, erwartungsgemäß als gescheitert (»hochgehoben aufgewirbelt/abgelegt wieder in kraftloser Wut«); die Metalepsis allerdings, die Ashbery dafür substituiert, ist beinahe eine Hyperbel des Scheiterns, da Präsenz und Gegenwart zusammenfallen – »in der Lücke des Heute sich füllend/wie Leere verteilt wird«. Als grelle Parodie des transsumptiven Modus müßten uns die beiden Schlußzeilen des Gedichts erscheinen, wäre da nicht die Intensität ihrer traurigen Würde. Ashbery, zu fein und von zu hoher dichterischer Intelligenz, um den Rachegelüsten eines Zeitparodisten zu erliegen, flackert statt dessen weiter »wie eines großen Schattens letzten Schmuck«.

Anhang
Die englischen Originalgedichte

[1]
Like lamps into the world's tempestuous night, –
Two tranquil stars, while clouds are passing by
Which wrap them from the foundering seaman's sight,
That burn from year to year with unextinguished light.

[2]
                        […] with its mighty swell
Gluts twice ten thousand caverns, till the spell
Of Hecate leaves them their old shadowy sound.

[3]
Now chiefly is my natal hour,
And only now my prime of life;
Of manhood's strength it is the flower,
'Tis peace's end, and war's beginning strife.

[4]
The yellow half-moon enlarged, sagging down, drooping, the face
                        of the sea almost touching,
The boy ecstatic, with his bare feet the waves, with his hair the
                        atmosphere dallying,
The love in the heart long pent, now loose, now at last
                        tumultuously bursting. […]

[5]
So I said I am Ezra
and the wind whipped my throat
gaming for the sounds of my voice
I listened to the wind
go over my head and up into the night
Turning to the sea I said
I am Ezra
but there were no echoes from the waves. […]

[6]
A land that is thirstier than ruin;
A sea that is hungrier than death;
Heaped hills that a tree never grew in;
Wide sands where the wave draws breath;
All solace is here for the spirit
That ever forever may be
For the soul of thy son to inherit,
My mother, my sea.

[7]
Come follow us, and smile as we;
We sail to the rock in the ancient waves,
Where the snow falls by thousands into the sea,
And the drowned and the shipwrecked have happy graves.

[8]
Restored! Returned! The lost are borne
On seas of shipwreck home at last:
See! In the fire of praising burns
The dry dumb past, and we
The life-day long shall part no more.

[9]
And brightest things that are theirs. [...]
Ah, no; the years, the years;
Down their carved names the raindrop plows.

[10]
Ah, no; the years O!
How the sick leaves reel down in throngs!

[11]
And much I grieved to think how power and will
In opposition rule our mortal day,

And why God made irreconcilable
Good and the means of good; and for despair
I half disdained mine eyes' desire to fill

With the spent vision of the times that were
And scarce have ceased to be –

[12]
We look before and after,
And pine for what is not:
Our sincerest laughter
With some pain is fraught;
Our sweetest songs are those that tell of saddest thought.

Yet if we could scorn
Hate, and pride, and fear;
If we were things born
Not to shed a tear,
I know not how thy joy we ever should come near.

[13]
»I do not promise overmuch,
Child; overmuch;
Just neutral-tinted haps and such,«
You said to minds like mine.
Wise warning for your credit's sake!
Which I for one failed not to take,
And hence could stem such strain and ache
As each year might assign.

[14]
Look in the terrible mirror of the sky
And not in this dead glass, which can reflect
Only the surfaces – the bending arm,
The leaning shoulder and the searching eye.

Look in the terrible mirror of the sky.
Oh, bend against the invisible; and lean
To symbols of descending night; and search
The glare of revelations going by!

Look in the terrible mirror of the sky.
See how the absent moon waits in a glade
Of your dark self, and how the wings of stars,
Upward, from unimagined coverts, fly.

[15]
His self and the sun were one
And his poems, although makings of his self,
Were no less makings of the sun.

[16]
Man is his own star; and the soul that can
Render an honest and a perfect man,
Commands all light, all influence, all fate;
Nothing to him falls early or too late. [...]

[17]
Cast the bantling on the rocks,
Suckle him with the she-wolf's teat,
Wintered with the hawk and fox,
Power and speed be hands and feet.

[18]
With this advantage then
To union, and firm Faith, and firm accord,
More than can be in Heav'n, we now return
To claim our just inheritance of old,
Surer to prosper than prosperity
Could have assur'd us; and by what best way,
Whether of open War or covert guile,
We now debate; who can advise, may speak.

[19]
                              [...] who saw
When this creation was? remember'st thou
Thy making, while the Maker gave thee being?
We know no time when we were not as now;
Know none before us, self-begot, self-rais'd
By our own quick'ning power, when fatal course
Had circl'd his full Orb, the birth mature
Of this our native Heav'n, Ethereal Sons.
Our puissance is our own, our own right hand
Shall teach us highest deeds, by proof to try
Who is our equal. [...]

[20]
Him the Almighty Power
Hurl'd headlong flaming from th'Ethereal Sky
With hideous ruin and combustion down
To bottomless perdition. [...]

[21]
My first thought was, he lied in every word,
That hoary cripple, with malicious eye
Askance to watch the working of his lie
On mine, and mouth scarce able to afford
Suppression of the glee, that pursed and scored
Its edge, at one more victim gained thereby.

[22]
Thus, I had so long suffered in this quest,
Heard failure prophesied so oft, been writ
So many times among »The Band« – to wit,
The knights who to the Dark Tower's search addressed
Their steps – that just to fail as they, seemed best,
And all the doubt was now – should I be fit?

[23]
So, quiet as despair, I turned from him,
That hateful cripple, out of his highway
Into the path he pointed. All the day
Had been a dreary one at best, and dim
Was settling to its close, yet shot one grim
Red leer to see the plain catch its estray.

[24]
Then came a bit of stubbed ground, once a wood,
Next a marsh, it would seem, and now mere earth
Desperate and done with; (so a fool finds mirth,
Makes a thing and then mars it, till his mood
Changes and off he goes!) within a rood –
Bog, clay and rubble, sand and stark black dearth.

Now blotches rankling, coloured gay and grim,
Now patches where some leanness of the soil's
Broke into moss or substances like boils;
Then came some palsied oak, a cleft in him
Like a distorted mouth that splits its rim
Gaping at death, and dies while it recoils.

[25]
For, looking up, aware I somehow grew,
'Spite of the dusk, the plain had given place
All round to mountains – with such name to grace
Mere ugly heights and heaps now stolen in view.
How thus they had surprised me, – solve it, you!
How to get from them was no clearer case.

[26]
Yet half I seemed to recognize some trick
Of mischief happened to me, God knows when –
In a bad dream perhaps. Here ended, then,
Progress this way. When, in the very nick
Of giving up, one time more, came a click
As when a trap shuts – you're inside the den!

[27]
Burningly it came on me all at once,
This was the place! those two hills on the right,
Crouched like two bulls locked horn in horn in fight;
While to the left, a tall scalped mountain … Dunce,
Dotard, a-dozing at the very nonce,
After a life spent training for the sight!

[28]
What in the midst lay but the Tower itself?
The round squat turret, blind as the fool's heart,
Built of brown stone, without a counterpart
In the whole world. The tempest's mocking elf
Points to the shipman thus the unseen shelf
He strikes on, only when the timbers start.

[29]

Not see? because of night perhaps? – why, day
Came back again for that! before it left,
The dying sunset kindled through a cleft:
The hills, like giants at a hunting, lay,
Chin upon hand, to see the game at bay, –
»Now stab and end the creature – to the heft!«

Not hear? when noise was everywhere! it tolled
Increasing like a bell. Names in my ears
Of all the lost adventurers my peers, –
How such a one was strong, and such was bold,
And such was fortunate, yet each of old
Lost, lost! one moment knelled the woe of years.

[30]

There they stood, ranged along the hill-sides, met
To view the last of me, a living frame
For one more picture! in a sheet of flame
I saw them and I knew them all. And yet
Dauntless the slug-horn to my lips I set,
And blew. »*Childe Roland to the Dark Tower came.*«

[31]

His soul had wedded Wisdom, and her dower
Is love and justice, clothed in which he sate
Apart from men, as in a lonely tower,
Pitying the tumult of their dark estate.

[32]

I looked, and saw between us and the sun
A building on an island; such a one
As age to age might add, for uses vile,
A windowless, deformed and dreary pile;
And on the top an open tower, where hung
A bell, which in the radiance swayed and swung;
We could just hear its hoarse and iron tongue:
The broad sun sunk behind it, and it tolled
In strong and black relief.

[33]

He scarce had ceas't when the superior Fiend
Was moving toward the shore; his ponderous shield
Ethereal temper, massy, large and round,
Behind him cast; the broad circumference
Hung on his shoulders like the Moon, whose Orb
Through Optic Glass the *Tuscan* Artist views
At Ev'ning from the top of *Fesole*,
Or in *Valdarno*, to descry new Lands,
Rivers or Mountains in her spotty Globe.
His Spear, to equal which the tallest Pine
Hewn on *Norwegian* hills, to be the Mast
Of some great Ammiral, were but a wand,
He walkt with to support uneasy steps
Over the burning Marl, not like those steps
On Heaven's Azure, and the torrid Clime
Smote on him sore besides, vaulted with Fire;
Nathless he so endur'd, till on the Beach
Of that inflamed Sea, he stood and call'd
His Legions, Angel Forms, who lay intrans't
Thick as Autumnal Leaves that strow the Brooks
In *Vallombrosa*, where th'*Etrurian* shades
High overarch't imbow'r; or scatter'd sedge
Afloat, when with fierce Winds *Orion* arm'd
Hath vext the Red-Sea Coast, whose waves o'erthrew
Busiris and his *Memphian* Chivalry,
While with perfidious hatred they pursu'd
The Sojourners of *Goshen*, who beheld
From the safe shore thir floating Carcasses
And broken Chariot Wheels, so thick bestrown
Abject and lost lay these, covering the Flood,
Under amazement of thir hideous change.

[34]

And on her shoulder hung her shield, bedeckt
Upon the bosse with stones, that shined wide,
As the faire Moone in her most full aspect,
That to the Moone it mote be like in each respect.

[35]
So growen great through arrogant delight
Of th'high descent, whereof he was yborne,
And through presumption of his matchlesse might,
All other powres and knighthood he did scorne.
Such now he marcheth to this man forlorne,
And left to losse: his stalking steps are stayde
Upon a snaggy Oke, which he had torne
Out of his mothers bowelles, and it made
His mortall mace, wherewith his foemen he dismayde.

[36]
                    Let none admire
That riches grow in Hell; that soil may best
Deserve the precious bane. And here let those
Who boast in mortal things, and wond'ring tell
Of *Babel*, and the works of *Memphian* Kings,
Learn how thir greatest Monuments of Fame,
And Strength and Art are easily outdone
By Spirits reprobate, and in an hour
What in an age they with incessant toil
And hands innumerable scarce perform.

[37]
Men called him *Mulciber*; and how he fell
From Heav'n, they fabl'd, thrown by angry *Jove*
Sheer o'er the Crystal Battlements: from Morn
To Noon he fell, from Noon to dewy Eve,
A Summer's day; and with the setting Sun
Dropt from the Zenith like a falling Star,
On *Lemnos* th'*Ægaean* Isle: thus they relate,
Erring; for he with this rebellious rout
Fell long before; nor aught avail'd him now
To have built in Heav'n high Towrs; nor did he scape
By all his Engines, but was headlong sent
With his industrious crew to build in hell.

[38]
Hence in a season of calm weather
Though inland far we be,
Our Souls have sight of that immortal sea
Which brought us hither,
Can in a moment travel thither,
And see the Children sport upon the shore,
And hear the mighty waters rolling evermore.

[39]
What though the radiance which was once so bright
Be now for ever taken from my sight,
Though nothing can bring back the hour
Of splendour in the grass, of glory in the flower;
We will grieve not. [...]

[40]
So sinks the day-star in the ocean bed,
And yet anon repairs his drooping head,
And tricks his beams, and with new-spangled ore
Flames in the forehead of the morning sky:
So Lycidas sunk low, but mounted high,
Through the dear might of him that walked the waves. [...]

[41]
And now the sun had stretched out all the hills,
And now was dropped into the western bay;
At last he rose, and twitched his mantle blue:
Tomorrow to fresh woods, and pastures new.

[42]
The clouds that gather round the setting sun
Do take a sober colouring from an eye
That hath kept watch o'er man's mortality;
Another race hath been, and other palms are won.

[43]
I fall upon the thorns of life! I bleed!

A heavy weight of hours has chained and bowed
One too like thee: tameless, and swift, and proud.

[44]
Make me thy lyre, even as the forest is:
What if my leaves are falling like its own!
The tumult of thy mighty harmonies

Will take from both a deep, autumnal tone,
Sweet though in sadness. [...]

[45]
Be through my lips to unawakened earth

The trumpet of a prophecy! O, Wind,
If Winter comes, can Spring be far behind?

[46]
So let me be thy choir, and make a moan
Upon the midnight hours;
Thy voice, thy lute, thy pipe, thy incense sweet
From swingèd censer teeming;
Thy shrine, thy grove, thy oracle, thy heat
Of pale-mouthed prophet dreaming.

[47]
Yes, I will be thy priest, and build a fane
In some untrodden region of my mind,
Where branchèd thoughts, new grown with pleasant pain,
Instead of pines shall murmur in the wind:
Far, far around shall those dark-clustered trees
Fledge the wild-ridgèd mountains steep by steep;
And there by zephyrs, streams, and birds, and bees,
The moss-lain Dryads shall be lulled to sleep. [...]

[48]
And in the midst of this wide quietness
A rosy sanctuary will I dress
With the wreathed trellis of a working brain,

With buds, and bells, and stars without a name,
With all the gardener Fancy e'er could feign,
Who breeding flowers, will never breed the same:
And there shall be for thee all soft delight
That shadowy thought can win,
A bright torch, and a casement ope at night,
To let the warm Love in!

[49]
Life piled on life
Were all too little, and of one to me
Little remains: but every hour is saved
From that eternal silence, something more,
A bringer of new things; and vile it were
For some three suns to store and hoard myself,
And this grey spirit yearning in desire
To follow knowledge like a sinking star,
Beyond the utmost bound of human thought.

[50]
Death closes all: but something ere the end,
Some work of noble note, may yet be done,
Not unbecoming men that strove with Gods.
The lights begin to twinkle from the rocks:
The long day wanes: the slow moon climbs: the deep
Moans round with many voices. [...]

[51]
Though much is taken, much abides; and though
We are not now that strength which in old days
Moved earth and heaven; that which we are, we are;
One equal temper of heroic hearts,
Made weak by time and fate, but strong in will
To strive, to seek, to find, and not to yield.

[52]
And that necessity and that presentation

Are rubbings of a glass in which we peer.
Of these beginnings, gay and green, propose
The suitable amours. Time will write them down.

[53]
The dog-star rages! nay 'tis past a doubt,
All Bedlam, or Parnassus, is let out:
Fire in each eye, and papers in each hand,
They rave, recite, and madden round the land.

[54]
The lords of life, the lords of life, –
I saw them pass,
In their own guise,
Like and unlike,
Portly and grim,
Use and Surprise,
Surface and Dream,
Succession swift, and spectral Wrong,
Temperament without a tongue,
And the inventor of the game
Omnipresent without name; –
Some to see, some to be guessed,
They marched from east to west:
Little man, least of all,
Among the legs of his guardians tall,
Walked about with puzzled look.
Him by the hand dear Nature took,
Dearest Nature, strong and kind,
Whispered, Darling, never mind!
To-morrow they will wear another face,
The founder thou! these are thy race!

[55]
I have not but I am and as I am, I am.
....
                              [...] Perhaps,
The man-hero is not the exceptional monster,
But he that of repetition is most master.

[56]
The father sits
In space, wherever he sits, of bleak regard,

As one that is strong in the bushes of his eyes.
He says no to no and yes to yes. He says yes
To no; and in saying yes he says farewell.

[57]
As I ebb'd with the ocean of life,
As I wended the shores I know,
As I walk'd where the ripples continually wash you Paumanok,
Where they rustle up hoarse and sibilant,
Where the fierce old mother endlessly cries for her castaways,
I musing late in the autumn day, gazing off southward,
Held by this electric self out of the pride of which I utter poems,
Was seiz'd by the spirit that trails in the lines underfoot,
The rim, the sediment that stands for all the water and all the land
of the globe.

[58]
I too but signify at the utmost a little wash'd-up drift,
A few sands and dead leaves to gather,
Gather, and merge myself as part of the sands and drift.

[59]
I throw myself upon your breast my father,
I cling to you so that you cannot unloose me,
I hold you so firm till you answer me something.

Kiss me my father,
Touch me with your lips as I touch those I love,
Breathe to me while I hold you close the secret of the murmuring
I envy.

[60]
Ebb, ocean of life, (the flow will return,)
Cease not your moaning you fierce old mother,
Endlessly cry for your castaways, but fear not, deny not me,

Rustle not up so hoarse and angry against my feet as I touch you
                                    or gather from you.

I mean tenderly by you and all,
I gather for myself and for this phantom looking down where we
                              lead, and following me and mine.

Me and mine, loose windrows, little corpses,
Froth, snowy white, and bubbles,
(See, from my dead lips the ooze exuding at last,
See, the prismatic colors glistening and rolling,)
Tufts of straw, sands, fragments,
Buoy'd hither from many moods, one contradicting another,
From the storm, the long calm, the darkness, the swell,
Musing, pondering, a breath, a briny tear, a dab of liquid or soil,
Up just as much out of fathomless workings fermented and
                                            thrown,
A limp bloosom or two, torn, just as much over waves floating,
                                  drifting at random,
Just as much for us that sobbing dirge of Nature,
Just as much whence we come that blare of the cloud-trumpets,
We, capricious, brought hither we know not whence, spread out
                                    before you,
You up there walking or sitting,
Whoever you are, we too lie in drifts at your feet.

[61]
We passed the Setting Sun –

Or rather – He passed Us –
The Dews drew quivering and chill –
For only Gossamer, my Gown –
My Tippet – only Tulle –

[62]
We paused before a House that seeemed
A Swelling of the Ground –
The Roof was scarcely visible –
The Cornice – in the Ground –

[63]
This is form gulping after formlessness,
Skin flashing to wished-for disappearances
And the serpent body flashing without the skin.

[64]
Here, being visible is being white,
Is being of the solid of white, the accomplishment
Of an extremist in an exercise [...]

The season changes. A cold wind chills the beach.
The long lines of it grow longer, emptier,
A darkness gathers though it does not fall

And the whiteness grows less vivid on the wall.

[65]
This is nothing until in a single man contained,
Nothing until this named thing nameless is
And is destroyed. He opens the door of his house
On flames. The scholar of one candle sees
An Arctic effulgence flaring on the frame
Of everything he is. And he feels afraid.

[66]
Throw away the lights, the definitions,
And say of what you see in the dark

That it is this or that it is that,
But do not use the rotted names.

* * *

There is a project for the sun. The sun
Must bear no name, gold flourisher, but be
In the difficulty of what it is to be.

[67]
Leaving, of where we were and looked, of where

We knew each other and of each other thought,
A shivering residue, chilled and foregone,
Except for that crown and mystical cabala.

[68]
So, then, these lights are not a spell of light,
A saying out of a cloud, but innocence.
An innocence of the earth and no false sign

Or symbol of malice. [...]

[69]
It may come tomorrow in the simplest word,
Almost as part of innocence, almost,
Almost as the tenderest and the truest part.

[70]
Rip, whoosh, wing-whistle: and out of
The spruce thicket, beating the snow from
Black spruce boughs, it
Bursts. The great partridge cock, black against flame-red,
Into the red sun of sunset, plunges. Is
Gone.
In the ensuing
Silence, abrupt in
Back-flash and shiver of that sharp startlement, I
Stand. Stare. In mud-streaked snow,
My feet are. I,
Eyes fixed past black spruce boughs on the red west, hear,
In my chest, as from a dark cave of
No-Time, the heart
Beat.
Where
Have the years gone?

2

All day the stream, thaw-flooding, foamed down its gorge.
Now, skyless but for the high-tangled spruce night, it
Moves, and the bulge and slick twining of muscular water, foam-
Slashed and white-tettered, glints now only in
The cold, self-generating light of snow
Strong yet in the darkness of rock-banks.

The boulder
Groans in the stream, the stream heaves
In the deep certainty of its joy, like
Doom, and I,
Eyes fixed yet on the red west, begin to hear – though
Slow and numb as upon waking –
The sound of water that moves in darkness.

I stand, and in my imagination see
The slick heave of water, blacker than basalt, and on it
The stern glint, like steel, of snow-darkness.

3

On the same spot in summer, at thrush-hour, I
As the last light fails, have heard that full
Shadow-shimmered and deep-glinting liquidity, and
Again will; but not now.
Now
Here stare westward, and hear only
The movement of darkening water, and from
Whatever dephth of being I am, ask
To be made worthy of my human failure and folly, and
Worthy of my human ignorance and anguish, and of
What soul-stillness may be achieved as I
Stand here with the cold exhalation of snow
Coiling high as my knees.
Meanwhile,
On the mountain's east hump, darkness coagulates, and
Already, where sun has not touched for hours, the new
Ice-crystal frames its massive geometry.

4

When my son is an old man, and I have not,
For some fifty years, seen his face, and, if seeing it,
Would not even be able to guess what name it wore, what
Blessing should I ask for him?

That same time, in thaw-season, at dusk, standing
At woodside and staring
Red-westward, with the sound of moving water
In his ears, he
Should thus, in that future moment, bless,
Forward into that future's future,
An old man who, as he is mine, had once
Been his son.

For what blessing may a man hope for but
An immortality in
The loving vigilance of death?

[71]
Meanwhile,
On the mountain's east hump, darkness coagulates, and
Already, where sun has not touched for hours, the new
Ice-crystal frames its massive geometry.

[72]
I went to the summit and stood in the high nakedness:
the wind tore about this
way and that in confusion and its speech could not
get through to me nor could I address it:
still I said as if to the alien in myself
I do not speak to the wind now:
for having been brought this far by nature I have been
brought out of nature
and nothing here shows me the image of myself:
for the word *tree* I have been shown a tree
and for the word *rock* I have been shown a rock,
for stream, for cloud, for star
this place has provided firm implication and answering
but where here is the image for *longing*:
so I touched the rocks, their interesting crusts:
I flaked the bark of stunt-fir:
I looked into space and into the sun
and nothing answered my word *longing*:
goodbye, I said, goodbye, nature so grand and

reticent, your tongues are healed up into their own
                                                    element
and as you have shut up you have shut me out: I am
as foreign here as if I had landed, a visitor:
so I went back down and gathered mud
and with my hands made an image for *longing*:
I took the image to the summit: first
I set it here, on the top rock, but it completed
nothing: then I set it there among the tiny firs
but it would not fit:
so I returned to the city and built a house to set
the image in
and men came into my house and said
that is an image for *longing*
and nothing will ever be the same again

[73]
I have lovde her all my youth,
Butt now ould, as you see,
Love lykes not the fallyng frute
From the wythered tree.

[74]
AS YOU CAME FROM THE HOLY LAND

of western New York state
were the graves all right in their bushings
was there a note of panic in the late August air
because the old man had peed in his pants again
was there turning away from the late afternoon glare
as though it too could be wished away
was any of this present
and how could this be
the magic solution to what you are in now
whatever has held you motionless
like this so long through the dark season
until now the women come out in navy blue
and the worms come out of the compost to die
it is the end of any season

you reading there so accurately
sitting not wanting to be disturbed
as you came from that holy land
what other signs of earth's dependency were upon you
what fixed sign at the crossroads
what lethargy in the avenues
where all is said in a whisper
what tone of voice among the hedges
what tone under the apple trees
the numbered land stretches away
and your house is built in tomorrow
but surely not before the examination
of what is right and will befall
not before the census
and the writing down of names

remember you are free to wander away
as from other times other scenes that were taking place
the history of someone who came too late
the time is ripe now and the adage
is hatching as the seasons change and tremble
it is finally as though that thing of monstrous interest
were happening in the sky
but the sun is setting and prevents you from seeing it
out of night the token emerges
its leaves like birds alighting all at once under a tree
taken up and shaken again
put down in weak rage
knowing as the brain does it can never come about
not here not yesterday in the past
only in the gap of today filling itself
as emptiness is distributed
in the idea of what time it is
when that time is already past

Literaturwissenschaft
in der edition suhrkamp

310/1/12.96

Literaturwissenschaft
in der edition suhrkamp

310/2/12.96

Literaturwissenschaft
in der edition suhrkamp

310/3/12.96

Literaturwissenschaft
in der edition suhrkamp

310/4/12.96